陕西省中等职业学校专业骨干教师培训系列教材

机电技术及应用

主　编　王宏军　　田小静

副主编　刘爱云　　张　超

参　编　马文倩　　刘武常

西安电子科技大学出版社

内 容 简 介

　　本书的内容涉及机电技术专业的主要领域，包括机电设备液压与气动技术、数控机床编程及加工、可编程序控制器及其应用、自动生产线安装与调试、机电设备故障诊断与维修、机器人技术的应用等 6 个单元，共 27 个项目。在内容选择方面，尽可能地做到所讲内容和企业项目一致，并将理论和实践相结合，满足学员知识和能力两方面的要求。

　　本书采用项目方式编写，每个项目采用"五步教学法"，即：提出任务—相关知识点—任务设计—任务实施—反馈评价，同时对每个单元中的教学目标、学员应该注意的事项和教师应该注意的事项等进行说明，将教学方法和组织形式融入教材中，充分体现"做、学、教"一体化教学思路。

　　本书可作为职业中专、技工学校、职业高中等中等职业院校从事机电大类专业教学的教师进行专业课程一体化教学的参考教材，也可作为职业院校机电技术应用、数控技术应用、液压气动技术专业学生进行专业课程学习的参考资料和企业相关技术人员的培训教材。

图书在版编目(CIP)数据

机电技术及应用/王宏军，田小静主编. ——西安：西安电子科技大学出版社，2016.4
陕西省中等职业学校专业骨干教师培训系列教材
ISBN 978-7-5606-4033-4

Ⅰ.①机… Ⅱ.①王… ②田… Ⅲ.①机电工程-中等专业学校-教材 Ⅳ.①TM

中国版本图书馆 CIP 数据核字 (2016) 第 032915 号

策划编辑	李惠萍
责任编辑	马武装　杨璠
出版发行	西安电子科技大学出版社(西安市太白南路 2 号)
电　话	(029)88242885　88201467　　　　邮　编　710071
网　址	www.xduph.com　　　　电子邮箱　xdupfxb001@163.com
经　销	新华书店
印刷单位	陕西天意印务有限责任公司
版　次	2016 年 4 月第 1 版　　2016 年 4 月第 1 次印刷
开　本	787 毫米×1092 毫米　1/16　印张　17
字　数	399 千字
印　数	1～1000 册
定　价	33.00 元

ISBN　978 - 7 - 5606 - 4033 - 4/TM

XDUP　4325001-1

序 言

　　教育之魂，育人为本；教育质量，教师为本。高素质高水平的教师队伍是学校教育内涵实力的真正体现。自"十一五"起，教育部就将职业院校教师素质提升摆到十分重要的地位，2007 年启动《中等职业学校教师素质提高计划》，开始实施中等职业学校专业骨干教师国家级培训；2011 年印发了《关于实施职业院校教师素质提高计划的意见》、《关于进一步完善职业教育教师培养培训制度的意见》和《关于"十二五"期间加强中等职业学校教师队伍建设的意见》。我省也于 2006 年率先在西北农林科技大学开展省级中等职业学校专业骨干教师培训，并相继出台了相关政策文件。

　　2013 年 6 月，陕西省教育厅印发了《关于陕西省中等职业教育专业教师培训包项目实施工作的通知》，启动培训研发项目。评议审定了 15 个专业的研究项目，分别是：西安交通大学的护理教育、电子技术及应用，西北农林科技大学的会计、现代园艺，陕西科技大学的机械加工技术、物流服务与管理，陕西工业职业技术学院的数控加工技术、计算机动漫与游戏制作，西安航空职业技术学院的焊接技术及应用、机电技术及应用，陕西交通职业技术学院的汽车运用与维修、计算机及应用，杨凌职业技术学院的高星级饭店运营与管理、旅游服务与管理，陕西学前师范学院的心理健康教育。承担项目的高校皆为省级以上职教师资培养培训基地，具有多年职教师资培训经验，对培训研发项目高度重视，按照项目要求，积极动员力量，组建精干高效的项目研发团队，皆已顺利完成调研、开题、期中检查、结题验收等研发任务。目前，各项目所取得的研究报告、培训方案、培训教材、培训效果评价体系和辅助电子学习资源等成果大都已经用于实践，并成为我们进一步深化研发工作的宝贵经验和资料。

　　本次出版的"陕西省中等职业学校专业骨干教师培训系列教材"是培训包研发成果之一，具有四大特点：

　　一是专业覆盖广，受关注度高。8 大类 15 个专业都是目前中等职业学校招生的热门专业，既包含战略性新兴产业、先进制造业，也包括现代农业和现代服务业。

　　二是内容新，适用性强。教材内容紧密对接行业产业发展，突出新知识、新技能、新工艺、新方法，包括专业领域新理论、前沿技术和关键技能，具有很强的先进性和适用性。

　　三是重实操，实用性强。教材遵循理实并重原则，对接岗位要求、突出技术技能实践能力培养，体现项目任务导向化、实践过程仿真化、工作流程明晰化、动手操作方便化的特点。

　　四是体例新，凸显职业教育特点。教材采用标准印制纸张和规范化排版，体例上图文并茂、相得益彰，内容编排采用理实结合、行动导向法、工作项目制等现代职业教育理念，思路清晰，条块相融。

当前，职业教育已经进入了由规模增量向内涵质量转化的关键时期，现代职业教育体系建设，大众创业、万众创新，以及互联网＋、中国制造 2025 等新的时代要求，对职业教育提出了新的任务和挑战。着力培养一支能够支撑和胜任职业教育发展所需的高素质、专业化、现代化的教师队伍已经迫在眉睫。本套教材是广大从事职业教育教学工作人员在实践中不断探索、总结编制而成的，既是智慧结晶，也是改革成果，这些教材将作为我省相关专业骨干教师培训的指定用书，也可供职业院校师生和技术人员使用。

教材的编写和出版在省教育厅职业教育与成人教育处和省中等职业学校师资队伍建设项目管理办公室精心组织安排下开展，得到省教育厅领导、项目承担院校领导、相关院校继续教育学院（中心）及西安电子科技大学出版社等部门的大力支持，在此我们表示诚挚的感谢！希望读者在使用过程中提出宝贵意见，以便进一步完善。

陕西省中等职业学校专业骨干教师培训系列教材

编写委员会

2015 年 11 月 22 日

前　言

　　机电一体化技术是融合机械技术、气动技术、液压技术、传感器技术于一体的新兴技术，涉及机电设备生产、维修、改造等工作领域，因此从航空产品的生产、维修，再到一般机电设备的制造与维修，都离不开大量机电技术应用专业人才的支持。近十年来，陕西中等职业教育有了长足发展，突出表现在办学数量的不断增加和学校招生规模的不断扩大，为陕西省经济发展提供了有力的技术人才支持。在职业教育蓬勃发展的同时，中等职业教育还存在很多问题。"双师型"教师的比率远远低于国家规定的标准，专业课和实习指导教师数量严重不足，师资结构不够合理，师资合格率低，职业学校教师自身知识陈旧，专业技术能力和实际操作能力薄弱，教师的知识更新较慢，专业课以及实习实训指导教师供给严重不足。因此，建立一支专业过硬、理论扎实、教育教学理念先进的中职师资队伍显得尤为迫切。

　　机电技术应用专业中职师资培训教材的编写出版，正是贯彻落实陕西省加强中等职业学校教师队伍建设的有关文件精神的成果。相信这一教材的出版，有利于加快师资培养培训的进度，提高中等职业学校专业教师队伍的整体水平，解决专业教师自身素质提升不足与经济快速发展对人才培养迫切需求之间的矛盾。本教材编写项目组针对机电技术应用专业教师专业知识与技能的培训需要完成了教材的编写。本教材内容包括机电设备液压与气动技术、数控机床编程及加工、可编程序控制器及其应用、自动生产线安装与调试、机电设备故障诊断与维修、机器人技术的应用6个单元，共27个培训项目。

　　本教材由王宏军、田小静任主编，刘爱云、张超担任副主编，马文倩和刘武常参编，其中单元2中项目4、5、6、7由田小静编写，单元2中项目1、2、3由刘武常编写，单元3、4由刘爱云编写，单元5由张超编写，单元1和单元6由马文倩编写，全书由田小静统稿，王宏军担任主审。

　　本教材可以作为中等职业教育机电大类专业教师专业课程一体化教学的培训教材，也适合于作为职业中专、技工学校、职业高中等中职院校相关专业教师专业课程一体化教学的参考教材，还可作为机电技术应用、数控技术应用、液压气动技术专业学生进行专业课程学习的参考资料和企业技术人员机电技术应用专业方向的培训教材。

　　由于机电专业技术和教学改革的发展较快，加上我们知识的局限性，教材难免存在疏漏之处，恳请读者和各位同仁批评指正。

编　者

2016 年 2 月

目　录

单元1 机电设备液压与气动技术

本单元属于机电、机械类专业的核心内容，同时也是近机类有关专业的必修内容。通过本单元的学习，学员应掌握气动及液压知识，能正确选用和使用元件，可以较熟练地绘制气动液压回路图，掌握气动及液压装配的基本操作规程，会进行简单系统的故障分析与调整；对气动系统能进行基本设计、安装、调试和维护。本单元的具体教学目标见下表。

序 号	教 学 目 标
1	相关气动元件及气动系统的工作原理
2	相关气动元件的使用方法
3	气动回路的搭接方法
4	气动系统故障排除方法
5	根据相应的动作要求选择合适的元件
6	正确搭接所需系统回路
7	完成系统原理图的绘制
8	排除系统出现的故障

项目 1.1　双缸动作控制系统

一、提出任务

分析如图 1-1 所示的双缸动作控制系统的工作原理并搭接回路。

二、相关知识点

1. 液压阀简介

液压阀是用来控制液压系统中油液的流动方向或调节其压力和流量的元件，可分为方向阀、压力阀和流量阀三大类，如表 1-1 所示。

一个形状相同的阀可以因为作用机制的不同而具有不同的功能。压力阀和流量阀利用通流截面的节流作用控制系统的压力和流量，而方向阀则利用通流通道的更换控制油液的流动方向。这就是说，尽管液压阀存在着各种各样的类型，它们之间还是保持着一些基本的共同点。例如：在结构上，所有的阀都由阀体、阀芯（转阀或滑阀）和驱使阀芯动作的元、部件（如弹簧、电磁铁）组成；在工作原理上，所有阀的开口大小，阀进、出口间压差以及流过阀的流量之间的关系都符合孔口流量公式，仅是各种阀控制的参数各不相同而已。

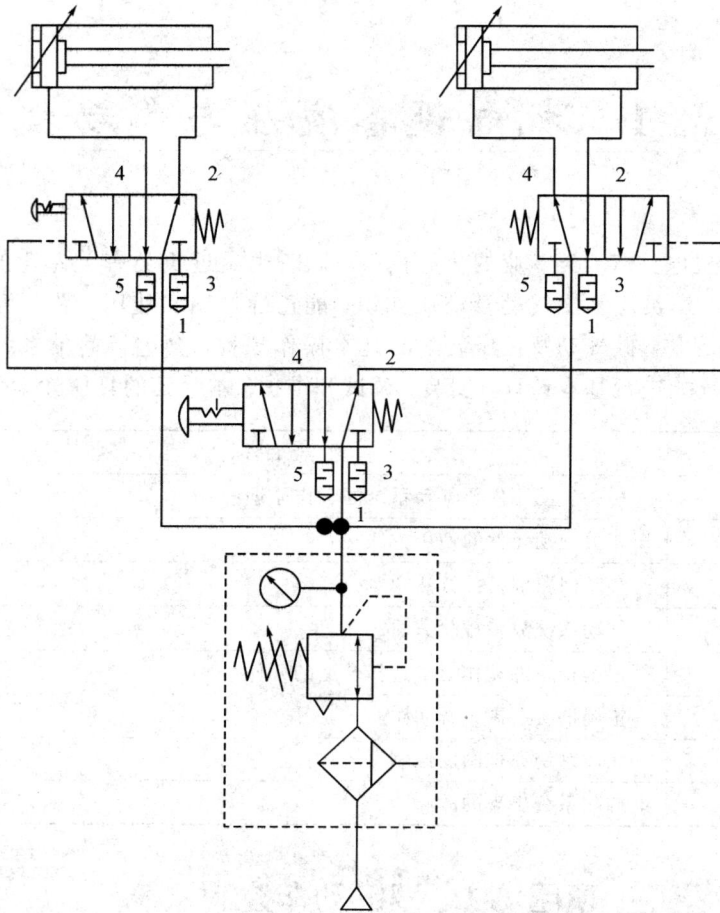

图 1-1 双缸动作控制系统原理图

表 1-1 液压阀的分类

分类方法	种 类	详 细 分 类
按机能分类	压力控制阀	溢流阀、顺序阀、卸荷阀、平衡阀、减压阀、比例压力控制阀、缓冲阀、仪表截止阀、限压切断阀、压力继电器
	流量控制阀	节流阀、单向节流阀、调速阀、分流阀、集流阀、比例流量控制阀
	方向控制阀	单向阀、液控单向阀、换向阀、行程减速阀、充液阀、梭阀、比例方向阀
按结构分类	滑阀	圆柱滑阀、旋转阀、平板滑阀
	座阀	锥阀、球阀、喷嘴挡板阀
	射流管阀	射流阀
按操作方法分类	手动阀	手把及手轮、踏板、杠杆
	机动阀	挡块及碰块、弹簧、液压、气动
	电动阀	电磁铁控制、伺服电动机和步进电动机控制

分类方法	种类	详细分类
按连接方式分类	管式连接	螺纹式连接、法兰式连接
	板式及叠加式连接	单层连接板式、双层连接板式、整体连接板式、叠加阀
	插装式连接	螺纹式插装(二、三、四通插装阀)、法兰式插装(二通插装阀)
按其他方式分类	开关或定值控制阀	压力控制阀、流量控制阀、方向控制阀
按控制方式分类	电液比例阀	电液比例压力阀、电液比例流量阀、电液比例换向阀、电液比例复合阀、电液比例多路阀、三级电液流量伺服
	伺服阀	单、两级(喷嘴挡板式、动圈式)电液流量伺服阀、三级电液流量伺服阀
	数字控制阀	数字控制压力控制流量阀与方向阀

液压系统对液压阀的基本要求:① 动作灵敏,使用可靠,工作时冲击和振动小;② 油液流过的压力损失小;③ 密封性能好;④ 结构紧凑,安装、调整、使用、维护方便,通用性大。

2. 方向控制阀的工作原理分析

1) 单向阀的结构分析

液压系统中常见的单向阀有普通单向阀和液控单向阀两种。

普通单向阀的作用是使油液只能沿一个方向流动,不许它反向倒流。图1-2(a)所示为一种管式普通单向阀的结构。压力油从阀体左端的通口 P_1 流入时,克服弹簧作用在阀芯上的力,使阀芯向右移动,打开阀口,并通过阀芯上的径向孔 a、轴向孔 b 从阀体右端的通口流出。但是压力油从阀体右端的通口 P_2 流入时,它和弹簧力一起使阀芯锥面压紧在阀座上,使阀口关闭,油液无法通过。图1-2(b)为单向阀的职能符号。

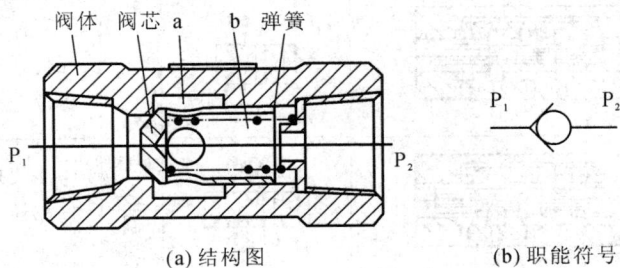

(a) 结构图　　　　　　　　　　(b) 职能符号

图1-2　单向阀

2) 换向阀的结构分析

换向阀利用阀芯相对于阀体的运动,使油路接通、关断,或变换油流的方向,从而使液压执行元件启动、停止动作或变换运动方向。

工作中对换向阀的要求是:油液流经换向阀时的压力损失要小;互不相通的油口间的泄露要小;换向要平稳、迅速且可靠。

换向阀按阀芯形状分类,可分为转阀式和滑阀式两种。

(1) 转阀式。图1-3(a)所示为转动式换向阀(简称转阀)的工作原理图。该阀由阀体、阀芯和使阀芯转动的操作手柄组成，当操作手柄转换到"左"位置时，通口 P 和 A 相通，B 和 T 相通；当操作手柄转换到"止"位置时，通口 P、A、B 和 T 均不相通，当操作手柄转换到"右"位置时，则通口 P 和 B 相通，A 和 T 相通。图 1-3(b)为转阀的职能符号。

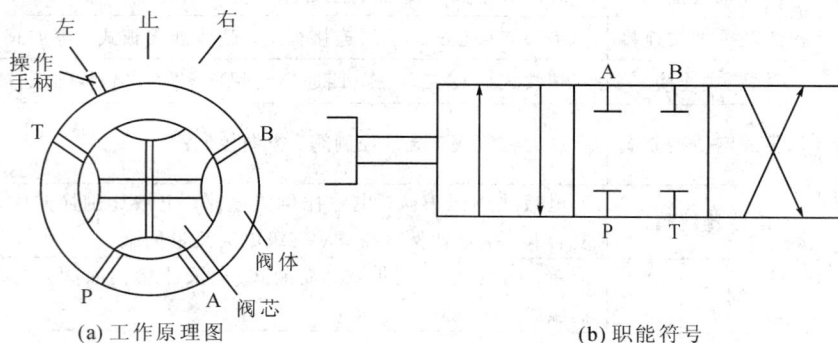

(a) 工作原理图　　　　　　　　　　　　(b) 职能符号

图 1-3　转阀

（2）滑阀式。阀体和滑动阀芯是滑阀式换向阀的结构主体。表 1-2 所示为其最常见的结构形式。由表可见，阀体上开有多个通口，阀芯移动后可以停留在不同的工作位置上。

表 1-2　滑阀式换向阀主体结构形式

名称	结构原理图	职能符号	使用场合	
二位二通阀			控制油路的连通与切断（相当于一个开关）	
二位三通阀			控制液流方向（从一个方向变换成另一个方向）	
二位四通阀			不能使执行元件在任一位置停止运动	执行元件正反向运动时回油方式相同
三位四通阀			能使执行元件在任一位置停止运动	
二位五通阀			不能使执行元件在任一位置停止运动	执行元件正反向运动时回油方式不同
三位五通阀			能使执行元件在任一位置停止运动	

控制执行元件换向

3）换向阀的"位"和"通"

"位"和"通"是换向阀的重要概念。不同的"位"和"通"构成了不同类型的换向阀。通常所说的"二位阀"、"三位阀"是指换向阀的阀芯有两个或三个不同的工作位置。所谓"二通阀"、"三通阀"、"四通阀"是指换向阀的阀体上有两个、三个、四个各不相通且可与系统中不同油管相连的油道接口，不同油道之间只能通过阀芯移位时阀口的开关来沟通。

（1）用方框表示阀的工作位置，有几个方框就表示有几"位"。

（2）方框内的箭头表示油路处于接通状态，但箭头方向不一定表示液流的实际方向。

（3）方框内的符号"⊥"或"⊤"表示该通路不通。

（4）方框外部连接的接口数有几个，就表示几"通"。

（5）一般情况下，阀与系统供油路连接的进油口用字母 P 表示，阀与系统回油路连接的回油口用 T（有时用 O）表示；而阀与执行元件连接的油口用 A、B 等表示。有时在图形符号上用 L 表示泄油口。

（6）换向阀都有两个或两个以上的工作位置，其中一个为常态位，即阀芯未受到操纵力作用时所处的位置。图形符号中的中位是三位阀的常态位。利用弹簧复位的二位阀则以靠近弹簧的方框内的通路状态为其常态位。绘制系统图时，油路一般应连接在换向阀的常态位上。

4）滑阀式换向阀的机能

（1）二位二通换向阀的常态机能。二位二通换向阀如图 1-4(a)所示，其两个油口之间的状态只有两种：通或断，如图 1-4(b)所示。自动复位式（如弹簧复位）的二位二通换向阀的滑阀机能有常闭式（O 型）和常开式（H 型）两种，如图 1-4(c)所示。

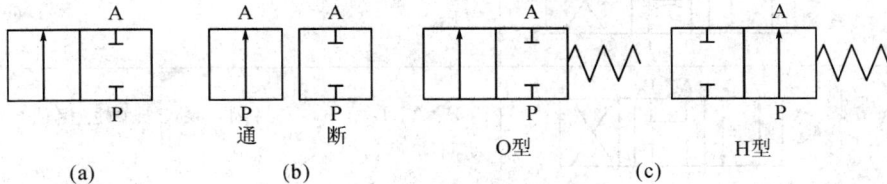

图 1-4　二通换向阀的滑阀机能

（2）三位换向阀的中位机能。三位四通换向阀的滑阀机能（又称中位机能）有很多种，各通口间不同的连通方式可满足不同的使用要求。三位四通换向阀常见的中位机能、型号、符号及其特点如表 1-3 所示。为方便表示和分析，常将各种不同的中位机能用一个字母来表示。不同的中位机能可通过改变阀芯的形状和尺寸得到。三位五通换向阀的情况与此相仿。

在分析和选择阀的中位机能时，通常考虑以下几点：

① 系统保压。当 P 口被堵塞时，系统保压，液压泵能用于多缸系统。当 P 口不太通畅地与 T 口接通时（如 X 型），系统能保持一定的压力供控制油路使用。

② 系统卸荷。P 口通畅地与 T 口接通时，系统卸荷。

③ 换向平稳性和精度。当通液压缸的 A、B 两口都堵塞时，换向过程易产生液压冲击，使换向不平稳，但换向精度高。反之，A、B 两口都通 T 口时，换向过程中工作部件不易制动，换向精度低，但液压冲击小。

④ 启动平稳性。阀在中位时，液压缸某腔如通油箱，在启动时该腔内因无油液起缓冲

表 1-3　三位四通换向阀的中位机能

滑阀机能	符　号	中位油口的状况、特点及应用
O 型		P、A、B、T 四口全封闭，液压泵保压，液压缸闭锁，可用于多个换向阀的并联工作
H 型		四口全串通，活塞处于浮动状态，在外力作用下可移动，用于泵卸荷
Y 型		P 口封闭，A、B、T 三口相通，活塞浮动，在外力作用下可移动，用于泵保压
K 型		P、A、T 相通，B 口封闭，活塞处于闭锁状态，用于泵卸荷
M 型		P、T 相通，A 与 B 均封闭，活塞闭锁不动，用于泵卸荷，也可用多个 M 型换向阀并联工作
X 型		四油口处于半开启状态，泵基本上卸荷，但仍保持一定压力
P 型		P、A、B 相通，T 封闭，泵与缸两腔相通，可组成差动回路
J 型		P 与 A 封闭，B 与 T 相通，活塞停止，但在外力作用下可向右边移动，泵仍保压
C 型		P 与 A 相通，B 与 T 皆封闭，活塞处于停止位置
N 型		P 与 B 皆封闭，A 与 T 相通，与 J 型机能相似，只是 A 与 B 互换了，功能也类似
U 型		P 与 T 都封闭，A 与 B 相通；活塞浮动，在外力作用下可移动，用于泵保压

作用而使启动不太平稳。

⑤ 液压缸"浮动"和在任意位置上的停止阀在中位，当 A、B 两口互通时，卧式液压缸呈"浮动"状态，可利用其他机构移动工作台，调整其位置。当 A、B 两口堵塞或与 P 口连接（在非差动情况下）时，则可使液压缸在任意位置停下来。

5）滑阀式换向阀的操纵方式及典型结构

使换向阀芯移动的驱动力有多种方式，目前主要有手动、机动、电动、液动、电液控制几种方式。常见的滑阀操纵方式如图 1-5 所示。

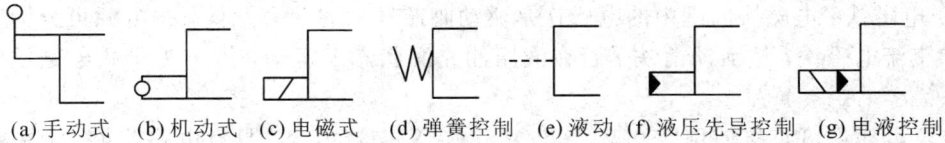

(a)手动式 (b)机动式 (c)电磁式 (d)弹簧控制 (e)液动 (f)液压先导控制 (g)电液控制

图 1-5 滑阀操纵方式

（1）手动换向阀。手动换向阀是用控制手柄直接操纵阀芯的移动而实现油路切换的换向阀。

图 1-6(a)为弹簧自动复位的三位四通手动换向阀。由图可知，向右推动手柄时，阀芯向左移动，油口 P 与 A 相通，油口 B 通过阀芯中间的孔与油口 T 连通；当松开手柄时，在弹簧作用下，阀芯处于中位，油口 P、A、B、T 全部封闭。当向左推动手柄时，阀芯处于右位，油口 P 与 B 相通，油口 A 与 T 相通。

图 1-6(b)为钢球定位的三位四通手动换向阀，它与弹簧自动复位的换向阀的主要区别为手柄可在三个位置上任意停止，不推动手柄，阀芯不会自动复位。

（2）机动换向阀。机动换向阀又称为行程阀，它是靠安装在执行元件上的挡块 5 或凸轮推动阀芯移动，机动换向阀通常是两位阀。图 1-7(a)为二位三通机动换向阀。在图示位

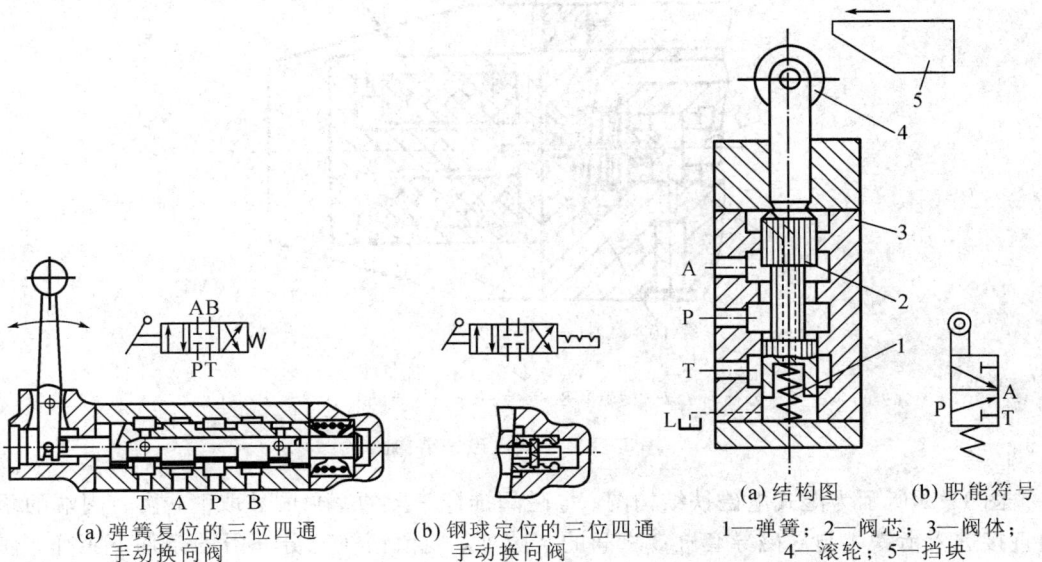

(a)弹簧复位的三位四通
手动换向阀

(b)钢球定位的三位四通
手动换向阀

(a)结构图　(b)职能符号

1—弹簧；2—阀芯；3—阀体；
4—滚轮；5—挡块

图 1-6　手动换向阀结构和符号　　　　图 1-7　二位三通机动换向阀

置，阀芯 2 在弹簧 1 作用下处于上位，油口 P 与 A 连通；当运动部件挡块 5 压下滚轮 4 时，阀芯向下移动，油口 P 与 T 连通。图 1-7(b) 为二位三通机动换向阀的职能符号。

机动换向阀结构简单，换向平稳可靠，但必须安装在运动部件附近，导致油管较长，压力损失较大。

（3）电磁换向阀。电磁换向阀是利用电磁铁的吸合力控制阀芯运动来实现油路换向的。电磁换向阀控制方便，应用广泛，但由于液压油通过阀芯时所产生的液动力使阀芯移动受到阻碍，受到电磁吸合力限制，因此电磁换向阀只能用于控制较小流量的回路。

① 电磁铁。电磁换向阀中的电磁铁是驱动阀芯运动的动力元件，按电源可分为直流电磁铁和交流电磁铁；按活动衔铁是否在液压油充润状态下运动，可分为干式电磁铁和湿式电磁铁。

交流电磁铁可直接使用 380 V、220 V、110 V 交流电源，具有电路简单、无需特殊电源、吸合力较大等优点，由于其铁芯材料由硒钢片叠压而成，体积较大，电涡流造成的热损耗和噪音无法消除，因而具有发热大、噪声大，且工作可靠性差、寿命短等缺点，常用于设备换向精度要求不高的场合。

直流电磁铁需要一套变压与整流设备，所使用的直流电流为 12 V、24 V、36 V 或 110 V，由于其铁芯材料一般由整体工业纯铁制成，因此具有电涡流损耗小、无噪声、体积小、工作可靠性好、寿命长等优点。但直流电磁铁需特殊电源，造价较高，加工精度也较高，一般用在换向精度要求较高的场合。

图 1-8 为干式电磁铁结构图。干式电磁铁结构简单，造价低，品种多，应用广泛。但为了保证电磁铁不进油，在阀芯推动杆 4 处设置了密封圈 10，此密封圈所产生的摩擦力消耗了部分电磁推力，同时也限制了电磁铁的使用寿命。

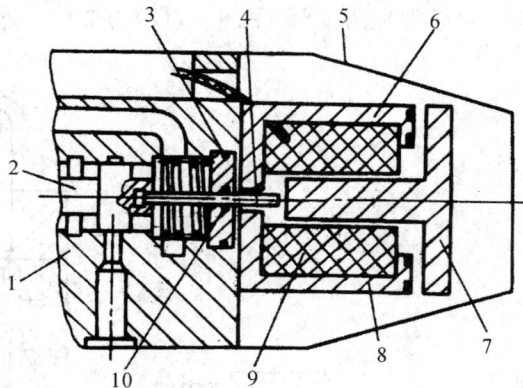

1—阀体；2—阀芯；3—密封圈；4—推动杆；5—外壳；
6—分磁环；7—衔铁；8—定铁芯；9—线圈；10—密封圈

图 1-8 干式电磁铁结构图

图 1-9 所示为湿式电磁铁结构图。电磁阀推杆 1 上的密封圈被取消，换向阀端的压力油直接进入衔铁 4 与导磁导套缸 3 之间的空隙处，使衔铁在充分润滑的条件下工作，使工作条件得到改善。油槽 a 的作用是使衔铁两端的油室互相连通，它又存在一定的阻尼，使衔铁运动更加平稳。线圈 2 安放在导磁导套缸 3 的外面，不与液压油接触，其寿命大大提

高。当然，湿式电磁铁存在造价高、换向频率受限等缺点。湿式电磁铁也有直流和交流电磁铁之分。

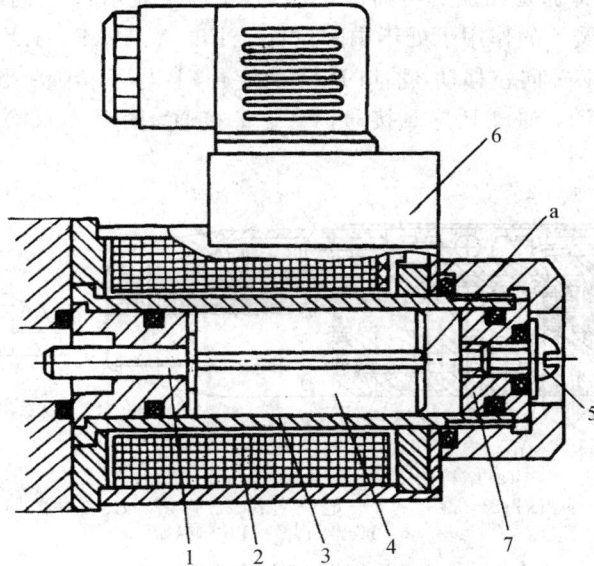

1—推杆；2—线圈；3—导磁导套缸；4—衔铁；5—放气螺钉；
6—插头组件；7—挡板

图 1-9　湿式电磁铁结构图

② 二位二通电磁换向阀。图 1-10(a)为二位二通电磁换向阀结构图，由图可以看出，阀体上两个沉割槽分别与开在阀体上的油口相连(由箭头表示)，阀体两腔由通道相连，当电磁铁未通电时，阀芯 2 被弹簧 3 压向左端位置，顶在挡板 5 的端面上，此时油口 P 与 A 不通；当电磁铁通电时，衔铁 8 向右吸合，推杆 7 推动阀芯向右移动，弹簧 3 压缩，油口 P 与 A 接通。图 1-10(b)为二位二通电磁换向阀的职能符号。

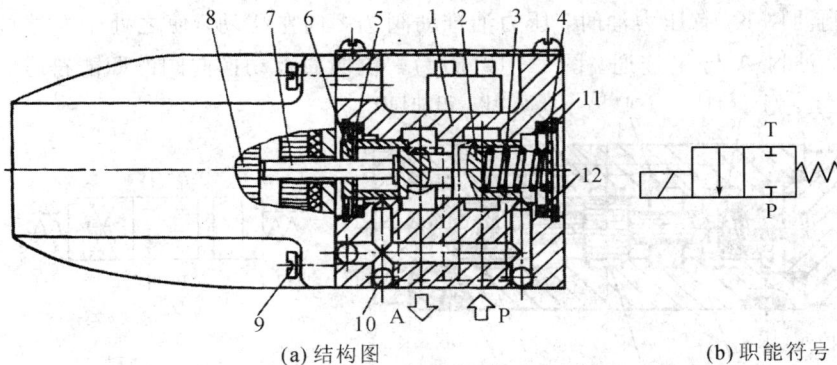

(a) 结构图　　　　　　　　　　(b) 职能符号

1—阀体；2—阀芯；3—弹簧；4、5、6—挡块；7—推杆；8—电磁铁；9—螺钉；
10—钢球；11—弹簧挡圈；12—密封圈

图 1-10　二位二通电磁换向阀

③ 三位四通电磁换向阀。图1-11(a)为三位四通电磁换向阀结构图，阀芯2上有两个环槽，阀体上开有五个沉割槽，中间三个沉割槽分别与油口P、A、B相连（由箭头表示），两边两个沉割槽由内部通道相连后与油口T相通（由箭头表示）。当两端电磁铁8、9均不通电时，阀芯在两端弹簧5的作用下处于中间位置，油口A、B、P、T均不导通；当电磁铁9通电时，推杆推动阀芯2向左移动，油口P与A接通，B与T接通；当电磁铁8通电时，推杆推动阀芯2向右移动，油口P与B接通，A与T接通。图1-11(b)为三位四通电磁换向阀的职能符号。

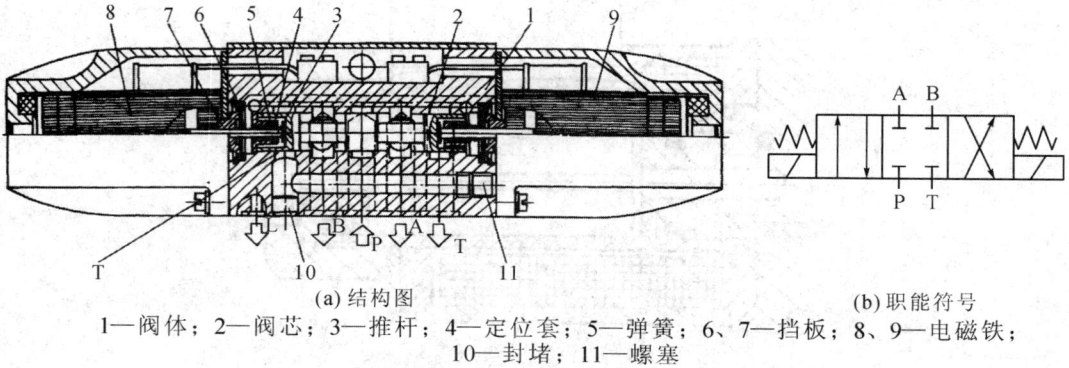

(a) 结构图 (b) 职能符号

1—阀体；2—阀芯；3—推杆；4—定位套；5—弹簧；6、7—挡板；8、9—电磁铁；
10—封堵；11—螺塞

图1-11　三位四通电磁换向阀

（4）液动换向阀。液动换向阀是利用液压系统中控制油路的压力油来推动阀芯移动，从而实现油路的换向。由于控制油路的压力可以调节，可以产生较大的推力，因此液动换向阀可以控制较大流量的回路。

图1-12(a)为三位四通液动换向阀的结构图，阀芯2上开有两个环槽，阀体1孔内开有五个沉割槽。阀体的沉割槽分别与油口P、A、B、T相连（左右两个沉割槽在阀体内有内部通道相连），阀芯两端有两个控制油口K_1、K_2，分别与控制油路连通。当控制油口K_1与K_2均无压力油时，阀芯2处于中间位置，油口P、A、B、T互不相通，当控制油口K_1有压力油时，压力油推动阀芯2向右移动，使之处于右端位置，油口P与A连通，油口B与T连通；当控制油口K_2有压力油时，压力油推动阀芯2向左移动，使之处于左端位置，油口P与B连通，油口A与T连通。图1-12(b)为三位四通液动换向阀的职能符号。

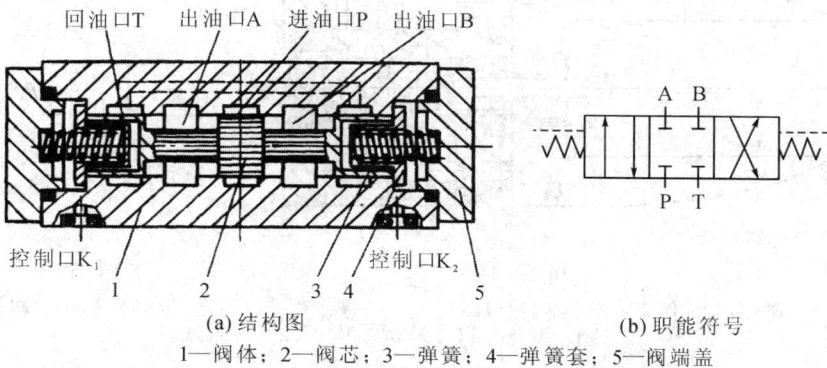

回油口T　出油口A　进油P　出油口B

控制口K_1　　　　　　　　控制口K_2

(a) 结构图 (b) 职能符号

1—阀体；2—阀芯；3—弹簧；4—弹簧套；5—阀端盖

图1-12　三位四通液动换向阀

（5）电液动换向阀。电液动换向阀简称电液换向阀，由电磁换向阀和液动换向阀组成。电磁换向阀为 Y 型中位机能的先导阀，用于控制液动换向阀换向；液动换向阀为 O 型中位机能的主换向阀，用于控制主油路换向。

电液换向阀集中了电磁换向阀和液动换向阀的优点：既可方便的换向，也可控制较大的液流流量。图 1-13(a) 为三位四通电液换向阀结构原理图，图 1-13(b) 为该阀的职能符号，图 1-13(c) 为该阀的简化职能符号。

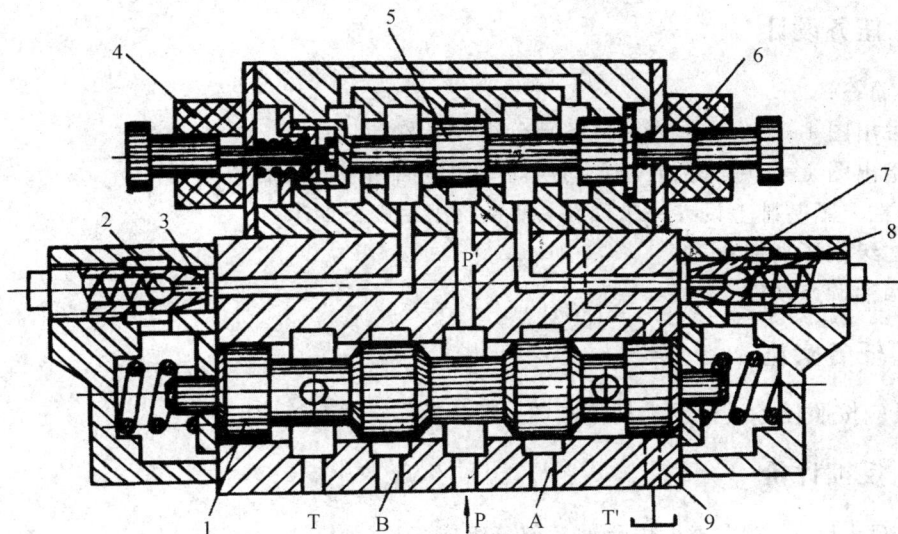

(a) 结构原理图

1—液动阀阀芯；2、8—单向阀；3、7—节流阀；4、6—电磁铁；5—电磁阀芯；9—阀体

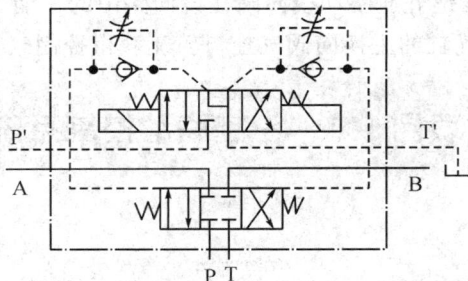

(b) 职能符号

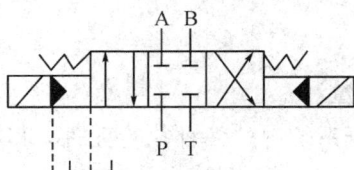

(c) 简化职能符号

图 1-13 三位四通电液换向阀

电液换向阀的原理为：当电磁铁4、6均不通电时，电磁阀芯5处于中位，控制油进口 P' 被关闭，主阀芯1两端均不通压力油，在弹簧作用下主阀芯处于中位，主油路 P、A、B、

T 互不导通；当电磁铁 4 通电时，电磁阀芯 5 处于右位，控制油 P′通过单向阀 2 到达液动阀芯 1 左腔；回油经节流阀 7、电磁阀芯 5 流回至油箱 T′，此时主阀芯向右移动，主油路 P 与 A 导通，B 与 T 导通。同理，当电磁铁 6 通电、电磁铁 4 断电时，先导阀芯向左移，控制油压使主阀芯向左移动，主油路 P 与 B 导通，A 与 T 导通。

电液换向阀内的节流阀可以调节主阀芯的移动速度，从而使主油路的换向平稳性得到控制。有的电磁换向阀无节流阀调节装置。

三、任务设计

(1) 简答：

① 说出图 1-1 中虚框内元件各部分组成名称；

② 指出图 1-1 中二位五通手动换向阀在该回路中的功能。

(2) 在上图基础上设计一个回路，使系统满足以下要求：

① 二级调压功能；

② 回油调速功能。

四、任务实施

学员应按照任务设计要求规范画图，安全操作实验台。

五、反馈评价

(1) 写出图 1-1 中虚框内元件各部分组成名称。

（过滤器、减压阀、压力表。）

(2) 指出图 1-1 中二位五通手动换向阀在该回路中的功能。

（其功能为控制两个气缸的主换向阀气控口轮流获得控制气体。）

项目 1.2 三缸联动控制系统

一、提出任务

分析如图 1-14 所示的三缸联动气缸的工作原理并搭接回路。

二、相关知识点

1. 液压缸结构分析及参数计算

液压缸又称为油缸，它是液压系统中的一种执行元件，其功能是将液压能转变成直线往复式的机械运动。

1）液压缸的类型和特点

(1) 活塞式液压缸。活塞式液压缸根据其使用要求不同可分为双杆式和单杆式两种。

① 双杆式活塞缸。活塞两端都有一根直径相等的活塞杆伸出的液压缸，称为双杆式活塞缸。它一般由缸体、缸盖、活塞、活塞杆和密封件等零件构成。根据安装方式不同，这种

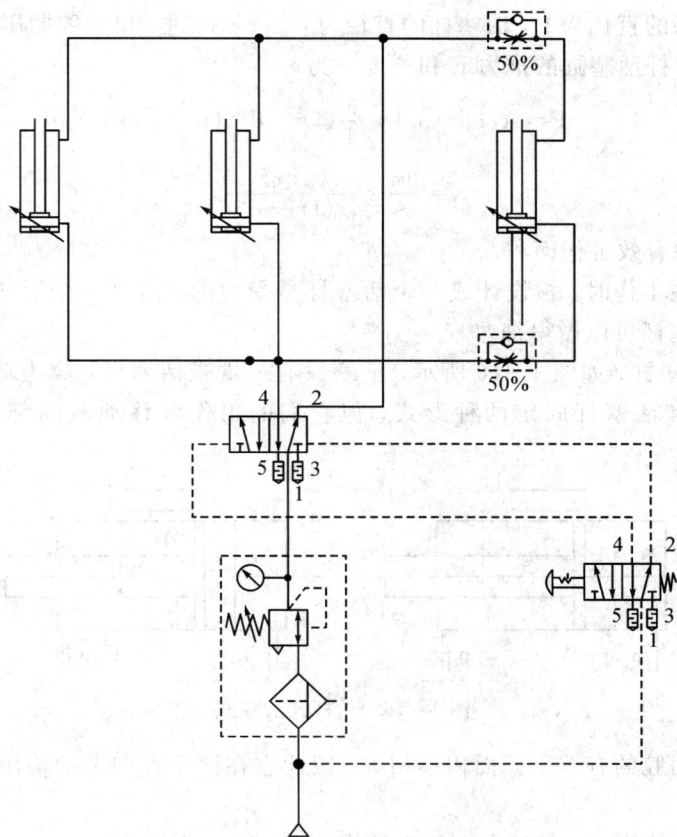

图 1-14 三缸联动气缸

液压缸可分为缸筒固定式和活塞杆固定式两种。

如图 1-15(a)所示为缸筒固定式的双杆活塞缸。它的进、出口布置在缸筒两端，活塞通过活塞杆带动工作台移动，当活塞的有效行程为 l 时，整个工作台的运动范围为 3l，所以机床占地面积大，一般适用于小型机床。当工作台行程要求较长时，可采用如图 1-15(b)所示的活塞杆固定的形式，这时，缸体与工作台相连，活塞杆通过支架固定在机床上，动力由缸体传出。这种安装形式中，工作台的移动范围只等于液压缸有效行程 l 的两倍(2l)，因此占地面积小。进出油口可以设置在固定不动的空心活塞杆的两端，但必须使用软管连接。

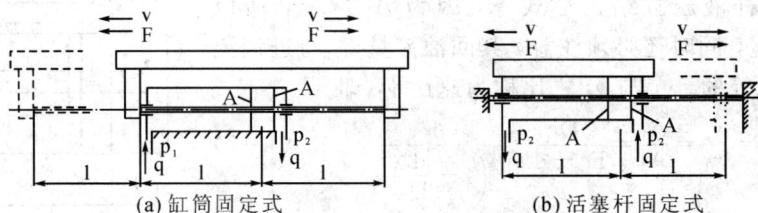

(a) 缸筒固定式   (b) 活塞杆固定式

图 1-15 双杆活塞缸

由于双杆活塞缸两端的活塞杆直径通常是相等的，因此它左、右两腔的有效面积也相等，当分别向左、右腔输入相同压力和相同流量的油液时，液压缸左、右两个方向的推力和速度相等。当活塞的直径为 D，活塞杆的直径为 d，液压缸进、出油腔的压力为 p_1 和 p_2，输入流量为 q 时，双杆活塞缸的推力 F 和速度 v 为

$$F = A(p_1 - p_2) = \frac{\pi}{4}(D^2 - d^2)(p_1 - p_2) \tag{1-1}$$

$$v = \frac{q\eta_v}{A} = \frac{4q\eta_v}{\pi(D^2 - d^2)} \tag{1-2}$$

式中，A 为活塞的有效工作面积。

双杆活塞缸在工作时，被设计成一个活塞杆是受力的，而另一个活塞杆不受力，因此这种液压缸的活塞杆可以做得细些。

② 单杆式活塞缸。如图 1-16 所示，活塞只有一端带活塞杆，故为单杆式。单杆液压缸也有缸体固定和活塞杆固定两种形式，但它们的工作台移动范围都是活塞有效行程的两倍。

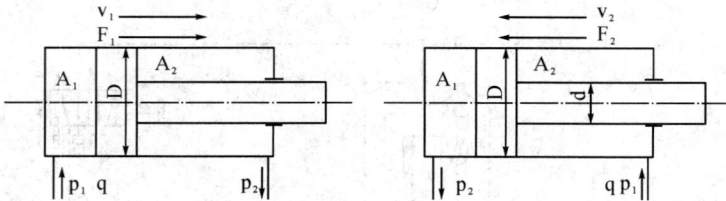

图 1-16　单杆式活塞缸

由于液压缸两腔的有效工作面积不相等，因此它在两个方向上的输出推力和速度也不相等。

油液从无杆腔输入时，其活塞上产生的推力 F_1 和 v_1 为

$$F_1 = (p_1 A_1 - p_2 A_2) = \left[p_1 \frac{\pi}{4} D^2 - p_2 \frac{\pi}{4}(D^2 - d^2) \right] \tag{1-3}$$

$$v_1 = \frac{q}{A_1} = \frac{4q}{\pi D^2} \tag{1-4}$$

油液从有杆腔输入时，其活塞上产生的推力 F_2 和 v_2 为

$$F_2 = (p_1 A_2 - p_2 A_1) = \left[p_1 \frac{\pi}{4}(D^2 - d^2) - p_2 \frac{\pi}{4} D^2 \right] \tag{1-5}$$

$$v_2 = \frac{q}{A_2} = \frac{4q}{\pi(D^2 - d^2)} \tag{1-6}$$

在单活塞杆液压缸结构形式下，因为 $A_1 > A_2$，所以 $F_1 > F_2$，$v_1 < v_2$，同时还必须注意，其回油流量 q_2 与进油流量 q_1 也是不相等的。v_1 与 v_2 之比称为速比 ϕ，即

$$\phi = \frac{v_2}{v_1} = \frac{A_1}{A_2} = \frac{D^2}{D^2 - d^2} = \frac{1}{\left(1 - \dfrac{d}{D}\right)^2} \tag{1-7}$$

③ 差动油缸。单杆活塞缸在其左右两腔都接通高压油时称为"差动连接"，如图 1-17 所示。差动连接缸左右两腔的油液压力相同，但是由于左腔（无杆腔）的有效面积大于右

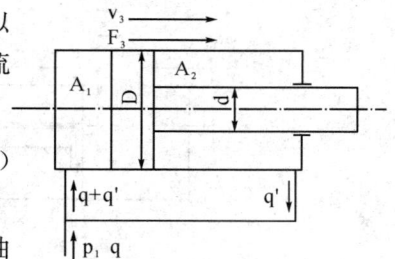

图 1-17　差动缸

腔(有杆腔)的有效面积，故活塞向右运动，同时使右腔中排出的油液(流量为q')也进入左腔，加大了流入左腔的流量($q+q'$)，从而也加快了活塞移动的速度。实际上活塞在运动时，由于差动连接时两腔间的管路中有压力损失，所以右腔中油液的压力稍大于左腔油液的压力，而这个差值一般都较小，可以忽略不计，则差动连接时活塞推力 F_3 为

$$F_3 = p(A_1 - A_2) = \frac{\pi}{4}\left[D^2 - (D^2 - d^2)\right] = \frac{\pi}{4}d^2 p \tag{1-8}$$

运动速度 v_3 为

$$v_3 = \frac{q}{A_1 - A_2} = \frac{q}{A_3} = \frac{4q}{\pi d^2} \tag{1-9}$$

由式(1-8)和式(1-9)可知，差动连接时液压缸的推力比非差动连接时小，速度比非差动连接时大，可使在不加大油源流量的情况下得到较快的运动速度，这种连接方式被广泛应用于组合机床的液压动力系统和其他机械设备的快速运动中。当要求机床往返速度相等时，可得

$$\frac{4q}{\pi(D^2 - d^2)} = \frac{4q}{\pi d^2} \quad 即 \quad D = \sqrt{2}d \tag{1-10}$$

（2）柱塞缸。如图1-18(a)所示为柱塞缸，它只能实现一个方向的液压传动，反向运动要靠外力。若需要实现双向运动，则必须成对使用。如图1-18(b)所示，这种液压缸中的柱塞和缸筒不接触，运动时由缸盖上的导向套来导向，因此缸筒的内壁不需要精加工，特别适用于行程较长的场合。

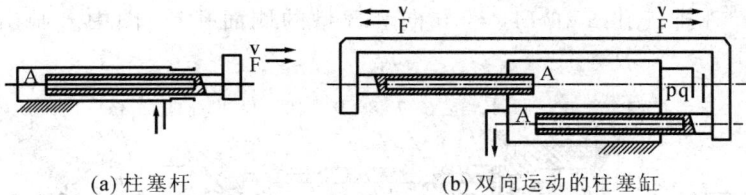

(a)柱塞杆　　　　　　　(b)双向运动的柱塞缸

图1-18　柱塞缸

柱塞缸输出的推力和速度为

$$F = Ap = \frac{\pi}{4}d^2 p \tag{1-11}$$

$$v = \frac{q}{A} = \frac{4q}{\pi d^2} \tag{1-12}$$

2）液压缸的典型结构和组成

如图1-19所示为一个较常用的双作用单活塞杆液压缸。它是由缸底 20、缸筒 10、缸盖兼导向套 9、活塞 11 和活塞杆 18 组成的。缸筒一端与缸底焊接，另一端缸盖（导向套）与缸筒用卡键 6、套 5 和弹簧挡圈 4 固定，以便拆装检修，两端设有油口 A 和 B。活塞 11 与活塞杆 18 利用卡键 15、卡键帽 16 和弹簧挡圈 17 连在一起。活塞与缸孔的密封采用的是一对 Y 形聚氨酯密封圈 12，由于活塞与缸孔有一定间隙，采用由尼龙制成的耐磨环（又叫支承环）13 定心导向。杆 18 和活塞 11 的内孔由密封圈 14 密封。较长的导向套 9 则可保证活塞杆不偏离中心，导向套外径由 O 形圈 7 密封，而其内孔则由 Y 形密封圈 8 和防尘圈 3 分别防止油外漏和灰尘带入缸内。缸和杆端销孔与外界连接，销孔内有可抗磨的尼龙衬套。

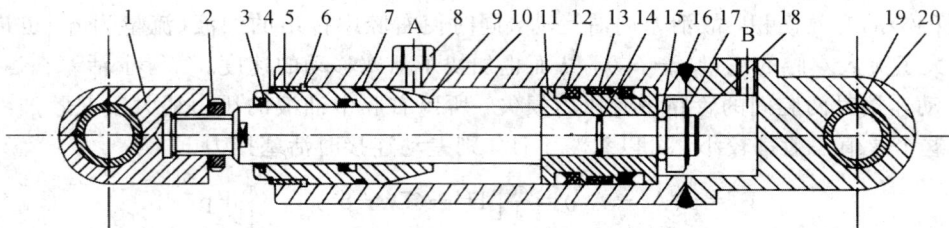

1—耳环；2—螺母；3—防尘圈；4、17—弹簧挡圈；5—套；6、15—卡键；7、14—O形密封圈；
8、12—Y形密封圈；9—缸盖兼导向套；10—缸筒；11—活塞；13—耐磨环；16—卡键帽；
18—活塞杆；19—衬套；20—缸底

图 1-19　双作用单活塞杆液压缸

如图 1-20 所示为一个空心双活塞杆式液压缸的结构。液压缸的左右两腔是通过油口 b 和 d 经活塞杆 1 和 15 的中心孔与左右径向孔 a 和 c 相通的。由于活塞杆固定在床身上，缸体 10 固定在工作台上，工作台在径向孔 c 接通压力油、径向孔 a 接通回油时向右移动，反之则向左移动。缸盖 18 和 24 是通过螺钉（图中未画出）与压板 11 和 20 相连，并经钢丝环 12 相连，左缸盖 24 空套在托架 3 孔内，可以自由伸缩。空心活塞杆的一端用堵头 2 堵死，并通过锥销 9 和 22 与活塞 8 相连。缸筒相对于活塞的运动由左右两个导向套 6 和 19 导向。活塞与缸筒之间、缸盖与活塞杆之间以及缸盖与缸筒之间分别用 O 形圈 7、V 形圈 4 和 17、纸垫 13 和 23 进行密封，以防止油液的内、外泄漏。缸筒在接近行程的左右终端时，径向孔 a 和 c 的开口逐渐减小，对移动部件起制动缓冲作用。为了排除液压缸中剩留的空气，缸盖上设置有排气孔 5 和 14，经导向套环槽的侧面孔道（图中未画出）引出与排气阀相连。

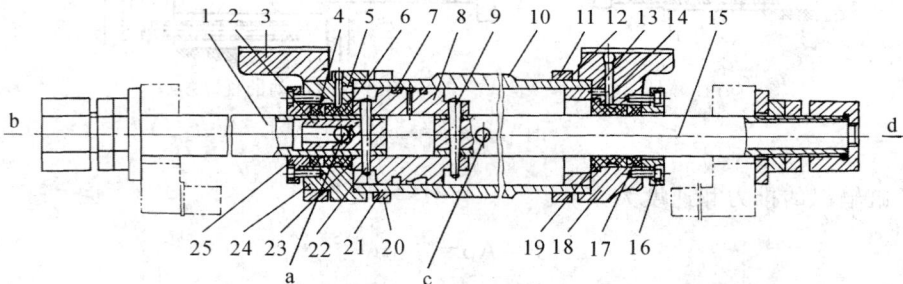

1—活塞杆；2—堵头；3—托架；4、17—V形密封圈；5、14—排气孔；6、19—导向套；
7—O形密封圈；8—活塞；9、22—锥销；10—缸体；11、20—压板；12、21—钢丝环；
13、23—纸垫；15—活塞杆；16、25—压盖；18、24—缸盖

图 1-20　空心双活塞杆式液压缸的结构

从上面所述的液压缸典型结构中可以看到，液压缸的结构基本上可以分为缸筒和缸盖、活塞和活塞杆、密封装置、缓冲装置和排气装置五个部分。

2. 流量控制阀

液压系统中执行元件运动速度的大小，由输入执行元件的油液流量的大小来确定。流量控制阀就是依靠改变阀口通流面积（节流口局部阻力）的大小或通流通道的长短来控制流量的液压阀。常用的流量控制阀有普通节流阀、压力补偿和温度补偿调速阀、溢流节流阀和分流集流阀等。

1）流量控制原理及节流口形式

（1）流量特性。节流阀的节流口通常有三种基本形式：薄壁小孔、细长小孔和厚壁小孔，但无论节流口采用何种形式，通过节流口的流量 q 及其前后压力差 Δp 的关系为

$$q = KA\Delta p^m \tag{1-13}$$

式中：K——由小孔形状和液体性质决定的系数；

　　　m——由长度决定的指数，薄壁孔 $m=0.5$；细长孔 $m=1$。

三种节流口的流量特性曲线如图 1-21 所示，由图可知：

① 压差对流量的影响。节流阀两端的压差 Δp 变化时，通过它的流量发生变化，三种结构形式的节流口中，通过薄壁小孔的流量受到压差改变的影响最小。

② 温度对流量的影响。油温影响到油液黏度，对于细长小孔，油温变化时，流量也会随之改变，对于薄壁小孔，黏度对流量几乎没有影响，故油温变化时，流量基本不变。

图 1-21　节流阀特性曲线

③ 节流口的堵塞。节流阀的节流口可能因油液中的杂质或由于油液氧化后析出的胶质、沥青等而局部堵塞，这就改变了原来节流口通流面积的大小，使流量发生变化，尤其是当开口较小时，这一影响更为突出，严重时会完全堵塞而出现断流现象。因此节流口的抗堵塞性能也是影响流量稳定性的重要因素，尤其会影响流量阀的最小稳定流量。一般节流口通流面积越大、节流通道越短和水力直径越大，越不容易堵塞，当然油液的清洁度也会对堵塞产生影响。一般流量控制阀的最小稳定流量为 0.05 L/min。

综上所述，为保证流量稳定，节流口的形式以薄壁小孔较为理想。图 1-22 所示为几种常用的节流口形式。图 1-22(a)所示为针阀式节流口，它通道长，湿度大，易堵塞，流量受油温影响较大，一般用于对性能要求不高的场合。图 1-22(b)所示为偏心槽式节流口，其性能与针阀式节流口相同，容易制造，其缺点是阀芯上的径向力不平衡，旋转阀芯时较费力，一般用于压力较低、流量较大和流量稳定性要求不高的场合。图 1-22(c)所示为轴向三角槽式节流口，其结构简单，水力直径中等，可得到较小的稳定流量，且调节范围较大，但节流通道有一定的长度，油温变化对流量有一定的影响，目前被广泛应用。图 1-22(d)所示为周向缝隙式节流口，沿阀芯周向开有一条宽度不等的狭槽，转动阀芯就可改变开口大小。阀口做成薄刃形，通道短，水力直径大，不易堵塞，油温变化对流量影响较小，因此其性能接近于薄壁小孔，适用于低压、小流量的场合。图 1-22(e)所示为轴向缝隙式节流口，在阀孔的衬套上加工出薄壁阀口，阀芯作轴向移动即可改变开口大小，其性能与图 1-22(d)所示的节流口相似。为保证流量稳定，节流口的形式以薄壁小孔较为理想。

（2）液压传动系统对流量控制阀的要求如下：

① 较大的流量调节范围，且流量调节要均匀。

② 当阀前、后压力差发生变化时，通过阀的流量变化要小，以保证负载运行的稳定。

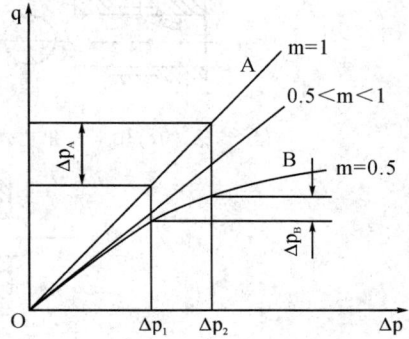

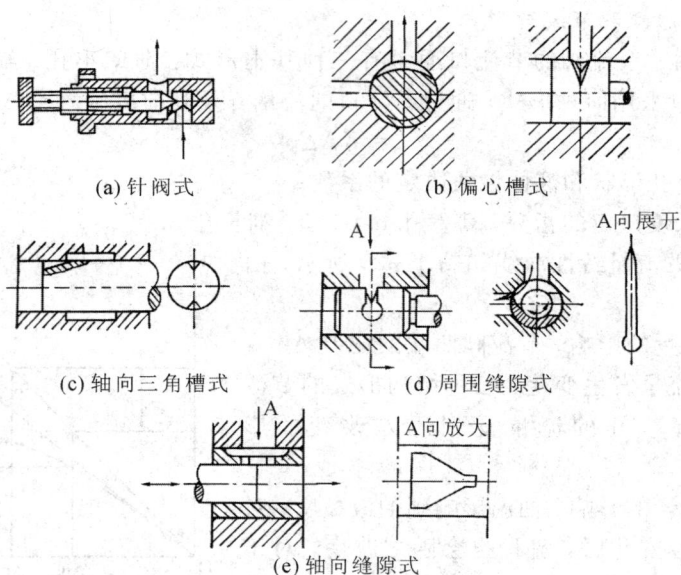

(a) 针阀式　　　　　(b) 偏心槽式

(c) 轴向三角槽式　　(d) 周围缝隙式

(e) 轴向缝隙式

图 1-22　典型节流口的结构形式

③ 油温变化对通过阀的流量影响要小。

④ 液流通过全开阀时的压力损失要小。

⑤ 当阀口关闭时，阀的泄漏量要小。

2）普通节流阀

图 1-23 所示为一种普通节流阀的结构图和职能符号。这种节流阀的节流通道呈轴向三角槽式。压力油从进油口 P_1 流入孔道 a 和阀芯 1 左端的三角槽，然后进入孔道 b，再从出油口 P_2 流出。调节手柄 3，可通过推杆 2 使阀芯作轴向移动，以改变节流口的通流截面积来调节流量。阀芯在弹簧的作用下始终贴紧推杆，这种节流阀的进出油口可互换。

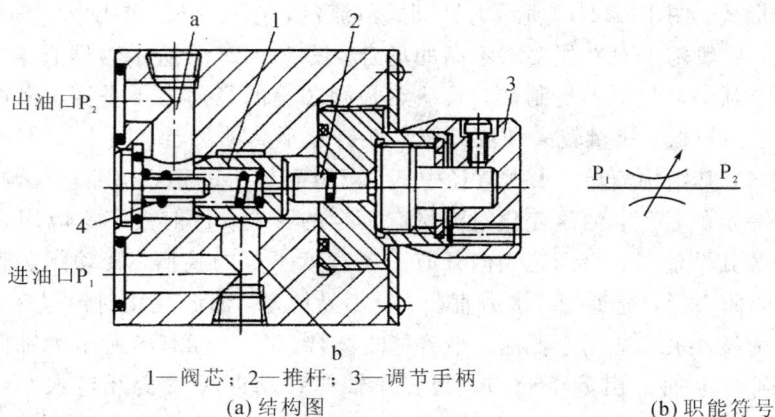

1—阀芯；2—推杆；3—调节手柄

(a) 结构图　　　　　　　　(b) 职能符号

图 1-23　普通节流阀的结构和职能符号

普通节流阀由于刚性差，在节流开口一定的条件下，通过它的工作流量受工作负载（亦即其出口压力）变化的影响，不能保持执行元件运动速度的稳定，因此只适用于工作负载变化不大和速度稳定性要求不高的场合。

3）调速阀和温度补偿调速阀

由于工作负载的变化很难避免，为了改善调速系统的性能，通常是对节流阀进行补偿，即采取措施使节流阀前后压力差在负载变化时始终保持不变。由 $q = KA\Delta p^m$ 可知，当 Δp 基本不变时，通过节流阀的流量只由其开口量大小来决定。使 Δp 基本保持不变的方式有两种：一种是将定压差式减压阀与节流阀并联起来构成调速阀；另一种是将稳压溢流阀与节流阀并联起来构成溢流节流阀。这两种阀是利用流量的变化所引起油路压力的变化，通过阀芯的负反馈动作来自动调节节流部分的压力差，使其保持不变。

（1）调速阀。调速阀是在节流阀 2 前面串接一个定差减压阀 1 组合而成的。图 1-24 为其工作原理图、职能符号、简化职能符号及特性曲线。液压泵的出口（即调速阀的进口）压力 p_1 由溢流阀调整，大小基本不变，而调速阀的出口压力 p_3 则由液压缸负载 F 决定。油液先经减压阀产生一次压力降，将压力降到 p_2，p_2 经通道 e、f 作用到减压阀的 d 腔和 c 腔，节流阀的出口压力 p_3 又经反馈通道 a 作用到减压阀的上腔 b，当减压阀的阀芯在弹簧力 F_s、油液压力 p_2 和 p_3 作用下处于某一平衡位置时（忽略摩擦力和液动力等），则有

$$p_2 A_1 + p_2 A_2 = p_3 A + F_s \tag{1-14}$$

式中：A、A_1 和 A_2 分别为 b 腔、c 腔和 d 腔内压力油作用于阀芯的有效面积，且 $A = A_1 + A_2$。

$$p_2 - p_3 = \Delta p = \frac{F_s}{A} \tag{1-15}$$

因为弹簧刚度较低，且工作过程中减压阀阀芯位移很小，可以认为 F_s 基本保持不变。故节流阀两端压力差也基本保持不变，这就保证了通过节流阀的流量稳定。

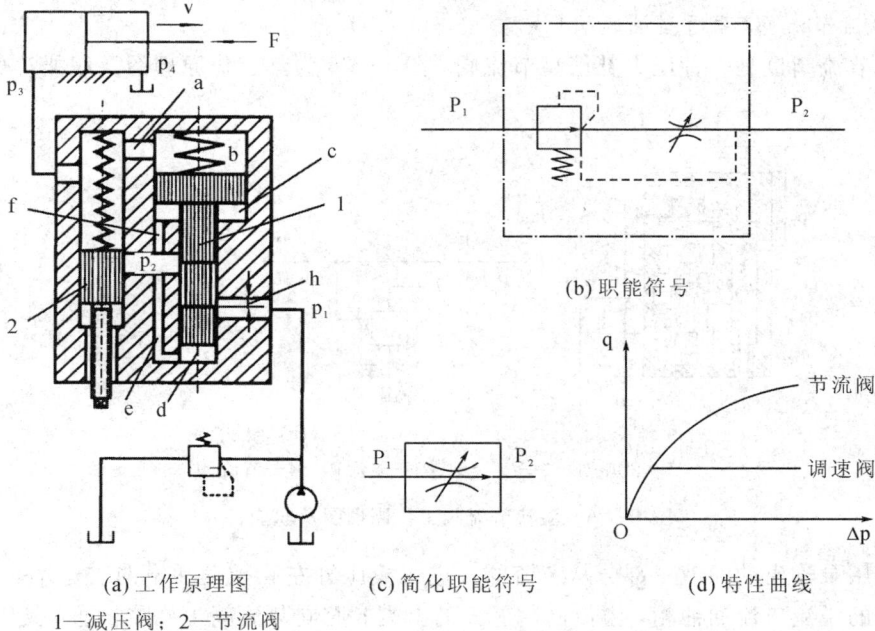

(a) 工作原理图　　　(c) 简化职能符号　　　(d) 特性曲线

1—减压阀；2—节流阀

图 1-24　调速阀

（2）温度补偿调速阀。普通调速阀的流量虽然已能基本上不受外部负载变化的影响，但是当流量较小时，节流口的通流面积较小，这时节流口的长度与通流截面水力直径的比值相对增大，因而油液的黏度变化对流量的影响也增大，所以当油温升高后油的黏度变小时，流量仍会增大，为了减小温度对流量的影响，可以采用温度补偿调速阀。

温度补偿调速阀的压力补偿原理部分与普通调速阀相同，据 $q=KA\Delta p^m$ 可知，当 Δp 不变时，由于黏度下降，K 值（$m\neq0.5$ 的孔口）上升，此时只有适当减小节流阀的开口面积，方能保证 q 不变。图 1-25（a）为温度补偿原理图，在节流阀阀芯和调节螺钉之间放置一个温度膨胀系数较大的聚氯乙烯推杆，当油温升高时，流量增加，这时温度补偿杆伸长使节流口变小，从而补偿了油温对流量的影响。在 20 ℃~60 ℃ 的温度范围内，流量的变化率超过 10%，最小稳定流量可达 20 mL/min（3.3×10^{-7} m³/s）。图 1-25（b）为温度补偿阀的职能符号。

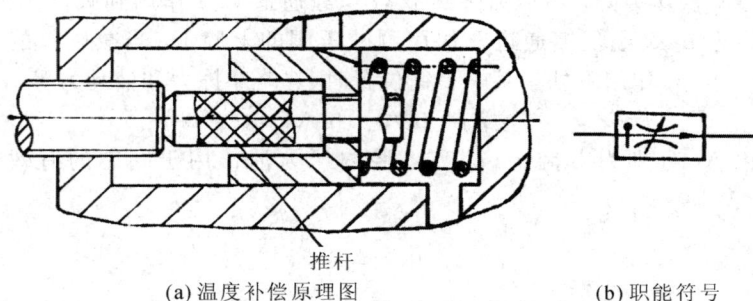

推杆

(a) 温度补偿原理图　　　　　　(b) 职能符号

图 1-25　温度补偿调速阀原理图和职能符号

4）溢流节流阀（旁通型调速阀）

溢流节流阀也是一种压力补偿型节流阀，图 1-26 为其工作原理图及职能符号。

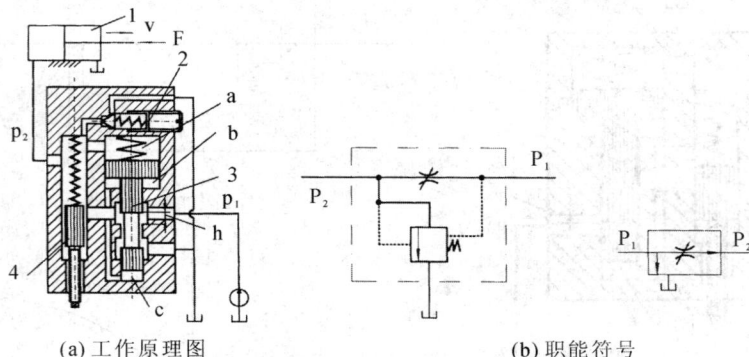

(a) 工作原理图　　　　　　(b) 职能符号

1—液压缸；2—安全阀；3—溢流阀；4—节流阀

图 1-26　溢流节流阀工作原理图及职能符号

从液压泵输出的油液一部分从节流阀 4 进入液压缸左腔推动活塞向右运动，另一部分经溢流阀的溢流口流回油箱，溢流阀阀芯 3 的上端 a 腔同节流阀 4 上腔相通，其压力为 p_2；腔 b 和下端腔 c 同溢流阀阀芯 3 前的油液相通，其压力即为泵的压力 p_1，当液压缸活塞上的负载力 F 增大时，压力 p_2 升高，a 腔的压力也升高，使阀芯 3 下移，关小溢流口，这样就使液压泵的供油压力 p_1 增加，从而使节流阀4的前、后压力差（$p_1 - p_2$）基本保持不变。这种溢流阀一般附带一个安全阀2，以避免系统过载。

溢流节流阀是通过 p_1 随 p_2 的变化来使流量基本上保持恒定的，它与调速阀虽都具有压力补偿的作用，但其组成调速系统时是有区别的，调速阀无论在执行元件的进油路上还是在回油路上，执行元件上负载变化时，泵出口处压力都由溢流阀保持不变，而溢流节流阀是通过 p_1 随 p_2（负载的压力）的变化来使流量基本上保持恒定的。因而溢流节流阀具有功率损耗低、发热量小的优点。但是，溢流节流阀中流过的流量比调速阀大（一般是系统的全部流量），阀芯运动时阻力较大，弹簧较硬，其结果使节流阀前后压差 Δp 加大（需达 $0.3 \sim 0.5$ MPa），因此它的稳定性稍差。

3. 速度控制回路分析

速度控制回路是研究液压系统的速度调节和变换问题，常用的速度控制回路有调速回路、快速回路和速度换接回路等。

1）调速回路

从液压马达的工作原理可知，液压马达的转速 n_m 由输入流量和液压马达的排量 V_m 决定，即 $n_m = q/V_m$，液压缸的运动速度 v 由输入流量和液压缸的有效作用面积 A 决定，即 $v = q/A$。

通过上面的关系可以知道，调节液压马达的转速 n_m 或液压缸的运动速度 v，可通过改变输入流量 q、改变液压马达的排量 V_m 和改变缸的有效作用面积 A 等方法来实现。由于液压缸的有效面积 A 是定值，只有改变流量 q 的大小来调速，而改变输入流量 q，可以通过采用流量阀或变量泵来实现，改变液压马达的排量 V_m，可通过采用变量液压马达来实现，因此，调速回路主要有三种方式——节流调速回路、容积调速回路和容积节流调速回路。

（1）节流调速回路。节流调速回路是通过调节流量阀的通流截面积大小来改变进入执行机构的流量，从而实现运动速度的调节。

按流量阀在回路中的位置可分为进油节流调速回路、回油节流调速回路和旁路节流调速回路。

① 进油节流调速回路。这种回路是将节流阀装在执行机构的进油路上，其调速原理如图 1-27 所示。

因为是定量泵供油，流量恒定，溢流阀调定压力为 p_t，泵的供油压力为 p_0，进入液压缸的流量 q_1 由节流阀的调节开口面积 a 确定，压力 p_1 作用在活塞 A_1 上，压力 p_2 作用在活塞 A_2 上，克服负载 F 做功，推动活塞以速度 $v = q_1/A_1$ 向右运动。

活塞受力平衡方程为

$$p_1 A_1 = F + p_2 A_2 \qquad (1-16)$$

进入油缸的流量为

$$\Delta p = p_B - \frac{F}{A_1} \qquad (1-17)$$

进油节流调速回路的速度-负载特性方程为

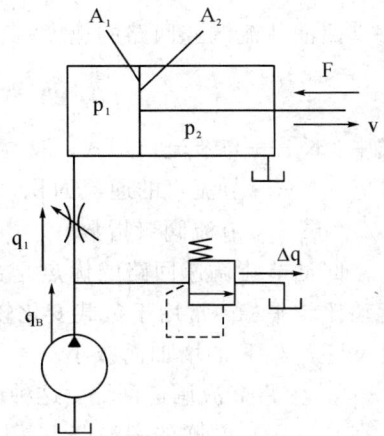

图 1-27 进油节流调速回路原理图

$$v = \frac{q_1}{A_1} = \frac{KA}{A_1}\left(p_B - \frac{F}{A_1}\right)^m \tag{1-18}$$

式中：K——与节流口形式、液流状态、油液性质等有关的节流阀的系数；

A——节流口的通流面积；

m——节流阀口指数。

进油节流调速回路的优点是：液压缸回油腔和回油管中压力较低，当采用单杆活塞杆液压缸，使油液进入无杆腔中，其有效工作面积较大，可以得到较大的推力和较低的运动速度，这种回路多用于要求冲击小、负载变动小的液压系统中。

② 回油节流调速回路。回油节流调速回路将节流阀安装在液压缸的回油路上，其调速原理如图 1-28 所示。

因为是定量泵供油，流量恒定，溢流阀调定压力为 p_t，泵的供油压力为 p_0，进入液压缸的流量为 q_1，液压缸输出的流量为 q_2，q_2 由节流阀的调节开口面积 a 确定，压力 p_1 作用在活塞 A_1 上，压力 p_2 作用在活塞 A_2 上，推动活塞以速度 $v = q_1/A_1$ 向右运动，克服负载 F 做功。

活塞受力平衡方程为

$$p_1 A_1 = F + p_2 A_2 \tag{1-19}$$

$$p_2 = \frac{p_1 A_1 - F}{A_2} \tag{1-20}$$

液压泵输出的流量为

图 1-28 回油节流调速回路原理图

$$q_2 = KA\left(\frac{p_1 A_1 - F}{A_2}\right)^m \tag{1-21}$$

回油节流调速回路的速度-负载特性方程为

$$v = \frac{q_2}{A_2} = \frac{KA}{A_2}\left(\frac{p_1 A_1 - F}{A_2}\right)^m \tag{1-22}$$

式中：K——与节流口形式、液流状态、油液性质等有关的节流阀的系数；

A——节流口的通流面积；

m——节流阀口指数。

回油节流调速回路的优点是：节流阀在回油路上可以产生背压，相对进油调速而言，运动比较平稳，常用于负载变化较大、要求运动平稳的液压系统中，而且在 A 一定时，速度 v 随负载 F 的增加而减小。

③ 旁路节流调速回路。这种回路由定量泵、安全阀、液压缸和节流阀组成，节流阀安装在与液压缸并联的旁油路上，其调速原理图及速度-负载特性曲线如图 1-29 所示。

定油泵输出的流量为 q_B，一部分 (q_1) 进入液压缸，另一部分 (q_2) 通过节流阀流回油箱。溢流阀在这里起安全作用，回路正常工作时，溢流阀不打开，当供油压力超过正常工作压力时，溢流阀才打开，以防过载。溢流阀的调节压力应大于回路正常工作压力，在这种回路中，缸的进油压力 p_1 等于泵的供油压力 p_B，溢流阀的调节压力一般为缸克服最大负载所需

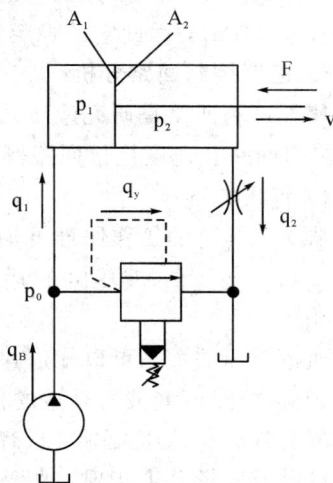

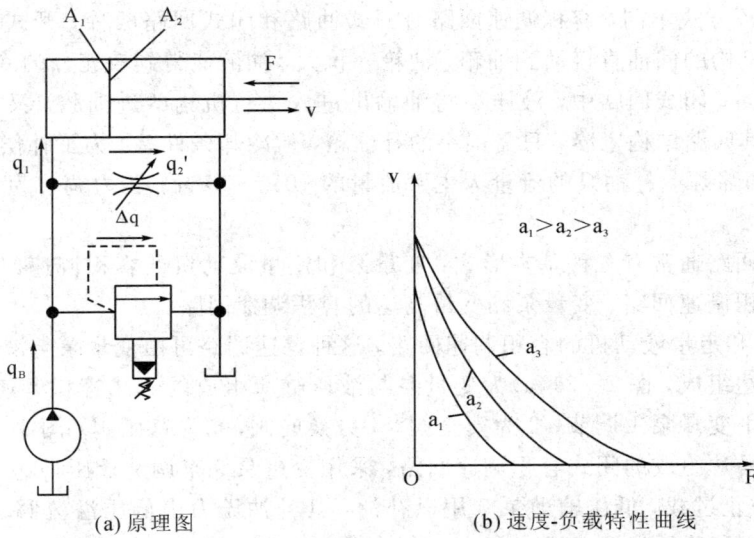

(a) 原理图　　　　　　　　　　(b) 速度-负载特性曲线

图 1-29　旁路节流调速回路原理图及速度-负载特性曲线

的工作压力的 $1.1\sim1.3$ 倍。

④ 采用调速阀的节流调速回路。前面介绍的三种基本回路，其速度的稳定性均随负载的变化而变化，对于一些负载变化较大、对速度稳定性要求较高的液压系统，可采用调速阀来改善其速度-负载特性。

调速阀的使用，也可按其安装位置不同，分为进油节流、回油节流和旁路节流三种基本调速回路。

图 1-30 为调速阀进油调速回路。其工作原理与采用节流的进油节流阀调速回路相似。当负载 F 变化而使 p_1 变化时，由于调速阀中的定差输出减压阀的调节作用，使调速阀中的节流阀的前后压差 Δp 保持不变，从而使流经调速阀的流量 q_1 不变，所以活塞的运动速度 v 也不变。

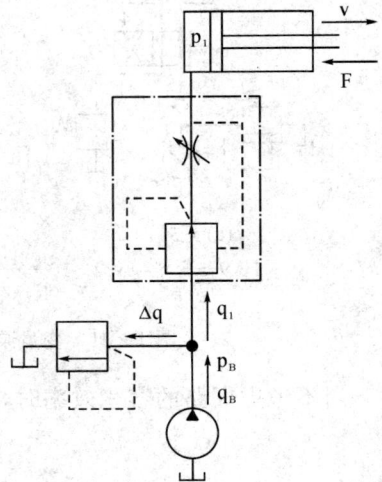

图 1-30　调速阀进油节流调速回路

在此回路中，调速阀上的压差 Δp 包括两部分：节流口的压差和定差输出减压口上的压差。所以调速阀的调节压差比采用节流阀时要大，一般 $\Delta p \geqslant 5 \times 10^5$ Pa，高压调速阀则达 10×10^5 Pa。这样泵的供油压力 p_B 相应地比采用节流阀时也要调得高些，故其功率损失也大些。

这种回路其他调速性能的分析方法与采用节流阀时基本相同。

综上所述，采用调速阀的节流调速回路的低速稳定性、回路刚度、调速范围等，要比采用节流阀的节流调速回路都好，所以它在机床液压系统中获得广泛的应用。

(2) 容积调速回路。容积调速回路是通过改变回路中液压泵或液压马达的排量来实现调速的。其主要优点是功率损失小（没有溢流损失和节流损失）且其工作压力随负载变化，所以效率高、油的温度低，适用于高速、大功率系统。

按油路循环方式不同，容积调速回路有开式回路和闭式回路两种。开式回路中泵从油箱吸油，执行机构的回油直接回到油箱，油箱容积大，油液能得到较充分的冷却，但空气和脏物易进入回路。闭式回路中，液压泵将油输出进入执行机构的进油腔，又从执行机构的回油腔吸油。其回路结构紧凑，只需很小的补油箱，但冷却条件差。为了补偿工作中油液的泄漏，一般设补油泵，补油泵的流量为主泵流量的 $10\% \sim 15\%$，压力调节为 $3 \times 10^5 \sim 10 \times 10^5$ Pa。

容积调速回路通常有三种基本形式：变量泵和定量液动机的容积调速回路、定量泵和变量马达的容积调速回路、变量泵和变量马达的容积调速回路。

① 变量泵和定量液动机的容积调速回路。这种调速回路可由变量泵与液压缸或变量泵与定量液压马达组成。图 1-31(a) 为变量泵与液压缸所组成的开式容积调速回路，活塞 5 的运动速度 v 由变量泵 1 调节，2 为安全阀，4 为换向阀，6 为背压阀。图 1-31(b) 为变量泵与定量液压马达组成的闭式容积调速回路，采用变量泵 9 来调节液压马达 11 的转速，安全阀 10 用以防止过载，低压辅助泵 7 用以补油，其补油压力由低压溢流阀 12 来调节。图 1-31(c) 为闭式回路的特性曲线。

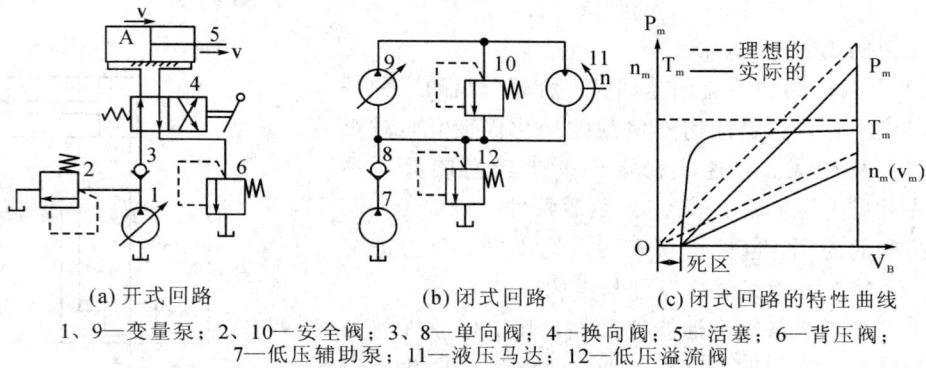

(a) 开式回路   (b) 闭式回路   (c) 闭式回路的特性曲线

1、9—变量泵；2、10—安全阀；3、8—单向阀；4—换向阀；5—活塞；6—背压阀；
7—低压辅助泵；11—液压马达；12—低压溢流阀

图 1-31　变量泵定量液动机容积调速回路原理图及特性曲线

当不考虑回路的容积效率时，执行机构的速度 n_m（或 V_m）与变量泵的排量 V_B 的关系为

$$n_m = \frac{n_B V_B}{V_m} \tag{1-23}$$

上式表明：因马达的排量 V_m 和缸的有效工作面积 A 是不变的，当变量泵的转速 n_B 不变时，马达的转速 n_m（或活塞的运动速度）与变量泵的排量成正比，在图上表示为一条通过坐标原点的直线，如图 1-32(c) 中虚线所示。实际上回路的泄漏是不可避免的，在一定负载下，需要一定流量才能启动和带动负载。所以其实际的 n_m（或 V_m）与 V_B 的关系如图 1-31(c) 中实线所示。这种回路在低速下承载能力差，速度不稳定。

当不考虑回路的损失时，液压马达的输出转矩 T_m（或缸的输出推力 F）为 $T_m = V_m \Delta p / 2\pi$ 或 $F = A(p_B - p_0)$。它表明当泵的输出压力 p_B 和吸油路（也即马达或缸的排油）压力 p_0 不变时，马达的输出转矩 T_m 或缸的输出推力 F 理论上是恒定的，与变量泵的排量 V_B 无关。但实际上由于泄漏和机械摩擦等的影响，回路存在一个"死区"，如图 1-31(c) 所示。

此回路中执行机构的输出功率为

$$P_m = (p_B - p_0)q_B = (p_B - p_0)n_B V_B \qquad (1-24)$$

马达或缸的输出功率 P_m 随变量泵的排量 V_B 的增减而线性地增减。

这种回路的调速范围主要决定于变量泵的变量范围，其次是受回路的泄漏和负载的影响。采用变量叶片泵可达 10，变量柱塞泵可达 20。

综上所述，变量泵和定量液动机所组成的容积调速回路为恒转矩输出，可正反向实现无级调速，调速范围较大。适用于调速范围较大、要求恒扭矩输出的场合，如大型机床的主运动或进给系统中。

② 定量泵和变量马达容积调速回路。定量泵与变量马达容积调速回路原理图及功率-转速特性曲线如图 1-32 所示。图中 1、2 为定量泵和变量马达，3 为安全阀，4 为补油泵。

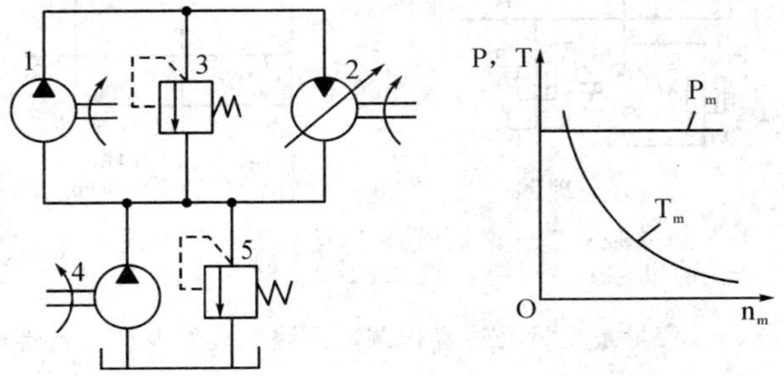

(a) 原理图　　　　　　　(b) 调速特性曲线

1—定量泵；2—变量马达；3—安全阀；4—补油泵

图 1-32　定量泵变量马达容积调速回路原理图及调速特性曲线

此回路是通过调节变量马达的排量 V_m 来实现调速的。

a. 速度特性。在不考虑回路泄漏时，液压马达的转速 n_m 为

$$n_m = \frac{q_B}{V_m} \qquad (1-25)$$

式中，q_B 为定量泵的输出流量。

由上式可知，变量马达的转速 n_m 与其排量 V_m 成正比，当排量 V_m 最小时，马达的转速 n_m 最高。

由上述分析和调速特性可知：此种用调节变量马达的排量的调速回路，如果用变量马达来换向，在换向的瞬间要经过"高转速—零转速—反向高转速"的突变过程，所以，不宜用变量马达来实现平稳换向。

b. 转矩与功率特性。液压马达的输出转矩为

$$T_m = \frac{V_m(p_B - p_0)}{2\pi} \qquad (1-26)$$

液压马达的输出功率为

$$P_m = n_m T_m = q_B(p_B - p_0) \qquad (1-27)$$

上式表明：马达的输出转矩 T_m 与其排量 V_m 成正比；而马达的输出功率 P_m 与其排量 V_m 无关，若进油压力 p_B 与回油压力 p_0 不变时，$P_m = C$，则此种回路属于恒功率调速。

综上所述，定量泵和变量马达容积调速回路由于不能用改变马达的排量来实现平稳换向，调速范围比较小(一般为 3～4)，因而较少单独应用。

③ 变量泵和变量马达的容积调速回路。如图 1-33 所示为用变量泵与变量马达组成的调速回路。图中 1 为双向变量泵，它既可以改变流量大小，又可以改变供油方向，用以实现马达的调速和换向。2 为双向变量马达，由于液压泵和液压马达的排量都可以改变，因此回路的调速范围扩大，速比可达 100。辅助泵 4 和溢流阀 5 组成补油油路，单向阀 6 和 7 起双向补油作用，而单向阀 8 和 9 则使安全阀 3 能在两个方向上起过载保护作用。

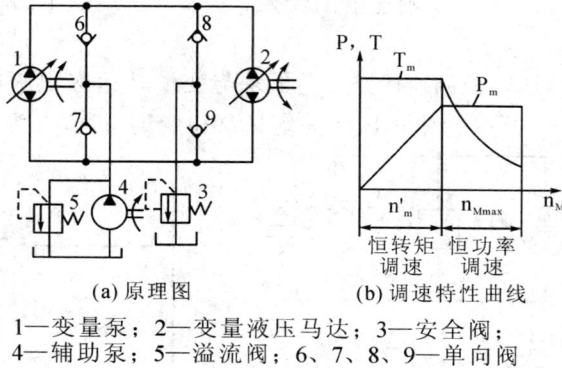

(a) 原理图 (b) 调速特性曲线

1—变量泵；2—变量液压马达；3—安全阀；
4—辅助泵；5—溢流阀；6、7、8、9—单向阀

图 1-33 变量泵变量马达容积调速回路原理图及调速特性曲线

这种调速回路实际是上述两种容积调速回路的组合。在调速过程中一般分成两个调速阶段。

第一阶段，在低速段先通过改变变量泵的排量来调速，这时应首先将马达的排量固定在最大值，然后调节变量泵的排量使其从小到大逐渐增加。此时液压马达的转速也随之从低到高逐渐增加，直到泵的排量达到最大值为止。在这个调速过程中，液压马达的最大输出转矩不变，而输出功率逐渐增加，所以这一阶段属于恒转矩调速。

第二阶段，在高速段利用改变变量马达的排量来调速。这时应先使泵的排量固定在最大值，然后再调节变量马达的排量，使其从最大值逐渐减小到最小值。此时马达的转速继续升高，直到马达容许的最高转速为止。在这个过程中，液压马达的最大输出转矩由大变小，而输出功率却保持不变。所以这一阶段属于恒功率调速。

图 1-33(b) 为其调速特性曲线图。这种调速方法可以满足多数设备，在低速运转时，要求输出大转矩；高速运转时，又要求输出恒功率，适用于工作效率要求较高的场合。因此广泛应用在各种行走机械、机床的主运动等大功率机械上。

采用这种调速方式可使马达的换向平稳，且第一阶段为恒转矩调速，第二阶段为恒功率调速。这种容积调速回路的调速范围是变量泵调节范围和变量马达调节范围的乘积，所以其调速范围大(可达 100)，并且有较高的效率。它适用于大功率的场合，如矿山机械、起重机械以及大型机床的主运动液压系统。

(3) 容积节流调速回路。容积节流调速回路的基本工作原理是采用压力补偿式变量泵供油、调速阀(或节流阀)调节进入液压缸的流量并使泵的输出流量自动地与液压缸所需流量相适应。

常用的容积节流调速回路有：限压式变量泵与调速阀等组成的容积节流调速回路、变压式变量泵与节流阀等组成的容积调速回路。

图 1-34 所示为限压式变量泵与调速阀组成的调速回路的工作原理图。在图示位置，活塞 4 快速向右运动，泵 1 按快速运动要求调节其输出流量 q_{max}，同时调节限压式变量泵的压力调节螺钉，使泵的限定压力 p_c 大于快速运动所需压力。当换向阀 3 通电时，泵输出的压力油经调速阀 2 进入缸 5，其回油经背压阀 6 回到油箱。调节调速阀 2 的流量 q_1 就可调节活塞的运动速度 v，由于 $q_1 < q_B$，压力油迫使泵的出口与调速阀进口之间的油压变高，即泵的供油压力升高，泵的流量便自动减小到 $q_B \approx q_1$ 为止。

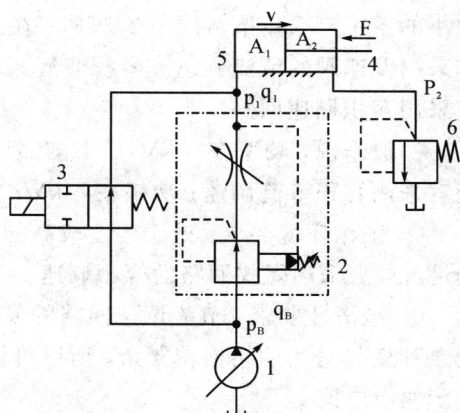

1—泵；2—调速阀；3—换向阀；
4—活塞；5—缸；6—背压阀

图 1-34　限压式变量泵调速阀容积节流调速回路原理图

当不考虑回路中泵和管路的泄漏损失时，回路的效率为

$$\eta_c = \frac{p_1 - p_2(A_2/A_1)}{p_B} \qquad (1-28)$$

上式表明：泵的输油压力 p_B 调得低一些，就可提高回路效率，但为了保证调速阀的正常工作压差，泵的压力应比负载压力 p_1 至少大 5×10^5 Pa。当此回路用于"死挡铁停留"、压力继电器发出信号实现快退时，泵的压力还应调高些，以保证压力继电器可靠地发出信号。此外，当 p_c 不变时，负载越小，p_1 便越小，回路效率越低。

综上所述：限压式变量泵与调速阀等组成的容积节流调速回路具有效率较高、调速较稳定、结构较简单等优点。目前已广泛应用于负载变化不大的中、小功率组合机床的液压系统中。

2）调速回路的比较和选用

（1）三种调速回路的比较见表 1-4。

表 1-4　调速回路的比较

回路类型 主要性能		节流调速回路				容积调速回路	容积节流调速回路	
		用节流阀		用调速阀			限压式	稳流式
		进回油	旁路	进回油	旁路			
机械特性	速度稳定性	较差	差	好		较好	好	
	承载能力	较好	较差	好		较好	好	
调速范围		较大	小	较大		大	较大	
功率特性	效率	低	较高	低	较高	最高	较高	高
	发热	大	较小	大	较小	最小	较小	小
适用范围		小功率，轻载的中、低压系统				大功率，重载高速的中、高压系统	中、小功率的中压系统	

（2）调速回路的选用主要考虑以下问题：

① 执行机构的负载性质、运动速度、速度稳定性等要求。负载小，且工作中负载变化

也小的系统可采用节流阀节流调速；在工作中负载变化较大且要求低速稳定性好的系统，宜采用调速阀的节流调速或容积节流调速；负载大、运动速度高、油的温升要求小的系统，宜采用容积调速回路。

一般来说，功率在3 kW以下的液压系统宜采用节流调速；功率在3～5 kW范围的系统宜采用容积节流调速；功率在5 kW以上的系统宜采用容积调速回路。

② 工作环境要求。处于温度较高的环境下工作，且要求整个液压装置体积小、重量轻的情况，宜采用闭式回路的容积调速。

③ 经济性要求。节流调速回路的成本低，功率损失大，效率也低；容积调速回路因变量泵和变量马达的结构较复杂，所以价格高，但其效率高、功率损失小；而容积节流调速则介于两者之间。

三、任务设计

(1) 简答：

① 说出图1-14中双杆气缸的调速特点；

② 指出图1-14中三个执行气缸的连接特点。

(2) 在上图基础上设计一个回路，使其满足以下要求：

① 为系统增加卸荷功能；

② 使二位五通双气控换向阀的左气控口的信号获得由顺序阀控制。

四、任务实施

学员应按照任务设计要求规范画图，安全操作实验台。

五、反馈评价

(1) 说出图1-14中双杆气缸的调速特点。

(双向回气节流调速。)

(2) 指出图1-14中三个执行气缸的连接特点。

(并联连接，可同步运动。)

项目1.3 气动顺序动作系统

一、提出任务

分析如图1-35和图1-36所示的气动顺序动作系统的工作原理并搭接回路。

任务1 行程阀控制的顺序动作

行程阀控制的顺序动作系统原理图如图1-35所示。

任务2 时间控制的顺序动作

时间控制的顺序动作系统原理图如图1-36所示。

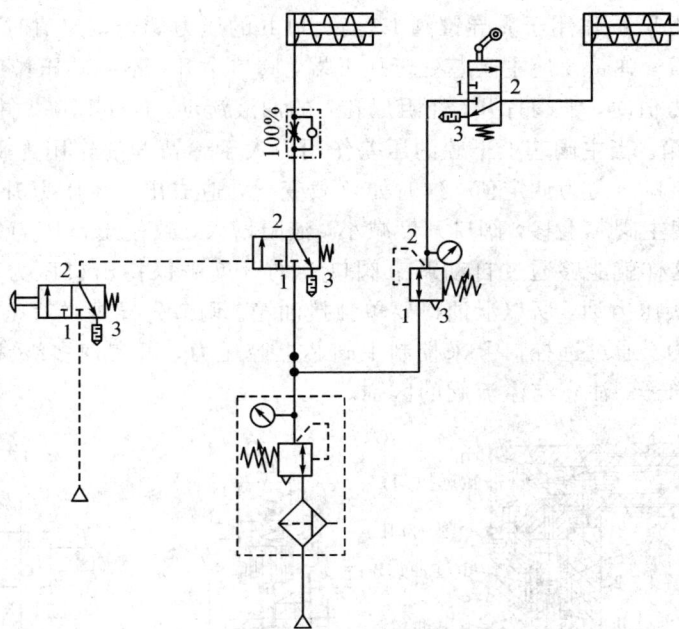

图 1-35 行程阀控制的顺序动作系统原理图

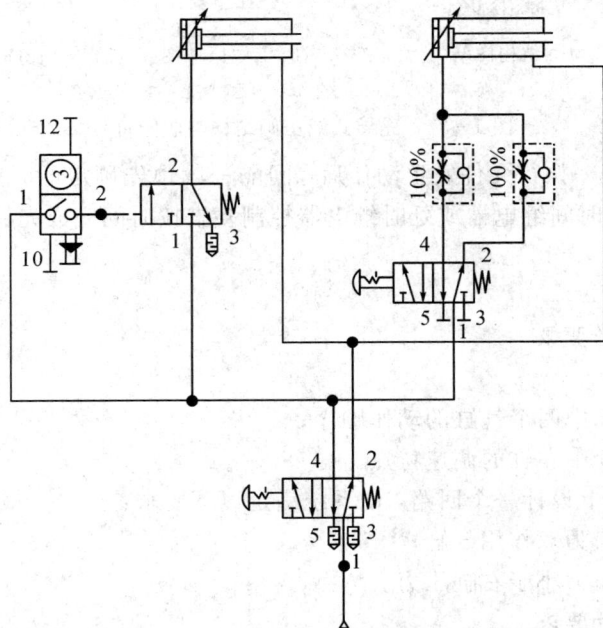

图 1-36 时间控制的顺序动作系统原理图

二、相关知识点

减压阀的作用是降低液压系统中某一部分的压力，并使其保持稳定值。减压阀也分直动式和先导式两种。一般常用先导式减压阀，如图 1-37 所示，高压油 p_1 进入 d 腔，经阀口 h 变为 p_2 从 f 腔引出，接减压油路。p_2 同时经孔 g 进入阀芯下腔，再经阻尼孔 e 进入阀芯上腔，并通过孔 b、a 作用于先导锥阀 1。当出口 h 的压力低于调定值时，锥阀关闭，主阀芯上下腔油压相等，弹簧 3 使主阀芯处于最下端，阀口全开，不起减压作用。当阀的出口压力达到调整的压力值时，锥阀打开。经阻尼孔 e 的油液流动，产生压降，并经孔 b、a 和泄油孔 L 单独流回油箱。当主阀芯上下腔的压差作用力大于弹簧 3 的作用力 F_{s2} 时，阀芯上移，阀口关小，控制出口压力为调定值。这时如负载变化，造成出口 f 压力升高，则主阀芯上、下腔压差增大，使主阀芯上移，阀口开度减小，液阻增大，致使出口压力下降。反之，则使出口压力回升，这样就能够通过自动调节阀口 h 的开度来保持出口压力稳定在调定值 L。由于进出油口均接压力油，所以泄油口要单独接油箱。调节先导阀弹簧压紧力 F_{s1} 就可以调节减压阀控制压力。通过远控口 k 来控制主阀芯上腔压力，可实现多级减压。图 1-37(c) 为减压阀的职能符号，注意与溢流阀的区别。

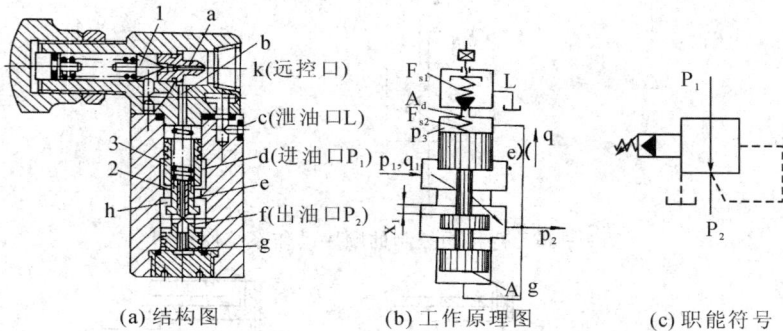

(a) 结构图　　　　(b) 工作原理图　　　　(c) 职能符号

1—先导锥阀；2—主阀芯；3—主阀弹簧

图 1-37　先导式减压阀结构与职能符号

时间控制是指某一执行元件发生动作后，间隔一段预先调定的时间，再使另一执行元件发生动作。可采用时间继电器或延时继电器控制多缸按时间完成先后顺序的动作。

三、任务设计

1. 任务 1 的设计要求

(1) 简答：

① 说出图 1-35 中两个气缸的动作顺序；

② 指出图 1-35 中左缸的调速特点。

(2) 在上图基础上设计一个回路，使系统满足以下要求：

① 将右侧气缸换为双作用气缸；

② 使左缸工作压力小于右缸压力。

2. 任务 2 的设计要求

(1) 简答：

① 说出图 1-36 中左缸的进给动作如何实现；

② 指出图 1-36 中右缸的进给动作如何实现。

(2) 在上图基础上设计一个回路，使系统满足以下要求：

① 将左侧气缸换为单作用气缸；

② 使系统具备二级调压功能。

四、任务实施

学员应按照设计要求规范画图，安全操作实验台。

五、反馈评价

① 写出图 1-35 中两个气缸的动作顺序。

（左缸先动作，右缸后动作）

② 指出图 1-35 中左缸的调速特点。

（左缸为进气节流调速。）

③ 写出图 1-36 中两个气缸的动作顺序。

（右缸先动，左缸由计时器延时控制。）

④ 指出图 1-36 中右缸的调速特点。

（进气节流调速，有两个进给速度，即快进向工进转换。）

项目 1.4 气动逻辑控制系统

一、提出任务

分析如图 1-38、图 1-39、图 1-40 和图 1-41 所示的工作原理并搭接回路。

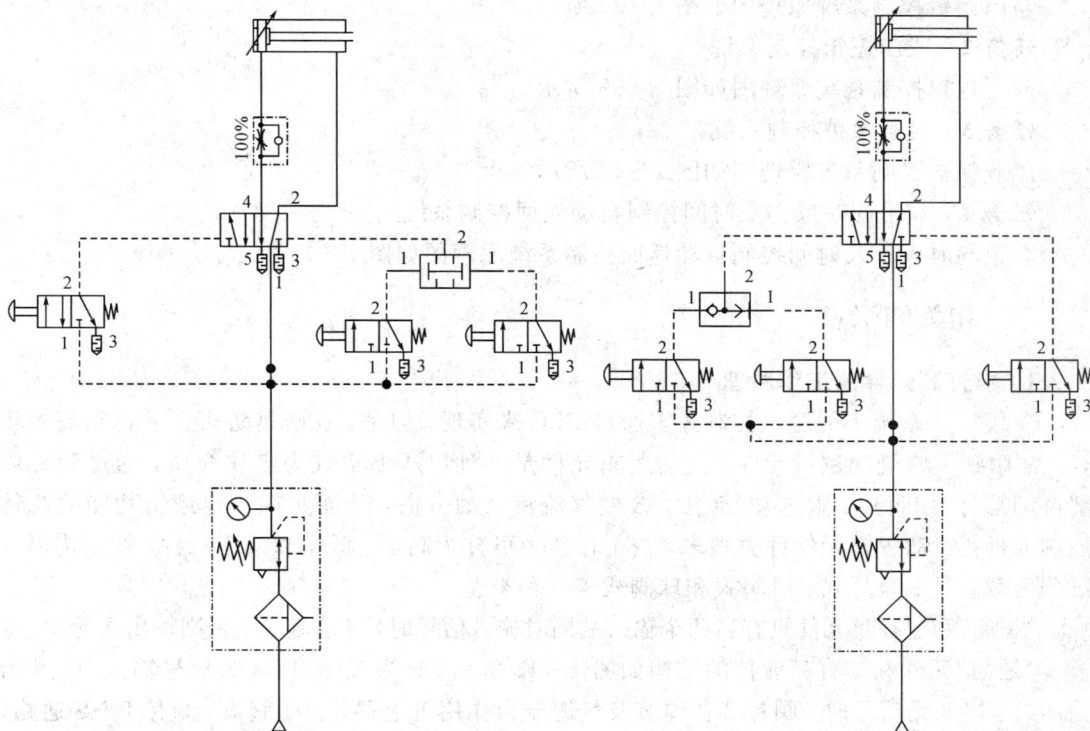

图 1-38 与门逻辑控制系统原理图   图 1-39 或门逻辑控制系统原理图

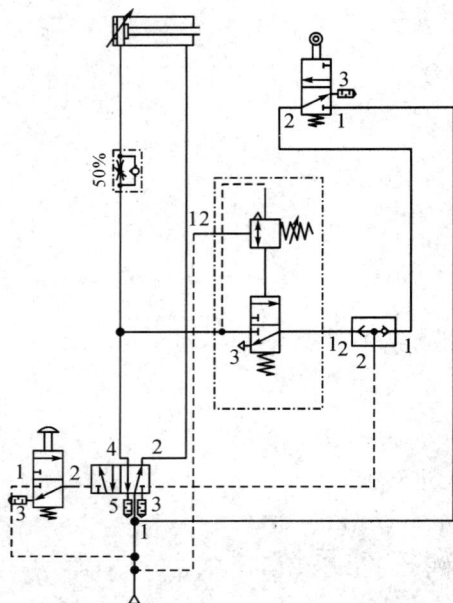

图 1-40 过载保护控制系统原理图

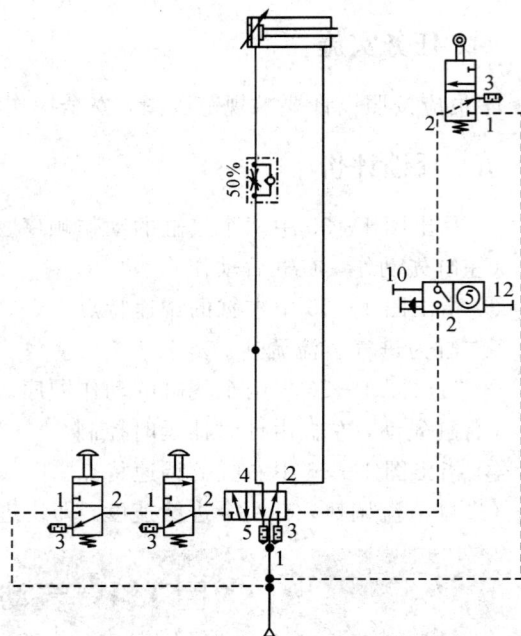

图 1-41 双手同时操作及时间控制自动返回控制系统原理图

任务 1 与门逻辑控制系统

与门逻辑控制系统原理图如图 1-38 所示。

任务 2 或门逻辑控制系统

或门逻辑控制系统原理图如图 1-39 所示。

任务 3 过载保护控制系统

过载保护控制系统原理图如图 1-40 所示。

任务 4 双手同时操作及时间控制自动返回控制系统

双手同时操作及时间控制自动返回控制系统原理图如图 1-41 所示。

二、相关知识点

1."与门"元件的工作原理

现代气动系统中的逻辑控制大多通过 PLC 来实现,但是,在防爆防火要求特别高的场合,常用到一些气动逻辑元件。气动逻辑元件是一种以压缩空气为工作介质,通过元件内部可动部件(如膜片、阀芯)的动作,改变气流流动的方向,从而实现一定逻辑功能的流体控制元件。气动逻辑元件种类很多,按工作压力可分为高压、低压和微压三种;按结构形式可分为截止式、膜片式、滑阀式和球阀式等几种类型。

"是门"和"与门"元件只有当两个输入端同时输入信号时,才有输出,否则输出端无动作。

"是门"元件和"与门"元件的结构如图 1-42 所示。P 为气源口,a 为信号输入口,S 为输出口。当 a 无信号时,阀片 2 在弹簧及气源压力作用下上移,关闭阀口,封住 P→S 通路,S 无输出。当 a 有信号时,膜片在输入信号作用下,推动阀芯下移,封住 S 与排气孔通道,同时接通 P→S 通路，S 有输出。即元件的输入和输出始终保持相同状态。这就是"是门"元件的工作原理。

当气源口 P 改为信号口 b 时，则为"与门"元件，只有当 a 和 b 同时输入信号时，S 才有输出，否则 S 无输出，也即 S＝ab。

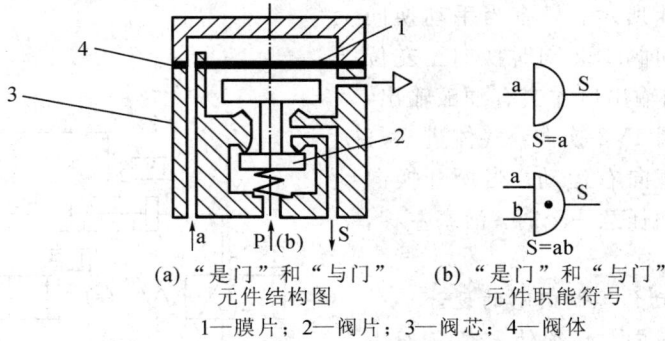

(a)"是门"和"与门"　　　　(b)"是门"和"与门"
　　元件结构图　　　　　　　元件职能符号
1—膜片；2—阀片；3—阀芯；4—阀体
图 1-42　"是门"和"与门"元件

与门工作过程如图 1-43 所示。当 P_2 无信号时，阀片在弹簧及气源压力作用下右移，关闭阀口，封住 P_1→A 通路，A 无输出，如图 1-43(a)所示；当 P_2 有信号时，膜片在输入信号作用下，推动阀芯左移，封住 P_2 与排气孔通道，A 无输出，如图 1-43(b)所示；同时接通 P_1→A，P_2→A 通路，A 有输出，如图 1-43(c)所示，即元件的输入和输出始终保持相同状态。图 1-43(d)为与门元件符号图。

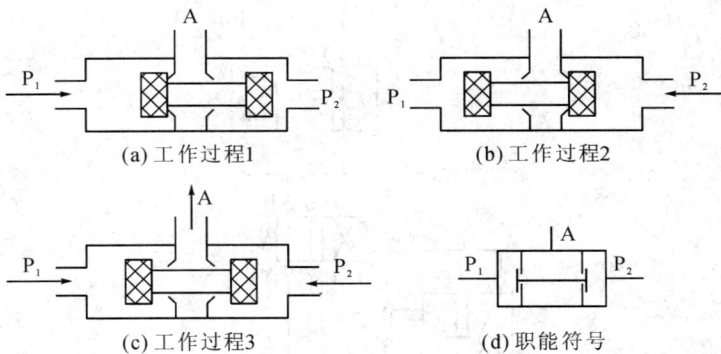

(a)工作过程1　　　　　　　(b)工作过程2

(c)工作过程3　　　　　　　(d)职能符号
图 1-43　与门工作过程图解及"与门"元件符号图

"是门"和"与门"回路真值表如表 1-5 所示。

表 1-5　"是门"和"与门"回路真值表

输入		输出	
a	b	S("与门")	S("是门")
0	0	0	0
0	1	0	0
1	0	0	1
1	1	1	1

1）双压阀回路的设计

双压阀回路相当于两个串联的输入信号，即两个阀串联使用。如果两个输入压力一致，会在输出口上产生气压。

双压阀回路（"与门"元件）的控制回路原理图如图 1－44 所示。只有当手动换向阀 1S1 和机控换向阀 1S2 同时换向至左位时，与门型梭阀的输出口才会有油液输出，从而使气动换向阀 1V2 换向，气体进入气缸的左腔，使活塞向右运动。当松开换向阀 1S1 和 1S2 中的任意一个时，活塞左移，并退回初始位置。

2）双手同时动作控制回路的设计

为使主控阀换向，必须使二位三通手动换向阀同时换向，另外，这两只阀必须安装在一个人不能双手同时操作的距离上，在操作时如任何一只手离开，则控制信号消失，主控阀复位，活塞杆后退。

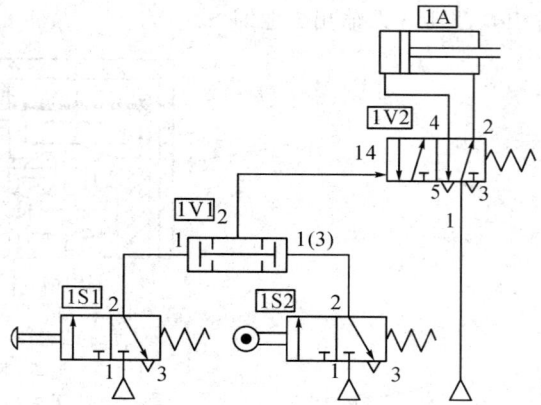

图 1－44　双压阀回路原理图

双手同时动作控制回路原理图如图 1－45 所示，其运动分解图如图 1－46 所示。

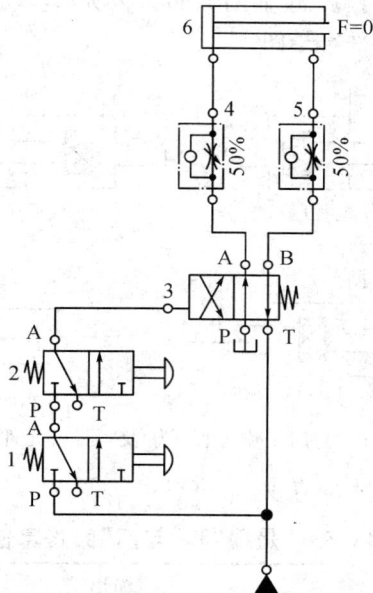

1、2—两位三通手动换向阀；
3—两位四通液动换向阀；4、5—单向节流阀；
6—液压缸

图 1－45　双手同时动作运动回路原理图

（1）当两个手动换向阀都被松开时，如图 1－46(a)所示，这两个阀都处于常态位，此时主控阀由于手动换向阀的不动作而处于复位状态，液压缸内活塞不运动。

（2）当两个手动换向阀 1、2 都被按下时，如图 1－46(b)所示，这两个阀都处于右位，此时主控阀3由于手动换向阀换向而处于左工作位，液压缸无杆腔获得压力油，活塞向右运动。

（3）当两个手动换向阀1、2一个按下、一个松开时，如图1-46(c)所示，主阀3处于复位状态，液压缸内活塞静止。

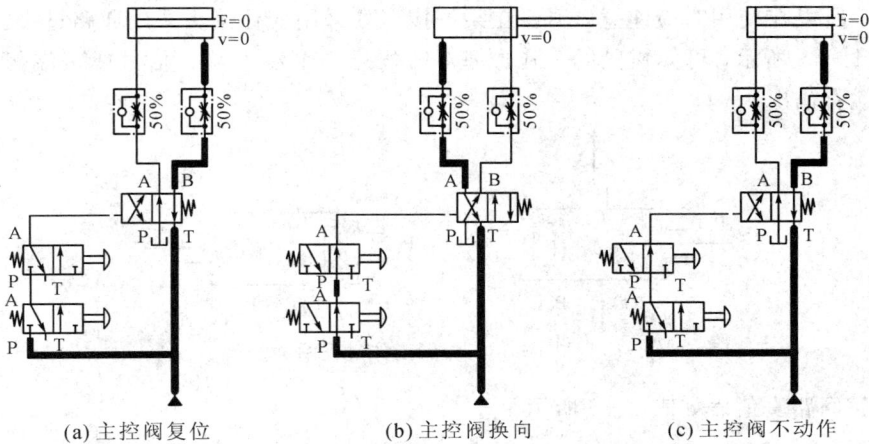

(a) 主控阀复位　　　　　　　(b) 主控阀换向　　　　　　　(c) 主控阀不动作

图1-46　双手同时动作运动回路动作分解图

该回路还有一大特点即实现了串联与功能，但该功能在实际应用中会导致各个阀之间的管线过长，而且由于阀2通过阀1被激励后受压，所以阀2的信号不能再次用于其他的逻辑控制中。

2. "或门"(梭阀)元件的工作原理

"或门"元件即所谓的梭阀。当两个输入端有任一个信号时，有输出。

梭阀相当于两个单向阀组合的阀锁，具有逻辑"或门"功能，在逻辑回路和程序控制回路中广泛运用，也常用于手动—自动回路的转换中。

图1-47为"或门"元件的结构图及职能符号。当只有a信号输入时，阀片1被推动下

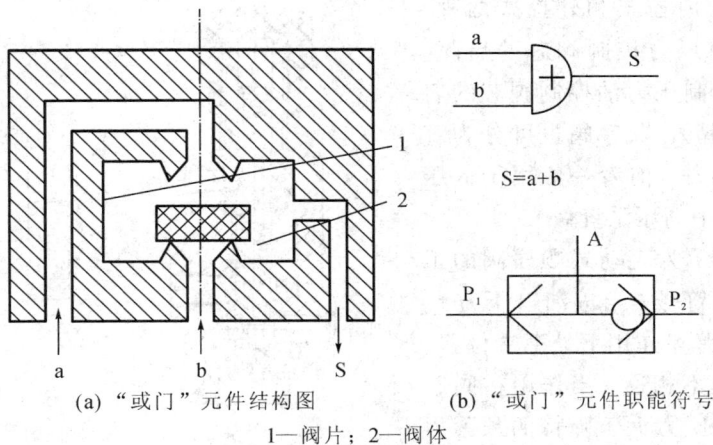

(a) "或门"元件结构图　　　　　(b) "或门"元件职能符号

1—阀片；2—阀体

图1-47　"或门"元件结构图及职能符号

移，打开上阀口，接通 a→S 通路，S 有输出。类似地，当只有 b 信号输入时，b→S 接通，S 也有输出。显然，当 a、b 均有信号输入时，S 一定有输出。

因梭阀在换向过程中存在路路通过程，因此当某一接口进气量或排气量非常小的时候，阀的前后不能产生使阀正常换向的压力差，使阀不能完全换向而中途停止，造成阀的动作失灵。所以在使用时应注意，不要在某一接口处采用变径接头造成通路过小。

如图 1-48 所示，可知梭阀的工作原理，即任意一个输入端有信号或一端信号强于另一端时，就有输出。

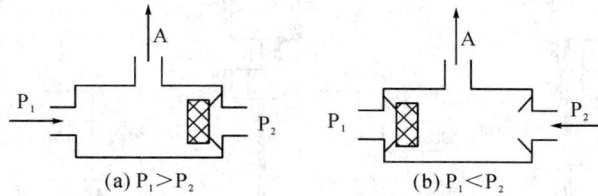

图 1-48 梭阀工作过程图

"或门"回路真值表如表 1-6 所示。

表 1-6 "或门"回路真值表

输入		输出
a	b	S
0	0	0
0	1	1
1	0	1
1	1	1

3. 顺序阀的工作原理

顺序阀是用来控制液压系统中各执行元件动作先后顺序的元件。依控制压力的不同，顺序阀又可分为内控式和外控式两种。前者用阀的进口压力控制阀芯的启闭，后者用外来的控制压力油控制阀芯的启闭（即液控顺序阀）。顺序阀也可分为直动式和先导式两种，前者一般用于低压系统，后者用于中高压系统。

图 1-49 所示为直动式顺序阀的工作原理图和职能符号。当进油口压力 p_1 较低时，阀芯在弹簧作用下处下端位置，进油口和出油口不相通。当作用在阀芯下端的油液的液压力大于弹簧的预紧力时，阀芯向上移动，阀口打开，油液便经阀口从出油口流出，从而操纵另一执行

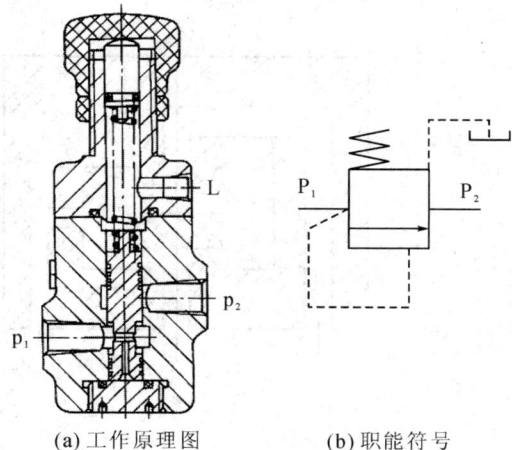

(a) 工作原理图　　(b) 职能符号

图 1-49 直动式顺序阀的工作原理图和职能符号

元件或其他元件动作。

由图可见,顺序阀和溢流阀的结构基本相似,不同的只是顺序阀的出油口通向系统的另一个压力油路,而溢流阀的出油口通向油箱。此外,由于顺序阀的进、出油口均为压力油,所以它的泄油口 L 必须单独外接油箱。

直动式外控顺序阀的工作原理图和职能符号如图 1-50 所示,和上述顺序阀的差别仅仅在于其下部有一个控制油口 K,阀芯的启闭是利用通入控制油口 K 的外部控制油来控制的。

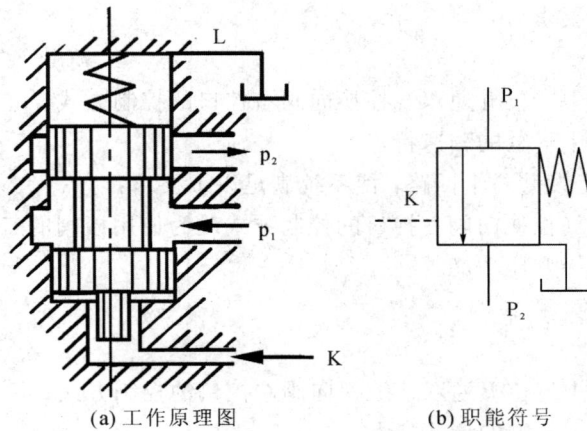

(a) 工作原理图　　　　　(b) 职能符号

图 1-50　直动式外控顺序阀的工作原理图及职能符号

图 1-51 为先导式顺序阀的工作原理图和职能符号,其工作原理可按先导式溢流阀推演,在此不再重复。

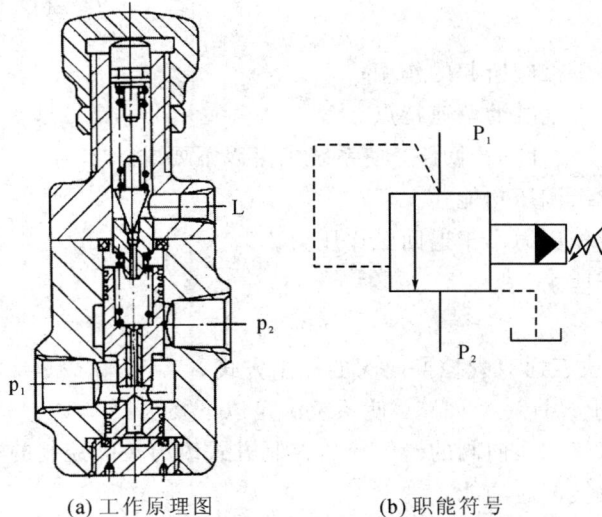

(a) 工作原理图　　　　　(b) 职能符号

图 1-51　先导式顺序阀的工作原理图及职能符号

将先导式顺序阀和先导式溢流阀进行比较,可知它们之间有以下不同之处:

（1）溢流阀的进口压力在通流状态下基本不变，而顺序阀在通流状态下其进口压力由出口压力而定，如果出口压力 p_2 比进口压力 p_1 低得多，则 p_1 基本不变，而当 p_2 增大到一定程度时，p_1 也随之增加，则 $p_1 = p_2 + \Delta p$，Δp 为顺序阀上的损失压力。

（2）溢流阀为内泄漏，而顺序阀需单独引出泄漏通道，为外泄漏。

（3）溢流阀的出口必须回油箱，顺序阀的出口可接负载。

三、任务设计

1. 任务 1 的设计要求

（1）简答：

① 说出图 1-38 中二位五通双气控换向阀右控口的控制方式；

② 指出图 1-38 中气缸的调速特点。

（2）在上图基础上设计一个回路，使系统满足以下要求：

① 将二位五通双气控换向阀右控口的控制方式改为使用梭阀的三地控制；

② 使系统具备二级调压功能。

2. 任务 2 的设计要求

（1）简答：

① 说出图 1-39 中二位五通双气控换向阀左控口的控制方式；

② 指出图 1-39 中气缸的调速特点。

（2）在上图基础上设计一回路，使系统满足以下要求：

① 使系统具备卸荷功能；

② 使气缸功能变为提升重物，且能停留在任意工作位置（锁紧功能）。

3. 任务 3 的设计要求

（1）简答：

① 说出图 1-40 中梭阀所起的作用；

② 指出图 1-40 中气缸的调速特点。

（2）在上图基础上设计一个回路，使系统满足以下要求：

① 为系统增加二级调压功能；

② 使气缸进给工作压力小于退回工作压力。

4. 任务 4 的设计要求

（1）简答：

指出图 1-41 二位五通双气控换向阀的控制方式。

（2）在上图基础上设计一个回路，使系统满足以下要求：

① 将二位五通双气控换向阀的左气控口控制方式改为梭阀控制的三地控制；

② 使系统具备回气调速功能。

四、任务实施

学员应按照任务设计要求规范画图，安全操作实验台。

五、反馈评价

（1）写出图 1-38 中二位五通双气控换向阀右控口的控制方式。

（与阀，两个输入口都有信号才会获得输出信号。）

（2）指出图 1-38 中气缸的调速特点。

（节流调速，进气调速。）

（3）写出图 1-39 中二位五通双气控换向阀左控口的控制方式。

（梭阀，两个输入口中任意一个有信号就会获得输出信号。）

（4）指出图 1-39 中气缸的调速特点。

（节流调速，进气调速，快退。）

（5）写出图 1-40 中梭阀所起的作用。

（梭阀起过载保护作用，即根据压力来源方向控制二位五通阀右气控口获得信号使气缸做返回行程。）

（6）指出图 1-40 中气缸的调速特点。

（进气调速，快退。）

（7）指出图 1-41 中二位五通双气控换向阀的控制方式。

（左气控口使用双手同时操作原理控制，右气控口使用行程阀依靠活塞的碰触并经计时器进行延时后获得信号。）

单元2 数控机床编程及加工

该单元分为2个学习领域，主要介绍数控车床和数控铣床零件的手工编程及机床的操作。数控车床包含3个项目，以C2—6136HK/1数控车床为载体，主要介绍数控车床的组成及面板操作、数控车床的对刀及固定循环指令的应用。数控铣床编程及操作由4个项目组成，以XK713为载体，分为数控铣床对刀操作、数控铣床轮廓加工、数控铣床孔类零件加工、数控雕铣机加工。在项目设计时，力求做到理论与实际相结合，使学员通过综合实训掌握数控加工操作的技能和相关的知识、方法，掌握机械制造的新技术、新工艺、新方法，进一步提高综合能力。本单元的具体教学目标如下表所示。

序　号	教　学　目　标
1	了解数控机床的基本组成
2	掌握数控机床程序的基本指令
3	熟悉数控机床仿真软件的应用
4	掌握数控机床的操作
5	掌握零件加工工艺的编制
6	掌握零件精度控制方法

项目2.1　数控车床的组成及面板操作

一、提出任务

采用华中数控车床，熟悉机床操作面板，在C2—6136HK/1数控机床上完成操作，如图2-1所示。

二、相关知识点

1. 数控车床的功能特点

利用数字程序对金属或非金属棒料、锻件、铸件等回转体毛坯进行切削加工的数控机床被称为数控车床。其主要功能是：按照预先编制的数控加工程序自动完成轴类与盘类回转体零件的内外圆柱面、圆锥面、圆弧面、螺纹等项目的切削加工任务，并且能够完成切槽、钻孔、扩孔、铰孔或镗孔作业。

随着控制系统性能的不断提高，机械结构不断完善，数控车床已成为一种高自动化、高柔性的加工设备，具有以下特点：

（1）加工精度高、质量稳定；

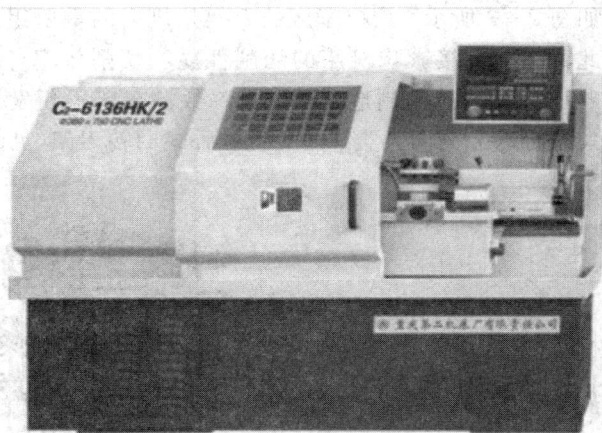
图 2-1 C2—6136HK/1 数控机床实物图

（2）加工效率高；

（3）适应范围广，灵活性好。

2. 数控车床的结构组成及分类

数控车床与卧式普通车床相比较，仍然是由主轴箱、刀架、进给传动系统、床身、液压系统、冷却系统、润滑系统等部分组成，只是数控车床是采用伺服电动机，经滚珠丝杠传到滑板和刀架，实现 Z 向（纵向）和 X 向（横向）进给运动。数控车床也有加工各种螺纹的功能，主轴旋转与刀架移动间的运动关系通过数控系统来控制。数控车床的主轴箱内安装有脉冲编码器，主轴的运动通过同步齿形带 1：1 地传到脉冲编码器。当主轴旋转时，脉冲编码器便给数控系统发出检测脉冲信号，使主轴电动机的旋转与刀架的切削进给保持加工螺纹所需的运动关系，即实现加工螺纹时主轴转一转，刀架 Z 向移动工件一个导程的运动关系。

1）数控车床的布局

数控车床的主轴、尾座等部件相对床身的布局形式与普通卧式车床基本相同，而刀架和导轨的布局形式有了较大的改变。

（1）车床本体与导轨。车床的本体与导轨的布置形式相对于水平位置共有四种布局形式，如图 2-2 所示，包括平床身、斜床身、平床身斜滑板和立床身。

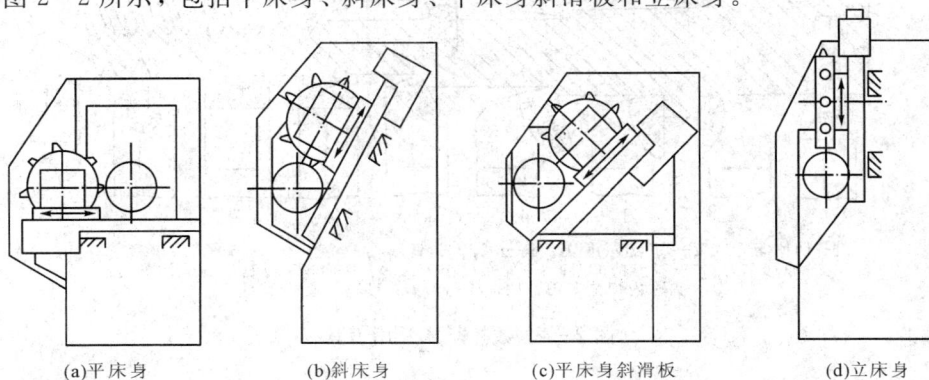
(a)平床身　　　　(b)斜床身　　　　(c)平床身斜滑板　　　　(d)立床身

图 2-2　数控车床本体与导轨的布局形式

（2）刀架的布局如图 2-3 所示，数控车床的刀架是机床的重要组成部分，刀架是用于夹持切削刀具的，因此其结构直接影响机床的切削性能和切削效率，在一定程度上，刀架结构和性能体现了数控车床的设计与制造水平。随着数控车床不断发展，刀架结构形式不断创新，但总体来说大致可以分为两大类，即四刀位卧式回转刀架（见图 2-3(a)）和转塔式刀架（见图 2-3(b)）。

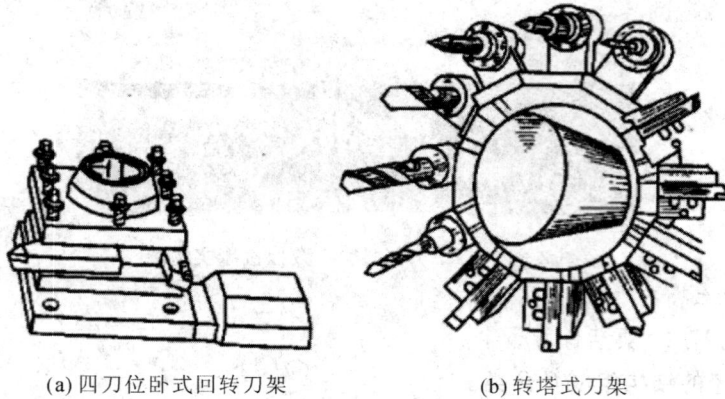

(a) 四刀位卧式回转刀架　　　　　　　　(b) 转塔式刀架

图 2-3　数控车床常见刀架

2）数控车床的分类

（1）按加工零件的基本类型可分为盘式数控车床和顶尖式数控车床两类。

（2）按主轴的配置形式可分为卧式数控车床和立式数控车床两类。

（3）按数控系统的功能可分为经济型数控车床、全功能型数控车床、车削中心和 FMC 车床四类。

3. 数据车床的常用刀具

数控车床的常用刀具如图 2-4 所示。

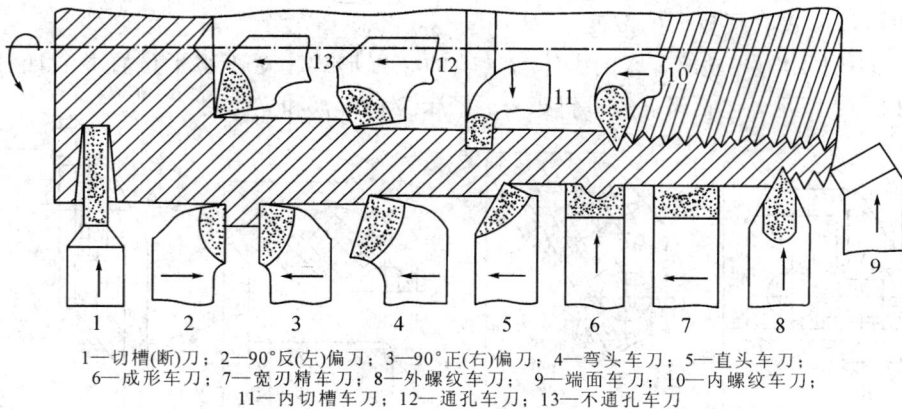

1—切槽(断)刀；2—90°反(左)偏刀；3—90°正(右)偏刀；4—弯头车刀；5—直头车刀；
6—成形车刀；7—宽刃精车刀；8—外螺纹车刀；9—端面车刀；10—内螺纹车刀；
11—内切槽车刀；12—通孔车刀；13—不通孔车刀

图 2-4　数控车床常用刀具

1）常用车刀的分类

（1）数控车削常用的车刀一般分为三类，即尖形车刀、圆弧形车刀和成形车刀。

（2）车刀在组成结构上又可分为整体式车刀、焊接式车刀和机械夹固式车刀三类。

2）数控车床刀具的安装

安装车刀与对刀是数控车床加工操作中非常重要和复杂的一项基本工作。装刀与对刀的精度将直接影响到加工程序的编制及零件的尺寸精度。

车刀安装得正确与否，将直接影响切削能否顺利进行和工件的加工质量。安装车刀时，应注意下列问题：

（1）车刀安装在刀架上，伸出部分不宜太长，伸出量一般为刀杆高度的1～1.5倍。

（2）车刀垫铁要平整，数量要少，垫铁应与刀架对齐。车刀至少要用两个螺钉压紧在刀架上，并逐个轮流拧紧。

（3）车刀刀尖应与工件轴线等高。

（4）车刀刀杆中心线应与进给方向垂直。

4. 坐标轴和运动方向的命名原则

为了简化程序的编制方法和保证程序的互换性及通用性，国际标准化组织对数控机床的坐标和方向制订了统一的标准，命名原则如下：

（1）假定刀具相对于静止的工件而运动。永远假定工件是静止的，而刀具是相对于静止的工件而运动。

（2）机床某一部件运动的正方向是使刀具远离工件的方向。

（3）标准坐标系符合右手直角笛卡儿坐标系，如图 2－5 所示。

（4）机床主轴旋转运动的正方向是按照右旋螺纹进入工件的方向。

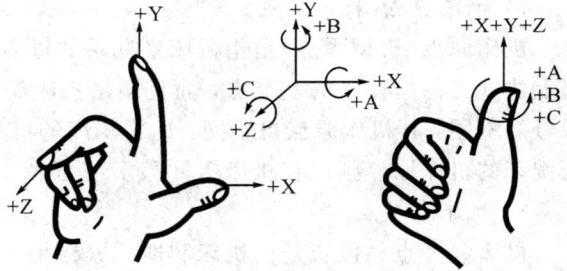

图 2－5　右手直角笛卡儿坐标系

5. 坐标轴的规定

（1）Z 坐标轴。平行于机床主轴（传递切削力）的刀具运动坐标轴为 Z 轴，取刀具远离工件的方向为正方向（即＋Z）。当机床有多个主轴时，则选一个垂直于工件装夹面的主轴为 Z 轴。

（2）X 坐标轴。X 轴为水平方向，且垂直于 Z 轴并平行于工件的装夹面。对于工件作旋转运动的机床（车床、磨床等），取平行于横向滑座的方向（工件的径向）为 X 轴坐标，同样取刀具远离工件的方向为正方向（即＋X）。前置刀架坐标如图 2－6所示。

（3）Y 坐标轴。Y 轴垂直于 X 轴和 Z 轴。当＋X、＋Z 确定以后，按右手直角笛卡儿法则即可确定＋Y 方向（数控车床没有 Y 轴，但是 Y 轴的正方向会在判断圆弧插补、刀尖圆弧半径补偿时用到）。

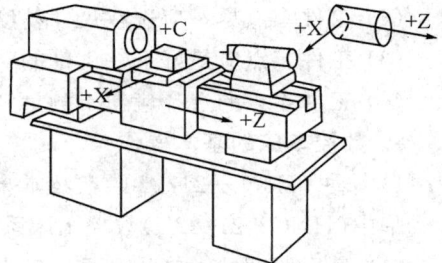

图 2－6　前置刀架数控车坐标图

6. 数控车床的坐标结构

数控车床坐标系一般有两种形式，一种是前置刀架（即下位刀架），另一种是后置刀架（即上位刀架）。根据刀架位置的不同，再用坐标轴的一些规定来进行确定，分别得到以下两种坐标结构，如图 2-7 所示。

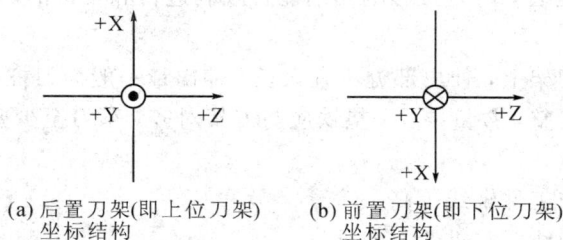

(a) 后置刀架(即上位刀架)　　　(b) 前置刀架(即下位刀架)
　　坐标结构　　　　　　　　　　　坐标结构

图 2-7　数控车床的坐标结构

7. 坐标系

1）机床原点(机械原点)

机床原点(机械零点)是指机床坐标系的原点，是机床上的一个固定点。它不仅是在机床上建立工件坐标系的基准点，而且还是机床调试和加工时的基准点。随着数控机床种类型号的不同，其机床原点也不同，通常车库的机床原点设在卡盘端面与主轴中心线交点处，而铣床的机床原点则设在机床 X、Y、Z 三根轴正方向的运动极限位置。

2）机床参考点

机床参考点的位置是由机床制造厂家在每个进给轴上用限位开关精确调整好的，坐标值已输入数控系统中。因此参考点对机床原点的坐标是一个已知数。通常在数控铣床上机床原点和机床参考点是重合的；而在数控车床上机床参考点是离机床原点最远的极限点。

3）工件坐标系

工件坐标系是编程时使用的坐标系，又称为编程坐标系，该坐标系是人为设定的。

一般选择工件零点的原则如下：

（1）工件零点应选在工件图样的基准上，以利于编程。

（2）工件零点尽量应选在尺寸精度高、粗糙度值低的工件表面上。

（3）工件零点应最好选在工件的对称中心上。

（4）工件零点的选择应便于测量和检验。

8. 数控车床的基本操作

1）华中(HNC—21/22T)数控车床系统的操作面板

华中(HNC—21/22T)数控车床系统的操作面板如图 2-8 所示。

（1）显示器区域。它采用了 7.5 寸的液晶彩色显示器，如图 2-8 所示，其作用是显示汉字菜单、系统的工作状态、机床坐标值、加工轨迹的图形模拟和故障报警信息等。在显示器的下方是一排包括 F1～F10 的十个功能键。

（2）数字、字母编辑键区域。该区域主要用于参数的输入、编辑零件的加工程序、MDI 方式及系统的管理与操作等，如图 2-8 所示。

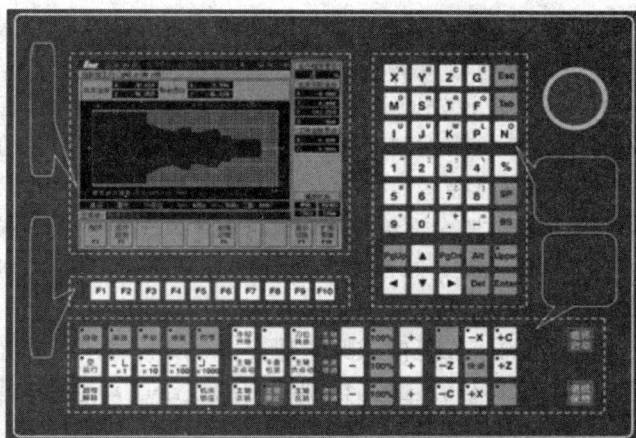

图 2-8 华中(HNC—21/22T)数控车床系统的操作面板

（3）控制与操作键区域。该区域是重要的人机对话区域，位于显示器的下方，如图 2-8 所示。在这里可以完成多项手动操作，如：换刀操作，主轴正、反转，冷却液开或关，主轴转速修调，进给速度修调，回零操作，自动或单段方式运行，急停，等等。

操作人员必须充分熟悉和了解系统面板上的各项功能，以保证顺利安全地进行零件加工。

（4）功能菜单。操作面板中最重要的一块是菜单命令条，系统功能的操作主要通过菜单命令条中的功能键 F1～F10 来完成。

2）华中(HNC—21/22T)数控车床系统的基本操作

（1）上电前后的基本操作如下：

① 检查机床状态是否正常。

② 检查电源电压是否符合要求，接线是否正确。

③ 按下"急停"按钮。

④ 机床上电。

⑤ 数控系统上电。

⑥ 检查风扇电机运转是否正常。

⑦ 检查面板上的指示灯是否正常。

接通数控装置电源后，HNC—21T 自动运行系统软件。此时，液晶显示器显示其工作方式为"急停"。

（2）复位。系统上电进入软件操作界面时，系统的工作方式为"急停"。为控制系统运行，需左旋并拔起操作台右上角的"急停"按钮使系统复位，并接通伺服电源。系统默认进入"回参考点"方式，软件操作界面的工作方式变为"回零"。

（3）返回机床参考点。控制机床运动的前提是建立机床坐标系，为此，系统接通电源，复位后首先应进行机床各轴回参考点的操作，具体方法如下：

① 如果系统显示的当前工作方式不是回零方式，按一下控制面板上的"回零"按键，确保系统处于"回零"方式。

② 按坐标轴方向键"＋X"和"＋Z"，点动使每个坐标轴逐一回参考点，当 X、Z 轴回到参考点后，"＋X"和"＋Z"按键内的指示灯亮起。

注意：数控车床在回零时应该先回 X 轴后回 Z 轴，应绕过机床尾座，避免发生碰撞。

③ 回完参考点后，应按下机床控制面板上的"手动"按键，进入手动运行方式，再分别按下方向键"－X"和"－Z"，使刀架离开参考点，回到换刀点位置附近。如刀架返回的速度太小，可按进给速度修调按钮，加大进给速度，也可在手动进给的同时按下"快进"按键，加快返回速度。千万不能按错方向键；如若按下方向键"＋X"和"＋Z"，则刀架将超程。所有轴回参考点后，即建立了机床坐标系。

（4）急停。机床运行过程中，在危险或紧急情况下，按下"急停"按钮，CNC 即进入急停状态，伺服进给及主轴运转立即停止工作（控制柜内的进给驱动电源被切断）。松开"急停"按钮（左旋此按钮，自动跳起），CNC 进入复位状态。

解除紧急停止前，先确认故障原因是否排除。在紧急停止解除后，应重新执行回参考点操作，以确保坐标位置的正确性。

在上电和关机之前，应按下"急停"按钮以减少设备的电冲击。

（5）超程解除。在伺服轴行程的两端各有一个极限开关，作用是防止伺服机构碰撞而损坏。每当伺服机构碰到行程极限开关时，就会出现超程。当某轴出现超程（"超程解除"按键内指示灯亮起）时，系统视其状况为紧急停止，要退出超程状态时，必须按以下步骤进行操作。

① 松开"急停"按钮，置工作方式为"手动"或"手摇"方式。

② 一直按压着"超程解除"按键（控制器会暂时忽略超程的紧急情况）。

③ 在手动（手摇）方式下，使该轴向相反方向退出超程状态。

④ 松开"超程解除"按键。

若显示屏上运行状态栏中出现"运行正常"取代了"出错"，则表示程序恢复正常，可以继续操作。需要注意的是，在操作机床退出超程状态时，务必注意移动方向及移动速率，以免发生撞机事故。

（6）关机的基本操作如下：

① 按下控制面板上的"急停"按钮，断开伺服电源；

② 断开数控电源；

③ 断开机床电源。

3）数控机床的手动操作

机床的手动操作主要由手持单元和机床控制面板共同完成，机床控制面板如图 2-8 所示，主要包括如下内容：手动移动机床坐标轴（点动、增量、手摇）、手动控制主轴启停点动、机床锁住刀位转换、卡盘松紧、冷却液启停和手动数据输入（MDI）运行等。

（1）坐标轴的移动。手动移动机床坐标轴的操作由手持单元和机床控制面板上的方式选择、轴手动、增量倍率、进给修调和快速修调等按键共同完成。

（2）机床手动控制。机床的手动控制按键主要用于主轴的手动控制、刀架转位、卡盘的松紧和冷却液的启动等。

（3）手动数据输入（MDI）运行。在主操作画面下，按 F4 键进入 MDI 功能子菜单，可进行以下操作：

① 输入 MDI 指令段；

② 运行 MDI 指令段；

③ 修改某一字段的值；

④ 清除当前输入的所有尺寸字数据。

（4）数控车床的编程特点如下：

① 绝对值编程和增量值编程；

② 直径编程和半径编程；

③ 车削固定循环功能；

④ 刀具补偿功能。

9. 数控车床的程序格式

数控车床加工程序是由若干程序段组成的，而程序段是由一个或若干个指令字组成的，指令字代表某一信息单元；每个指令字由地址符和数字组成，它表示机床的一个位置或动作；地址符由字母组成。

程序段的格式定义了每个程序段中功能字的句法，如图 2-9 所示。

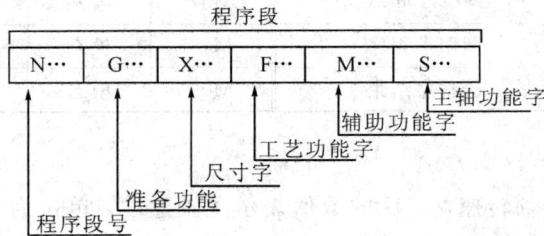

图 2-9　程序段格式

1）程序的一般结构

一个零件程序必须包括起始符和结束符。

华中世纪星数控装置 HNC—21T 的程序结构如下所示。

程序起始符：%（或 O）符，%（或 O）后跟程序号；

程序结束符：M02 或 M30；

注释符：括号"（）"内或分号"；"后的内容为注释文字；

程序结构举例如下：

%1001	程序号
N1　G90 G54 G00 X0 Y0 S1000 M03；	第一段程序
N2　Z100；	第二段程序
N3　G41 X20 Y10 D01；	第三段程序
⋯	⋯⋯
N10　M30；	程序结束

2）程序的文件名

本系统通过调用文件名来调用程序进行加工或编辑。

CNC 装置可以装入许多程序文件，以磁盘文件的方式读写。文件名格式为（有别于

DOS 的其他文件名）：O××××（地址 O 后面必须有四位数字或字母）。

注：数控机床的指令格式根据不同的系统不完全一致，因此，在具体掌握某一数控机床时要仔细了解其数控系统的编程格式。

10. 辅助功能 M 代码、主轴功能 S、进给功能 F 和刀具功能 T

1）辅助功能 M

由地址字 M 和其后的一或两位数字组成，主要用于控制零件程序的走向，以及机床各种辅助功能的开关动作。

华中（HNC—21/22T）数控车床系统的 M 指令功能如表 2-1 所示（▶标记者为缺省值）。

表 2-1　M 代码及功能

代码	模态	功能说明	代码	模态	功能说明
M00	非模态	程序停止	M03	模态	主轴正转启动
M02	非模态	程序结束	M04	模态	主轴反转启动
M30	非模态	程序结束并返回程序起点	M05	模态	▶ 主轴停止转动
			M07	模态	切削液打开
M98	非模态	调用子程序	M08	模态	切削液打开
M99	非模态	子程序结束	M09	模态	▶ 切削液停止

2）主轴功能 S

主轴功能 S 控制主轴转速，其后的数值表示主轴速度，单位为转/每分钟（r/min）。恒线速度功能时 S 指定切削线速度，其后的数值单位为米/每分钟（m/min）（G96：恒线速度有效；G97：取消恒线速度）。

3）进给速度 F

F 指令表示工件被加工时刀具相对于工件的合成进给速度，F 的单位取决于 G94（每分钟进给量，单位为 mm/min）或 G95（主轴每转一转，刀具的进给量，单位为 mm/r）。

当工作在 G01，G02 或 G03 方式下时，编程的 F 一直有效，直到被新的 F 值所取代，而工作在 G00 方式下时，快速定位的速度是各轴的最高速度，与所编 F 无关。

借助机床控制面板上的倍率按键，F 可在一定范围内进行倍率修调。当执行攻丝循环 G76、G82，螺纹切削 G32 时，倍率开关失效，进给倍率固定在 100%。

注：① 当使用每转进给量方式时，必须在主轴上安装一个位置编码器；

② 直径编程时，X 轴方向的进给速度为：半径的变化量/分、半径的变化量/转。

4）刀具功能（T 机能）

T 代码用于选刀，其后的 4 位数字分别表示选择的刀具号和刀具补偿号。执行 T 指令时，需转动转塔刀架，选用指定的刀具。当一个程序段同时包含 T 代码与刀具移动指令时，先执行 T 代码指令，而后执行刀具移动指令。

另外，刀具的补偿功能（包括刀具的偏置、磨损补偿及刀尖圆弧半径补偿）中，刀具的偏置和磨损补偿是由 T 代码指定的功能，T 指令在调用刀具的同时调入刀补寄存器中的补偿值，因此，经常利用这一功能对刀和加工零件进行精度控制，有关内容将在项目 2.4 中进行介绍。

5）准备功能 G 代码

（1）快速定位 G00。

格式：G00　X(U)__　Z(W)__

注意： 在执行 G00 指令时，由于各轴以各自速度移动，不能保证各轴同时到达终点，因而联动直线轴的合成轨迹不一定是直线。操作者必须格外小心，以免刀具与工件或尾座发生碰撞。常见的做法是，将 X 轴移动到安全位置，再放心地执行 G00 指令。

（2）直线进给 G01。

格式：G01　X(U)__　Z(W)__　F__；（F 为合成进给速度）

（3）圆弧进给 G02/G03。

格式：$\begin{Bmatrix} G02 \\ G03 \end{Bmatrix}$ X(U)__　Z(W)__ $\begin{Bmatrix} I\underline{\quad} & K\underline{\quad} \\ R\underline{\quad} & \end{Bmatrix}$ F__

G02/G03 指令使刀具分别按顺时针/逆时针进行圆弧加工。圆弧插补 G02/G03 的判断，是在加工平面内根据其插补时的旋转方向为顺时针/逆时针来区分的。具体的判别方法是：从第三轴的正向向负向看，顺时针为顺圆插补，反之为逆圆插补（即观察者迎着 Y 轴看），如图 2-10 所示。

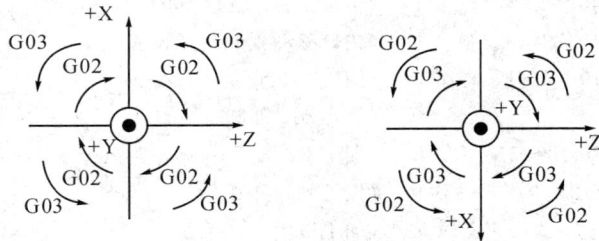

图 2-10　G02/G03 插补方向

由此得出结论：对于上位刀架数控车床，走刀轨迹为顺时针即为顺圆插补，反之为逆圆插补；对于下位刀架数控车床，走刀轨迹为顺时针时即为逆圆插补，反之为顺圆插补。

请思考： 为什么圆弧插补的判别不同？在介绍数控车床坐标结构时提到两种刀架结构书写的程序是通用的。

（4）坐标系设定 G92。

格式：G92　X__　Z__　（X、Z 为对刀点到工件坐标系原点的有向距离）

当执行 G92　Xα　Zβ 指令后，系统内部即对(α，β)进行记忆，并建立一个使刀具当前点坐标值为(α，β)的坐标系，系统控制刀具在此坐标系中按程序进行加工。执行该指令只建立一个坐标系，刀具并不产生运动。执行该指令时，刀具当前点必须恰好在对刀点上，即工件坐标系的 α 和 β 坐标值上才能保证加工原点与程序原点一致，故编程时加工原点与程序原点考虑为同一点。实际操作时，由对刀操作使两点一致。具体的控制过程即为对刀，相关内容将在项目 2.2 中详细介绍。

三、任务设计

1. 任务内容

对如图 2-11 所示的零件编制加工程序并模拟加工。

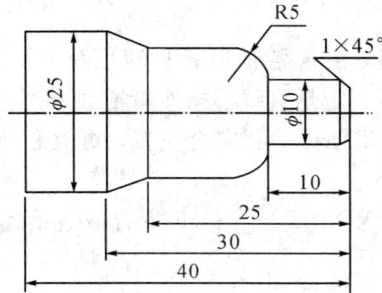

图 2-11 编程练习实例

2. 编制程序

编制的程序如下所示：

```
%1204
N1   G92   X40   Z10        (设立坐标系，定义对刀点的位置)
N2   M03   S460             (主轴正转，转数 460)
N3   G00   X4   Z2          (快速移动到倒角延长线)
N4   G01   X10   Z-1   F100 (倒 1×45°直角)
N5   Z-10                   (加工 φ10 外圆)
N6   G03   X20   Z-15   R5  (加工 R5 圆弧)
N7   G01   Z-25             (加工 φ20 外圆)
N8   X25   Z-30             (加工锥度)
N9   Z-40                   (加工 φ25 外圆)
N10  G00   X50              (快速 X 向退刀)
N11  Z50                    (快速 Z 向退刀)
N12  M05                    (主轴停转)
N13  M02                    (程序结束)
```

3. 数控车床的程序校验——模拟加工

模拟加工的步骤可以概括为：调出程序、设置毛坯、刀具调用和移动刀架至合适位置等。

1) 模拟加工前，对操作界面参数进行更改

(1) 确定毛坯尺寸。注意长度和内端面必须互为相反数，这样在模拟加工过程中刀具的位置才准确。

(2) 输入调刀指令。在菜单命令中 MDI 运行下输入刀具调用指令后，将工作方式设为自动，按循环启动按键即可实现刀具调用。

(3) 在程序运行过程中，可按进给保持按键，程序段单段执行，或更改未运行到的程序段中的错误。

(4) 必须把刀架移动到工作台的中间位置，这样可避免机床刀架出现超程现象。

(5) 在模拟加工过程中，可用功能键 F9 来改变窗口的显示内容，如图 2-12 所示。

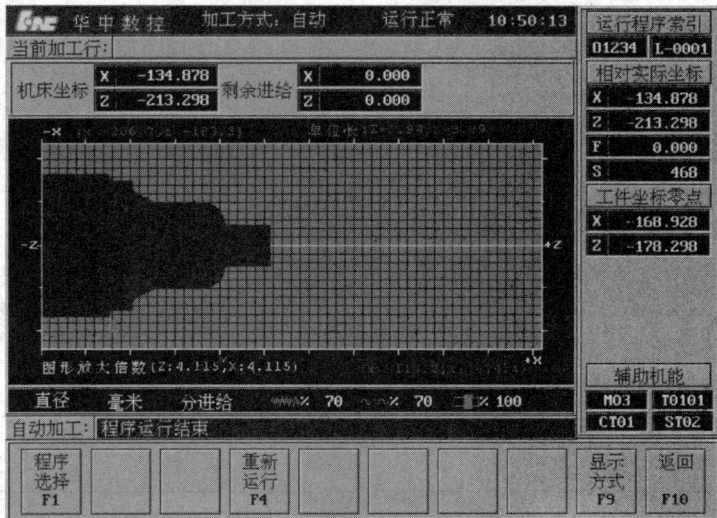

图 2-12 模拟加工图

2）模拟加工前，操作面板上的注意事项

(1) 工作方式选择为自动或单段。

(2) 按下机床锁住键后再按循环启动按键，这样比较安全。

(3) 不要按下冷却开/停按键。

(4) 在危险或紧急情况下可按下"急停"按钮。

四、任务实施

零件仿真加工的过程如下：

(1) 开机。

(2) 回参考点。

(3) 将刀架移动到导轨的中间位置。

(4) 输入程序。

(5) 仿真加工及调试编辑程序。

(6) 仿真结果测量。

(7) 记录正确的程序结果。

五、反馈评价

学生以小组为单位进行 PPT 汇报，展示作品，反馈在项目进行中各个阶段存在的问题及如何解决此类问题，并进行小组自我评价和相互评价，填写小组评价表和个人工作总结。整理相关资料并上交；教师进行项目总结，填写相关评价表，收集整理学生上交的资料，进行存档。项目评价表见表 2-2。

表 2 - 2　项目 2.1 评价表

任务名称	数控车床的组成及面板操作	组员		分值	学员自评	老师评价
知识目标	了解数控车床的基本组成			5		
	掌握数控车床的基本指令			5		
	掌握数控仿真软件车床界面的正确操作方式			15		
	程序的编辑及输入正确			15		
能力目标	能正确操作机床			10		
	能进行机床面板操作及程序输入和编辑			10		
	能完成零件的仿真操作			20		
职业行为	不迟到早退，工作服从规范，按照机床加工步骤进行			5		
	态度认真，积极思考，认真训练，吃苦耐劳			10		
	具有创新意识			5		
综合评价						

六、巩固练习

在数控车床上完成如图 2-13 所示零件的仿真加工。

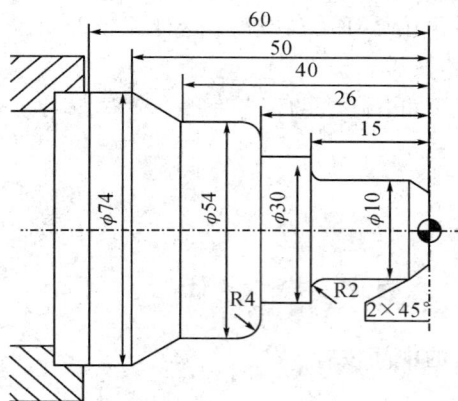

图 2-13　零件尺寸图

项目 2.2　数控车床的对刀操作

一、提出任务

熟悉华中数控车床的操作面板，在车床上完成如图 2-14 所示的对刀操作。

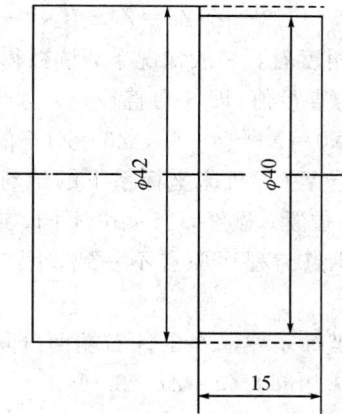

图 2-14　数控车床的对刀操作

二、相关知识点

1. G92 指令

1) G92 编程建立工件坐标系

G92 指令格式为：G92　Xα　Zβ；(其中 α、β 为对刀点到工件坐标系原点的有向距离)，当执行 G92　Xα　Zβ 指令后，系统内部即对(α，β)进行记忆，并建立一个使刀具当前点坐标值为(α，β)的坐标系，系统控制刀具在此坐标系中按程序进行加工。执行该指令只建立一个坐标系，刀具并不产生运动。

执行该指令时，若刀具当前点恰好在工件坐标系的 α 和 β 坐标值上，即刀具当前点在对刀点位置上，此时建立的坐标系即为工件坐标系，加工原点与程序原点重合。若刀具当前点不在工件坐标系的 α 和 β 坐标值上，则加工原点与程序原点不一致，加工出的产品就有误差或报废，甚至出现危险。因此执行该指令时，刀具当前点必须恰好在对刀点上，即工件坐标系的 α 和 β 坐标值上。

由上可知，要正确加工，加工原点与程序原点必须一致，故编程时加工原点与程序原点应考虑为同一点。实际操作时由对刀操作来使两点一致，如图 2-15 所示。

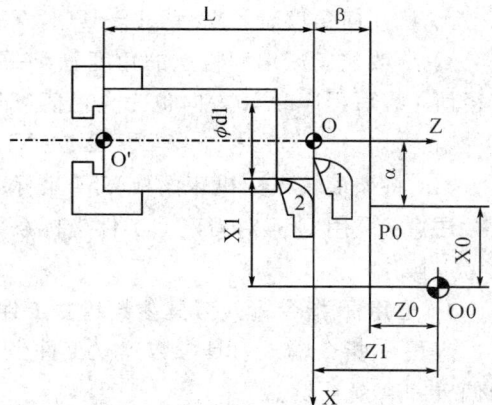

图 2-15　G92 指令对刀操作示意图

2) G92 指令对刀的操作步骤

(1) 用刀切工件的右端面(如图 2-15 中刀 1 位置所示)，得到 Z1(即刀具在切工件右端面时刀尖在机床坐标系下的坐标值)。

(2) 用刀切工件的外圆(如图 2-15 中刀 2 位置所示)，得到 X1(即刀具在切 φd1 时刀尖在机床坐标系下的坐标值)。

(3) 测量 φd1 得到 d1。

(4) 计算对刀点 P0 在机床坐标系下的绝对坐标值 X0、Z0。

① 从几何角度看，X0＝X1－d1/2＋α，Z0＝Z1＋β。

② 从数控车床编程特点的角度看，一般情况下，读数得来的 X1 和测量得来的 d1 均为直径值，编写程序时 X 方向也为直径值（即 α 为直径值），此时

$$X0＝X1－d1＋α，Z0＝Z1＋β$$

（5）将刀具放到对刀点 P0 位置（即机床坐标系下的绝对坐标值为 X0、Z0 的位置），此点即为工件坐标系的 α 和 β 坐标位置。显然，当 α、β 不同，或改变刀具位置时，即刀具当前点不在对刀点位置上，则加工原点与程序原点不一致。因此在执行程序段 G92 Xα Zβ 前，必须先对刀。

以上为用 G92 指令将工件坐标系建立在工件右端面（即前端面）的步骤，若要建立在左端面（即后端面），X0 的计算方法相同，Z0＝Z1＋β－L。

2. G54～G59 指令

1）G54～G59 编程建立工件坐标系

G54～G59 也叫工件坐标系选择，6 个指令用法相同，在此以 G54 为例进行说明。G54 对刀建立工件坐标系的实质是：寻找工件坐标系原点在机床坐标系下的绝对坐标值，如图 2-16 所示。

2）G54 指令对刀的操作步骤

（1）用刀切工件的右端面（如图 2-16 中刀 1 位置所示），得到 Z1（即刀具在切工件右端面时刀尖在机床坐标系下的坐标值）。

（2）用刀切工件的外圆（如图 2-16 中刀 2 位置所示），得到 X1（即刀具在切 φd1 时刀尖在机床坐标系下的坐标值）。

（3）测量 φd1 得到 d1。

（4）计算对刀 0 点在机床坐标系下的绝对坐标值 X0、Z0。

图 2-16 G54 指令对刀操作示意图

① 从几何角度看，X0＝X1－d1/2，Z0＝Z1。

② 从数控车床编程特点的角度看，一般情况下，读数得来的 X1 和测量得来的 d1 均为直径值，编写程序时 X 方向也为直径值（即 α 为直径值），此时

$$X0＝X1－d1，Z0＝Z1$$

（5）将该值输入到机床面板 G54 坐标系参数中，编程时直接调用 G54 即可。

注意：采用 G54 对刀建立工件坐标系，在对好刀运行程序之前，一定要对系统进行回参考点操作。

3. 应用 T 指令输入刀具参数建立工件坐标系

应用 T 指令输入刀具参数建立工件坐标系可用于多刀加工，同时 T 指令也可指定刀具的偏置和磨损补偿。

编程时，设定刀架上各刀在工作位时，其刀尖位置是一致的。但由于刀具的几何形状及安装的不同，其刀尖位置是不一致的，其相对于工件原点的距离也是不同的。因此需要将各刀具的位置值进行比较或设定，称为刀具偏置。刀具偏置补偿可使加工程序不随刀尖

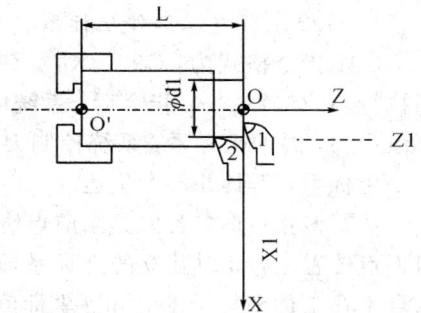

位置的不同而改变。刀具偏置补偿有两种形式：绝对补偿和相对补偿，在此只介绍应用绝对补偿建立工件坐标系。

绝对刀偏即机床回到机床零点时，工件零点相对于刀架工作位上各刀刀尖位置的有向距离（即工件坐标系原点在机床坐标系下的坐标）。当执行刀偏补偿时，各刀以此值设定各自的加工坐标系。故此，虽刀架在机床零点时各刀由于几何尺寸不一致，各刀刀位点相对工件零点的距离不同，但各自建立的坐标系均与工件坐标系重合。

当机床到达机床零点时，机床坐标值显示均为零，整个刀架上的点可考虑为理想点，故当各刀对刀时，机床零点可视为在各刀刀位点上。本数控车床系统可通过输入试切直径和长度值，自动计算工件零点相对于各刀刀位点的距离。其步骤如下：

（1）按下 MDI 子菜单下的"刀具偏置表"功能按键 F2，如图 2-17 所示。

华中数控　加工方式:手动　运行正常　10:38:58

当前加工行：g00x27z-20

刀偏表：

刀偏号	X偏置	Z偏置	X磨损	Z磨损	试切直径	试切长度
#0001	-191.502	-460.325	0.000	0.000	21.400	0.000
#0002	-139.872	-147.060	0.000	0.000	20.000	0.000
#0003	-66.656	-15.075	0.000	0.000	40.000	0.000
#0004	-112.768	-261.030	0.000	0.000	40.000	0.000
#0005	-193.342	-475.400	0.000	0.000	19.800	0.000
#0006	33.552	0.000	0.000	-0.200	0.000	0.000
#0007	33.552	0.000	0.000	0.000	0.000	0.000
#0008	-173.620	-475.980	0.000	0.000	19.700	0.000
#0009	33.552	0.000	0.000	-0.200	0.000	0.000
#0010	33.552	0.000	0.000	0.000	0.000	0.000
#0011	33.552	0.000	0.000	0.000	0.000	0.000
#0012	33.552	0.000	0.000	0.000	0.000	0.000
#0013	33.552	0.000	0.000	0.000	0.000	0.000

运行程序索引　0123.. L00003
相对实际坐标　X 0.000　Z 0.000　F 0.000　S 0
工件坐标零点　X -60.000　Z -110.000
辅助机能　M00　T0000　CT04　ST02

直径　毫米　分进给　~ 50　~ 70　~ 100

刀偏表编辑

X轴置零 F1　Z轴置零 F2　X 2置零 F3　标刀选择 F5　返回 F10

图 2-17　刀具偏置表

（2）用各刀试切工件端面，输入此时刀具在将设立的工件坐标系下的 Z 轴坐标值（测量）。如编程时将工件原点设在工件前端面，即输入 0（设零前不得有 Z 轴位移）。系统源程序通过公式：$Z'_机 = Z_机 - Z_工$，自动计算出工件原点相对于该刀刀位点的 Z 轴距离。

（3）用同一把刀试切工件外圆，输入此时刀具在将设立的工件坐标系下的 X 轴坐标值，即试切后工件的直径值（设零前不得有 X 轴位移）。系统源程序通过公式：$D'_机 = D_机 - D_工$，自动计算出工件原点相对于该刀刀位点的 X 轴距离。

退出换刀后，用下一把刀重复（2）～（3）的步骤，即可得到各刀绝对刀偏值，完成多刀的对刀操作。

刀具使用一段时间后就会磨损，使加工的产品尺寸产生误差，因此需要对其进行补偿。该补偿与刀具偏置补偿存放在同一个寄存器的地址号中。各刀的磨损补偿只对该刀有效。

刀具的补偿功能由 T 代码指定，其后的 4 位数字分别表示选择的刀号和刀具偏置补偿号。T 代码的说明如下：

$$T\underset{\text{刀位(具)号}}{XX} \quad + \quad \underset{\text{刀具补偿号}}{XX}$$

刀具补偿号是刀具偏置补偿寄存器的地址号，该寄存器存放刀具的 X 轴和 Z 轴偏置补偿值、刀具的 X 轴和 Z 轴磨损补偿值。T 指令后跟补偿号表示开始补偿功能。补偿号为 00 表示补偿量为 0，即取消补偿功能。系统对刀具的补偿或取消都是通过拖板的移动来实现的。补偿号可以和刀具号相同，也可以不同，即一把刀具可以对应多个补偿号(值)。

三、任务设计

1. 任务内容

完成如图 2-18 所示的对刀操作。

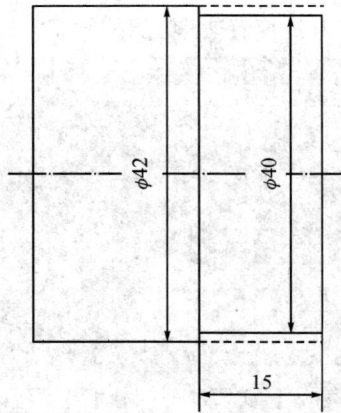

图 2-18　数控车床对刀操作

2. 程序参考

(1) G92 对刀程序。

%123		
G92	X50　Z10	(G92 编程建立共建坐标系)
M03	S500	(主轴正转，转速为 500 r/min)
G00	X42　Z3	(快速移动到 X42 Z3 处)
	X40	(快速移动到 X40 处)
G01	Z-15　F120	(刀具以 120 mm/min 的速度步进至 Z-15 处)
G00	X100	(快速移动到 X100 处，退离加工表面)
	Z100	(快速移动到 Z100 处，退刀，方便观察测量)
	M05	(主轴停止)
	M02	(程序结束)

(2) G54 对刀程序。

%123		
G54		(调用机床里工件坐标系 G54 的坐标值)
M03	S500	
G00	X42 Z3	
	X40	

```
G01    Z-15   F120
G00    X100
       Z100
       M05
       M02
```

（3）T 指令对刀程序。

```
%123
T0101                          （调用1号刀具及1号刀偏表里1号位置的数值）
M03    S500
G00    X42   Z3
       X40
G01    Z-15   F120
G00    X100
       Z100
       M05
       M02
```

四、任务实施

1. 零件仿真加工

（1）开机，回参考点。

（2）选择刀具。

（3）对刀操作。

（4）输入程序。

（5）仿真加工及调试编辑程序。

（6）仿真结果测量。

（7）记录正确的程序结果。

2. 零件机床加工

（1）开机，回零，调整机床。

（2）对刀，建立工件坐标系。

（3）检查工件坐标系。

（4）调出程序，自动加工。

（5）记录加工中遇到的问题。

五、反馈评价

学生以小组为单位进行 PPT 汇报，展示作品，反馈在项目进行中各个阶段存在的问题及如何解决此类问题，并进行小组自我评价和相互评价，填写小组评价表和个人工作总结，整理相关资料并上交；教师进行项目总结，填写相关评价表，收集整理学生上交的资料，进行存档。项目评价表见表 2-3。

表 2 - 3　项目 2.2 评价表

任务名称	数控车床的对刀操作	组员		分值	学员自评	老师评价
知识目标	数控仿真软件车床界面操作正确			5		
	程序的编辑及输入正确			5		
	数控铣床对刀操作步骤正确，T 指令应用正确			15		
	会采用不同方式进行对刀操作			15		
能力目标	能正确操作机床			10		
	能进行机床面板操作及程序的输入和编辑			10		
	能进行机床实际对刀操作			20		
职业行为	不迟到早退，工作服从规范，按照机床加工步骤进行			5		
	态度认真，积极思考，认真训练，吃苦耐劳			10		
	具有创新意识			5		
综合评价						

六、巩固练习

完成如图 2 - 19 所示的对刀操作。

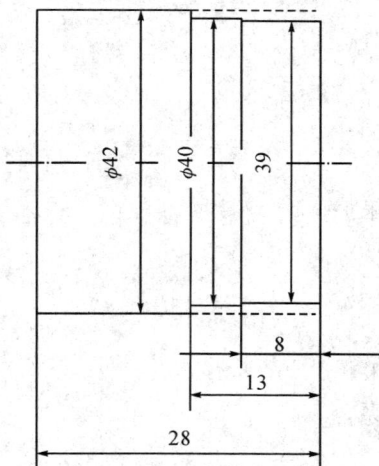

图 2 - 19　对刀操作示意图

项目 2.3　固定循环指令的应用

一、提出任务

完成如图 2 - 20 所示零件的加工，毛坯为 $\phi 36 \times 100$ 棒料。

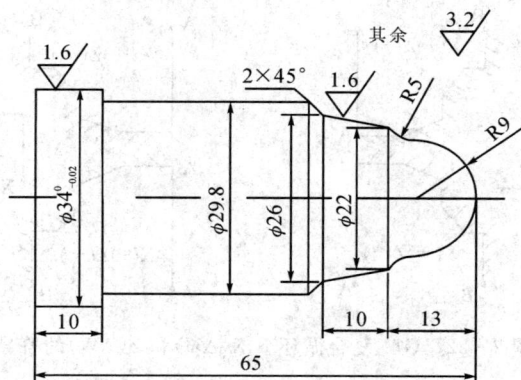

图 2-20 零件尺寸图

二、相关知识点

数控车床上车削余量较大的棒料或铸锻件，一般都分为粗、精加工工序。粗加工时往往要多次重复切削才能去除余量，此时即使使用单一循环指令编程，程序也较复杂。与单一循环不同的是复合循环指令，只需指定精加工路线和粗加工的背吃刀量和退刀量，系统会自动计算出粗加工路线和走刀次数，大大简化了编程。

1. 内(外)径粗车复合循环指令 G71

格式：

G71 U(Δd) R(r) P(ns) Q(nf) X(Δx) Z(Δz) F(f) S(s) T(t)

该指令执行如图 2-21 所示的粗加工和精加工，其中精加工路径为 A→A'→B 的轨迹。所加工程序段的精车轨迹在 X、Z 轴必须递增或递减。

Δd：切削深度(每次切削量)，指定时不加符号，方向由矢量 AA'决定；

r：每次退刀量；

ns：精加工路径第一程序段(即图中的 AA')的顺序号；

nf：精加工路径最后程序段(即图中的 B'B)的顺序号；

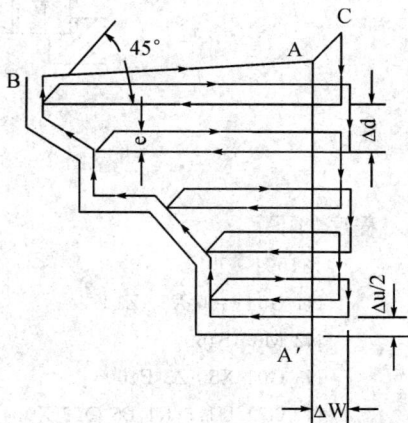

图 2-21 内、外径粗切复合循环

Δx：X 方向精加工余量；

Δz：Z 方向精加工余量；

f，s，t：粗加工时，G71 中编程的 F、S、T 有效，而精加工时，处于 ns 到 nf 程序段之间的 F、S、T 有效。

G71 切削循环下，切削进给方向平行于 Z 轴，X(ΔU)和 Z(ΔW)的符号如图 2-22 所示。

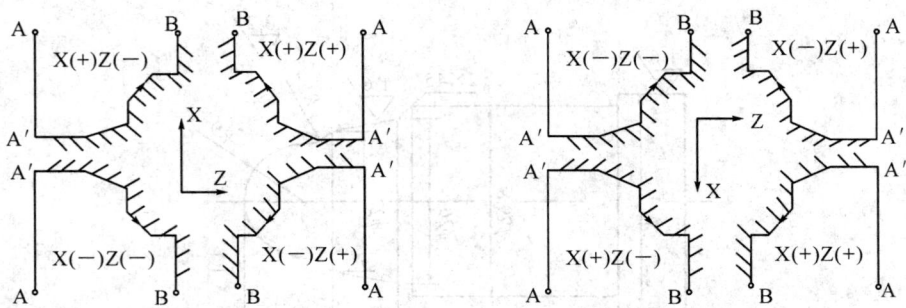

图 2-22 G71 复合循环下 X(ΔU) 和 Z(ΔW) 的符号

例 2.3.1 用外径粗加工复合循环编制如图 2-23 所示零件的加工程序：要求循环起始点在 A(50,3)，切削深度为 1.5 mm（半径量），退刀量为 1 mm，X 方向精加工余量为 0.4 mm，Z 方向精加工余量为 0.1 mm，其中虚线部分为工件毛坯。

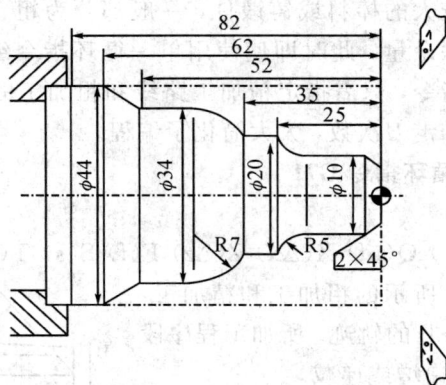

图 2-23 G71 外径复合循环编程实例

程序如下：

```
%1501
N1 G54 G00 X60 Z10              （选定坐标系 G54，到程序起点位置）
N2 M03 S460                     （主轴以 460 r/min 正转）
N3 G01 X50 Z3 F100              （刀具到循环起点位置）
N4 G71 U1.5 R1 P5 Q13 X0.4 Z0.1 F100   （粗切量：1.5 mm，精切量：X0.4 mm Z 0.1 mm）
N5 G00 X0                       （精加工轮廓起始行，到倒角延长线）
N6 G01 X10 Z-2                  （精加工 2×45°倒角）
N7 Z-20                         （精加工 φ10 外圆）
N8 G02 U10 W-5 R5              （精加工 R5 圆弧）
N9 G01 W-10                     （精加工 φ20 外圆）
N10 G03 U14 W-7 R7             （精加工 R7 圆弧）
N11 G01 Z-52                    （精加工 φ34 外圆）
N12 U10 W-10                    （精加工外圆锥）
```

N13 W−20　　　　　　　　　（精加工 φ44 外圆，精加工轮廓结束行）

N14 X50　　　　　　　　　（退出已加工表面）

N15 G00 X80 Z80　　　　　（回对刀点）

N16 M05　　　　　　　　　（主轴停）

N17 M30　　　　　　　　　（主程序结束并复位）

2. 端面粗车复合循环 G72

格式：G72 W(Δd) R(r) P(ns) Q(nf) X(Δx) Z(Δz) F(f) S(s) T(t)

该循环与 G71 的区别仅在于切削方向平行于 X 轴，其他相同。该指令执行如图 2−24 所示的粗加工和精加工，其中精加工路径为 A→A′→B 的轨迹。

G72 切削循环下，切削进给方向平行于 X 轴，X(ΔU) 和 Z(ΔW) 的符号如图 2−25 所示。

例 2.3.2　编制如图 2−26 所示零件的加工程序：要求循环起始点在 A(80,1)，切削深度为 1.2 mm，退刀量为 1 mm，X 方向精加工余量为 0.2 mm，Z 方向精加工余量为 0.5 mm。

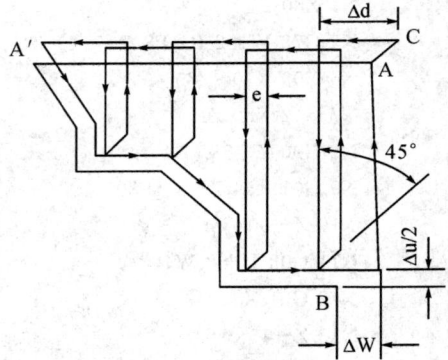

图 2−24　端面粗车复合循环 G72

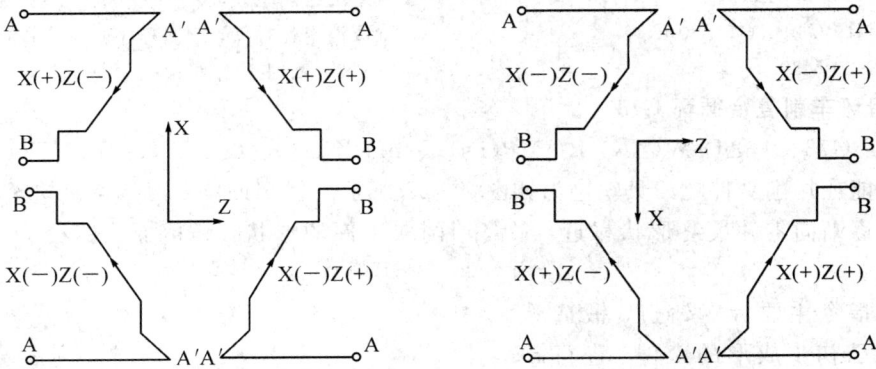

图 2−25　G72 复合循环下 X(ΔU) 和 Z(ΔW) 的符号

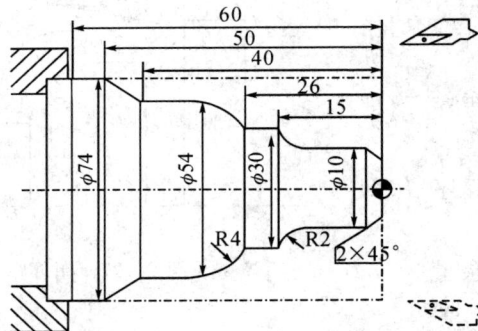

图 2−26　G72 外径粗切复合循环编程实例

程序如下：

```
%1504
N1 T0101                              （换一号刀，确定其坐标系）
N2 G00 X100 Z80                       （到程序起点或换刀点位置）
N3 M03 S460P                          （主轴以 460 r/min 正转）
N4 X80 Z1                             （到循环起点位置）
N5 G72 W1.2 R1 P8 Q17 X0.2 Z0.5 F100  （外端面粗切循环加工）
N6 G00 X100 Z80                       （粗加工后，到换刀点位置）
N7 G42 X80 Z1                         （加入刀尖圆弧半径补偿）
N8 G00 Z－53                          （精加工轮廓开始，到锥面延长线处）
N9 G01 X54 Z－40 F80                  （精加工锥面）
N10 Z－30                             （精加工 φ54 外圆）
N11 G02 U－8 W4 R4                    （精加工 R4 圆弧）
N12 G01 X30                           （精加工 Z26 处端面）
N13 Z－15                             （精加工 φ30 外圆）
N14 U－16                             （精加工 Z15 处端面）
N15 G03 U－4 W2 R2                    （精加工 R2 圆弧）
N16 Z－2                              （精加工 φ10 外圆）
N17 U－6 W3                           （精加工倒 2×45°角，精加工轮廓结束）
N18 G00 X50                           （退出已加工表面）
N19 G40 X100 Z80                      （取消半径补偿，返回程序起点位置）
N20 M30                               （主轴停、主程序结束并复位）
```

3. 闭环车削复合循环 G73

格式：G73 U(δ∆I) W(∆K) R(r) P(ns) Q(nf) X(∆x) Z(∆z) F(f) S(s) T(t)

该功能在切削工件时刀具轨迹为如图 2-27 所示的封闭回路，刀具逐渐进给，使封闭切削回路逐渐向零件最终形状靠近，最终切削成工件的形状，其精加工路径为 A→A′→B′→B。

这种指令主要针对铸造、锻造等粗加工中已初步成形的工件，进行高效率切削。

∆I：X 轴方向的粗加工总余量；

∆K：Z 轴方向的粗加工总余量；

r：粗切削次数；

ns：精加工路径第一程序段（即图中的 AA′）的顺序号；

nf：精加工路径最后程序段（即图中的 B′B）的顺序号；

∆x：X 方向的精加工余量；

∆z：Z 方向的精加工余量；

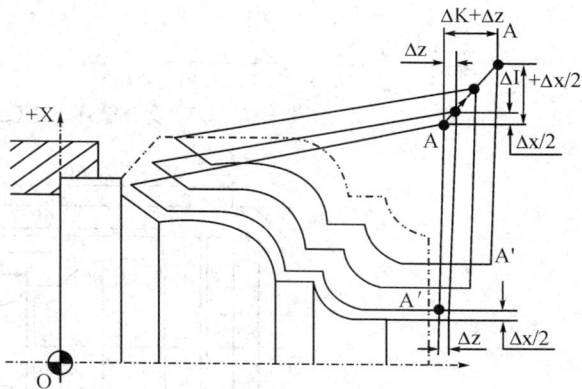

图 2-27 闭环车削复合循环 G73

f，s，t：粗加工时，G71 中编程的 F、S、T 有效，而精加工时处于 ns 到 nf 程序段之间的 F、S、T 有效。

使用该指令要特别注意的是：△I 和 △K 表示粗加工时总的切削量，粗加工次数为 r，则每次 X、Z 方向的切削量为 △I/r，△K/r。

例 2.3.3 编制如图 2-28 所示零件的加工程序；设切削起始点在 A(50,3)；X、Z 方向粗加工余量分别为 3 mm 和 0.9 mm；粗加工次数为 3；X、Z 方向精加工余量分别为 0.6 mm 和 0.1 mm。其中虚线部分为工件毛坯。

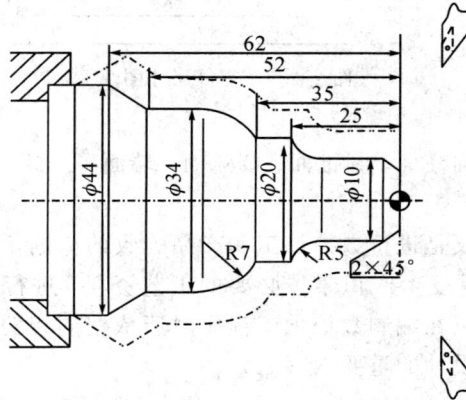

图 2-28　G73 编程实例

程序如下：

%1506	
N1 G54 G00 X80 Z80	（选定坐标系，到程序起点位置）
N2 M03 S460	（主轴以 460 r/min 正转）
N3 G00 X50 Z3	（到循环起点位置）
N4 G73 U3 W0.9 R3 P5 Q13 X0.6 Z0.1 F100	（闭环粗切循环加工）
N5 G00 X0	（精加工轮廓开始，到倒角延长线处）
N6 G01 U10 Z－2 F80	（精加工倒 2×45°角）
N7 Z－20	（精加工 φ10 外圆）
N8 G02 U10 W－5 R5	（精加工 R5 圆弧）
N9 G01 Z－35	（精加工 φ20 外圆）
N10 G03 U14 W－7 R7	（精加工 R7 圆弧）
N11 G01 Z－52	（精加工 φ34 外圆）
N12 U10 W－10	（精加工锥面）
N13 U10	（退出已加工表面，精加工轮廓结束）
N14 G00 X80 Z80	（返回程序起点位置）
N15 M30	（主轴停、主程序结束并复位）

三、任务设计

利用复合循环指令完成如图 2-29 所示的零件的加工。

加工工艺的确定及参考程序如下。

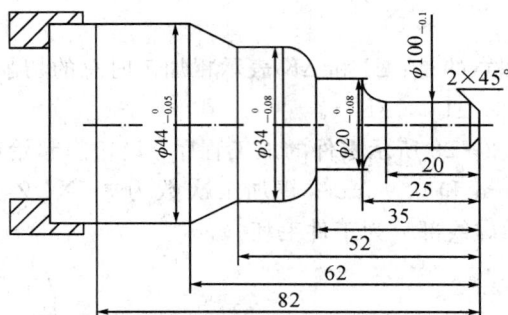

图 2-29　零件尺寸图

1. 零件图样

零件的加工内容包括圆柱面、圆锥面、圆弧面、端面等。材料为 45♯，毛坯尺寸为 φ45 棒料。

数控加工工艺文件不仅是进行数控加工和产品验收的依据，也是操作者遵守和执行的规程，同时还为产品零件重复生产积累了必要的工艺资料，进行技术储备。这些由工艺人员制订的工艺文件是编程员在编制数控加工程序时所依据的相关技术文件。编制数控加工工艺文件是数控加工工艺设计的重要内容之一。

2. 精度分析

本零件精度要求较高的尺寸有：外圆 $\phi 10_{-0.1}^{0}$、$\phi 20_{-0.08}^{0}$、$\phi 34_{-0.08}^{0}$、$\phi 44_{-0.05}^{0}$ 等。

对于尺寸精度的要求，主要通过在加工过程中的准确对刀、正确设置刀补及磨耗，以及正确制定合适的加工工艺等措施来保证。

3. 工艺分析

（1）确定装夹方案、定位基准、编程原点、加工起点和换刀点。由于毛坯为棒料，用三爪自定心卡盘夹紧定位。该工件的编程原点取在完工工件的右端面与主轴轴线相交的交点上。由于工件较小，为了使加工路径清晰，加工起点和换刀点可以设为同一点，放在 Z 向距工件前端面 100 mm、X 向距轴心线 100 mm 的位置。

（2）制定加工方案及加工路线。根据工件的形状及加工要求，选用数控车床进行本例工件的加工。

（3）刀具的选用。根据加工内容，可选用刀尖半径为 0.6 和 0.3 的 93°外圆车刀，两种刀具的刀片材料均选用高速钢。加工刀具的确定见表 2-4。

表 2-4　刀 具 清 单

实训课题		零件工艺分析				
序　号	刀具号	刀具名称及规格	刀尖半径	数量	加工表面	备注
1	T0101	93°外圆车刀	0.6 mm	1	外表面、端面	粗加工
2	T0202	93°外圆车刀	0.3 mm	1	外表面、端面	精加工

（4）确定加工参数。加工参数的确定取决于实际加工经验、工件的加工精度及表面质量、工件的材料性能、刀具的种类及形状、刀柄的刚性等诸多因素，可查表 2-4 获得。

主轴转速（n）：高速钢刀具材料切削中碳钢件时，切削速度 v 取 45～60 m/min，根据公式 n＝1000 v/πD 及加工经验，并根据实际情况，本课题粗加工主轴转速选取 600 r/min，精加工的主轴转速选取 800 r/min。

进给速度（F）：粗加工时，为提高生产效率，在保证工件质量的前提下，可选择较高的进给速度，粗车时一般取 0.3～0.8 mm/r，精车时常取 0.1～0.3 mm/r，切断时宜取 0.05～0.2 mm/r。本课题粗加工进速选取 0.3 mm/r，精加工进速选取 0.1 mm/r。

背吃刀量（aP）：在车床主体、夹具、刀具和零件这一系统刚性允许的条件下，尽可能选取较大的背吃刀量，以减少走刀次数，提高生产效率。当零件的精度要求较高时，则应考虑留出精车余量，常取 0.1～0.5 mm。本课题粗加工背吃刀量取 2 mm，精加工背吃刀量取 0.2 mm。

（5）轮廓基点坐标的计算。基点坐标常用的计算方法有列方程计算法和 CAD 软件作图找点法。

（6）制定加工工艺。经过上述分析，本课题的加工工艺见表 2－5。

表 2－5　零件加工工艺表

材料	45#		零件号		机床	数控车床	
工步号	工步内容 （走刀路线）		G 功能	刀具	切削用量		
					转速 （r/min）	进给速度 （mm/r）	背吃刀量 （mm）
1	夹住棒料一头，留出长度大约 85 mm(手动操作)，调用主程序加工						
2	自右向左粗车端面、外圆表面		G71	T0101	600	0.3	2
3	自右向左精车端面、外圆表面		G71	T0202	800	0.1	0.2
6	检测、校核		—	—	—	—	—

加工时的注意事项：① 数控车削的工艺内容；② 切削用量的确定；③ 定位基准的选择；④ 刀具的合理选择。

四、任务实施

1.零件仿真加工（略）

2.零件机床加工

（1）开机，回零，调整机床。

（2）对刀，建立工件坐标系。

（3）调出程序，自动加工。

（4）加工结束，测量各个尺寸。

（5）记录加工中遇到的问题。

五、反馈评价

学生以小组为单位进行 PPT 汇报，展示作品，反馈在项目进行中各个阶段存在的问题及如何解决此类问题并进行小组自我评价和相互评价，填写小组评价表和个人工作总结，整理相关资料并上交；教师进行项目总结，填写相关评价表，收集整理学生上交的资料，进行存档。项目评价表见表 2－6。

表 2 - 6　项目 2.3 评价表

任务名称	固定循环指令的应用		组员		分值	学员自评	老师评价
知识目标	固定循环指令格式				5		
	固定循环指令的应用特点及应用场合				5		
	固定循环指令程序的编制				15		
	不同机床固定循环的应用				15		
能力目标	能正确操作机床				10		
	能进行机床实际加工操作				10		
	能进行零件加工精度控制				20		
职业行为	不迟到早退,工作服从规范,按照机床加工步骤进行				5		
	态度认真,积极思考,认真训练,吃苦耐劳				10		
	具有创新意识				5		
综合评价							

六、巩固练习

完成如图 2 - 30 所示零件的加工。

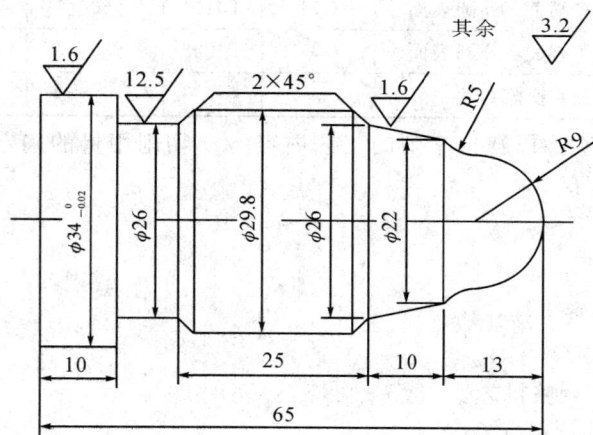

图 2 - 30　零件尺寸图

项目 2.4　数控铣床的对刀操作

一、提出任务

本项目采用华中 XK713 数控铣床(见图 2 - 31),在机床上完成如图 2 - 32 所示毛坯的对刀操作。

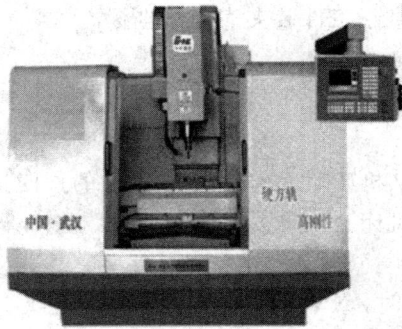

图 2-31 XK713 数控床身铣床实物图

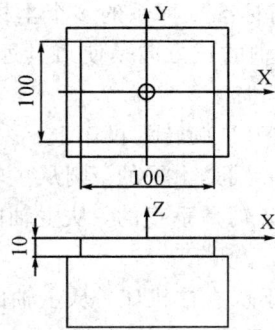

图 2-32 对刀操作示意图

二、相关知识点

（一）数控机床坐标系的确定

数控机床上，为确定机床运动的方向和距离，必须要有一个坐标系才能实现，通常把这种机床固有的坐标系称为机床坐标系。为了使数控机床规范化（标准化、开放化）及简化编程，国际标准化组织 ISO 对数控机床坐标系作了统一规定，即 ISO 841 标准。

1. 数控机床坐标系的有关规定

（1）假定刀具相对于静止的工件而运动的原则。这个原则规定，加工时无论是刀具运动还是工件运动，均假定刀具运动而工件静止。

（2）采用右手笛卡儿直角坐标系原则。三个移动轴的关系如图 2-33（a）所示，拇指指向 X 轴、食指指向 Y 轴、中指指向 Z 轴，规定增大刀具与工件距离的方向为各轴正向。三个旋转轴与三个移动轴的关系如图 2-33（b）所示，其正方向根据右手螺旋法则确定。

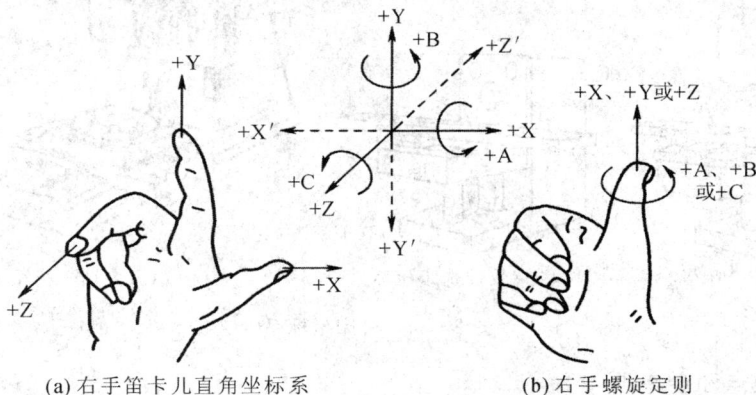

(a) 右手笛卡儿直角坐标系   (b) 右手螺旋定则

图 2-33 右手笛卡儿直角坐标系

2. 坐标轴的确定

1）Z 坐标

（1）规定平行于主轴轴线的坐标为 Z 坐标。

（2）若有几根主轴，则 Z 坐标平行与垂直于工件装夹表面的一根主轴。

（3）若主轴能摆动（在摆动范围内），Z 坐标就是只与标准坐标系的一个坐标平行的坐标或是能与标准坐标系的多个坐标平行，但垂直于工件装夹表面的坐标。

（4）Z 轴的正方向是使刀具远离工件的方向。

2）X 坐标

（1）在刀具旋转的机床上。

① 若 Z 轴是水平的，则从主轴向工件看（从机床后面向前看），X 轴的正向指向右边。

② 若 Z 轴是垂直的，从主轴向立柱看（从机床正面看），对于单立柱机床，X 轴的正向指向右边。

③ 对于双立柱机床，从主轴向左侧立柱看时，X 轴的正向指向右边。

（2）在工件旋转的机床上。

X 坐标为径向，刀具远离工件为 X 轴正方向。

3）Y 坐标

确定 X、Z 坐标的正方向后，用右手笛卡儿直角坐标系确定 Y 坐标的方向。

4）附加坐标系

如果在 X、Y、Z 主要轴之外，还有平行于它们的直线运动坐标轴，可分别指定为 U、V、W。如还有第三组运动，则分别指定为 P、Q、R。回转坐标轴在 A、B、C 之外，还可指定 D、E 轴。

如图 2-34 所示，分别为立式铣床、卧式铣床和五坐标联动机床的机床坐标系，图中带"'"的字母表示工件相对刀具运动的方向。

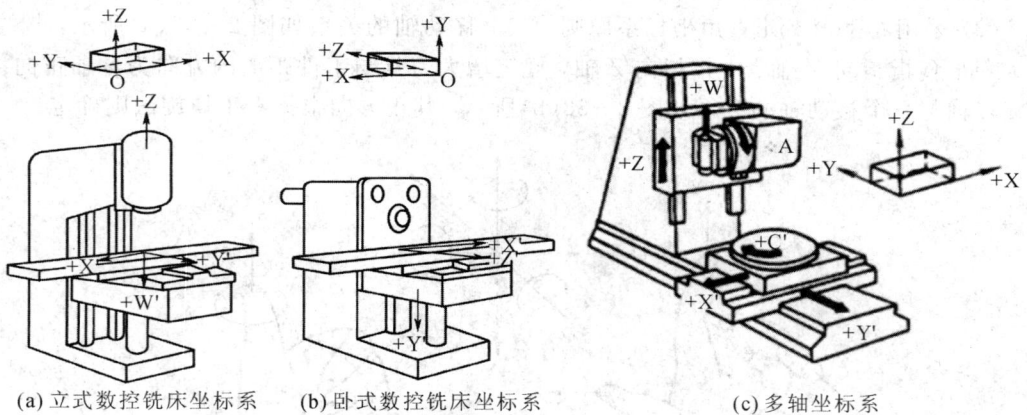

(a) 立式数控铣床坐标系　　(b) 卧式数控铣床坐标系　　(c) 多轴坐标系

图 2-34　机床坐标系

3. 机床原点和参考点

1）机床原点

机床原点是指在机床上设置的一个固定点，即机床坐标系的原点。它在机床装配、调试时就已确定下来，是数控机床进行加工运动的基准参考点，在数控机床的使用说明书上均有说明。数控铣床的原点一般设置在各轴正向的极限位置，如图 2-35 中的 O1 点。

2）机床参考点

机床参考点是机床坐标系中一个固定不变的位置点，是用于对机床工作台、滑板与刀具相对运动的测量系统进行标定和控制的点。参考点的位置是由机床制造厂家在每个进给轴上用限位开关精确调整好的，坐标值已输入数控系统中，通常在参考点的坐标为零。因此参考点对机床原点的坐标是一个已知数。通常在数控铣床上，机床原点和机床参考点是重合的。

采用增量式测量的数控机床开机后，都必须进行回零操作，即利用 CRT/MDI 控制面板上的功能键和机床操作面板上的有关按钮，使刀具或工作台退回到机床参考点。此操作的目的就是在机床各进给轴运动方向上寻找参考点，并在参考点处完成机床位置检测系统的归零操作，同时建立起机床坐标系。

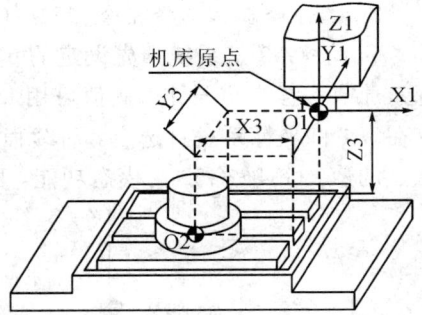

图 2 - 35　机床原点与工件原点

4. 工件坐标系与工件原点

编程时，编程人员选择工件上的某一已知点为原点建立一个平行于机床各轴方向的坐标系，该坐标系称为工件坐标系，也称为编程坐标系。工件上选定的点则称为工件原点，也称为编程原点，如图 2 - 35 中的 O2 点。

工件原点在工件上的位置虽可任意选择，但一般应遵循以下原则：

（1）尽量选在工件图样的基准上，便于计算，减少错误，以利于编程。

（2）尽量选在尺寸精度高、粗糙度值低的工件表面上，以提高被加工工件的加工精度。

（3）要便于测量和检验。

（4）对于对称的工件，最好选在工件的对称中心上。

（5）对于一般零件，可选在工件外轮廓的某一角上。

（6）Z 轴方向的原点一般设在工件表面。

5. 有关坐标系和坐标的指令

1）工件坐标系设定指令 G92

G92 指令通过设定刀具起点相对于工件坐标系的坐标值来建立工件坐标系。工件坐标系一旦建立，用 G90 编程时的指令值就是在此坐标系中的坐标值。该坐标系在机床重新开机时消失。

格式：G92　X＿　Y＿　Z＿

X、Y、Z：设定工件坐标系原点到刀具起点的有向距离。

例 2.4.1　如图 2 - 36 所示，用 G92 指令进行编程。

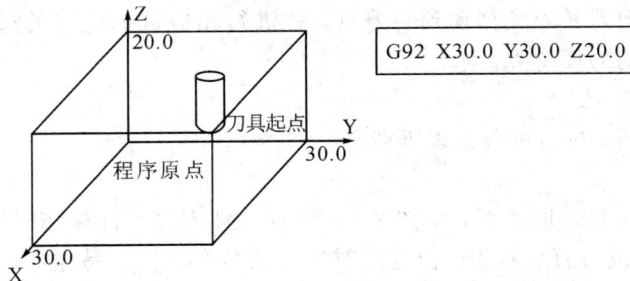

图 2 - 36　G92 对刀示例

2）工件坐标系选择指令 G54～G59

G54～G59 是系统预先设定的 6 个工件坐标系。这 6 个工件坐标系的原点皆以机床坐标系原点为参考点设定。其值可用 MDI 方式输入，系统自动记忆，在机床重新开机时仍然存在。工件坐标系一旦选定，后续程序段中绝对值编程时的指令值均为相对此工件坐标系原点的值。G54～G59 为模态功能，可相互注销，G54 为缺省值，见图 2-37。

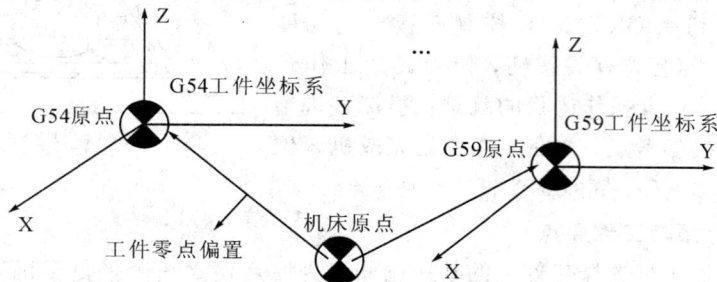

图 2-37　G54 坐标

例 2.4.2　如图 2-38 所示，使用工件坐标系编程，要求刀具从当前点移动到 A 点，再从 A 点移动到 B 点。

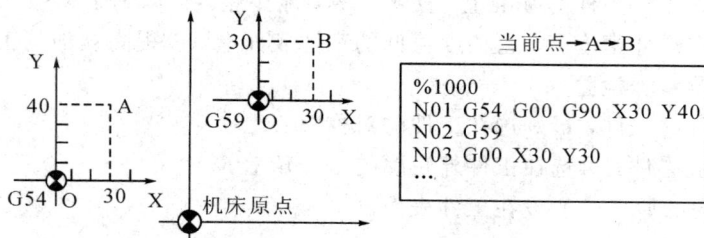

```
当前点→A→B

%1000
N01 G54 G00 G90 X30 Y40
N02 G59
N03 G00 X30 Y30
...
```

图 2-38　G54 坐标实例

注意：使用该组指令前，先用 MDI 方式输入各坐标系的坐标原点在机床坐标系中的坐标值。

3）直接机床坐标系编程 G53

在含有 G53 的程序段中，程序中的指令值是相对于机床坐标系原点而言的。G53 指令为非模态指令。

（二）数控铣床的对刀方法

所谓对刀是指把刀具刀尖移动到对刀点，并进行相应数据设定的过程。对刀点是指对刀时刀尖所要移动到的那个点。

1. 对刀的几种方法

根据工具的不同，对刀可分为以下四种。

1）立铣刀

若工件为矩形或圆柱形表面，见图 2-39，且工件表面允许碰伤时（对刀点为中心点或任意点），可采用立铣刀直接对刀。但这种对刀方法精度较低且易碰伤工件表面。

2）芯棒

若工件为矩形表面，且对刀点为中心或任意点，此时可采用芯棒配合块规或塞尺进行对刀，见图2-40。这种对刀方法精度较高且不碰伤工件表面，但较费时间。

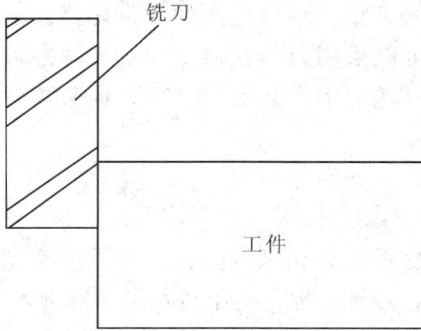

图2-39　立铣刀对刀

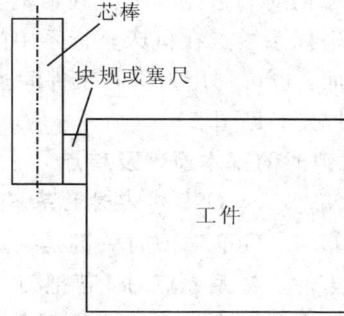

图2-40　芯棒对刀

3）百分表

若工件为圆柱面或圆柱孔且对刀点为中心点，此时可采用百分表对刀，见图2-41。

百分表对刀的具体步骤如下：

（1）用磁力表座将杠杆表吸在主轴端面上。手动旋转主轴，使表头轻触 X 方向最大、最小两点，Y 方向最大、最小两点。若 X 方向或 Y 方向的误差过大，可使工作台往反方向移动一半即可。

（2）观察读数，若四点的最大、最小值在 0.02 mm 以内，可认为主轴旋转中心与被测孔中心重合。

这种方法操作时比较麻烦，效率较低，对刀精度较高，对被测孔的精度要求也较高，最好是经过铰或镗加工的孔，仅粗加工过的孔（如钻）不宜采用。

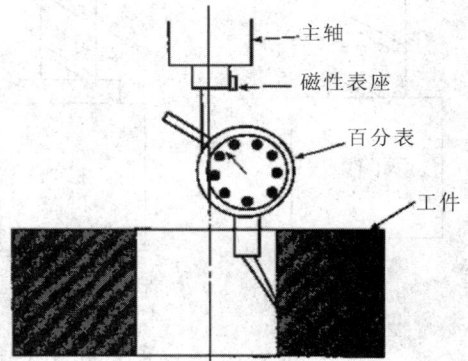

图2-41　百分表对刀

4）寻边器

若工件表面为矩形表面或圆柱表面且对刀点为中心点或任意点时，可采用寻边器对刀，对刀时使主轴旋转（600～660 转/分），让触头慢慢接近工件表面，当寻边器从中间状态突然变为结果状态时，记住此时的坐标值，此时认为主轴中心距工件一个触头的半径。这种方法具有对刀精度高、速度快的特点，见图2-42。

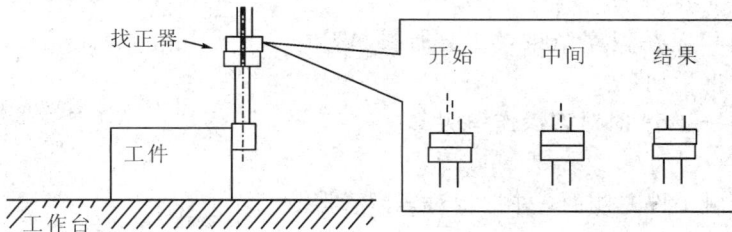

图2-42　寻边器对刀

5）刀具的 Z 向对刀

刀具 Z 向对刀数据与刀具在刀柄上的装夹长度及工件坐标系的 Z 向零点位置有关，它确定工件坐标系零点在机床坐标系中的位置，可以采用刀具直接试切对刀。为防止刀具切伤工件表面，也可采用刀具与工件间加块规的办法对刀，但此时进行 Z 向数据设定时，应考虑块规厚度，见图 2 - 43 所示。

2. 对刀时的基本原理及特点

1）采用 G54～G59 对刀时的基本原理及特点

采用 G54～G59 对刀时关键是确定工件坐标系原点在机床坐标系下的坐标值，当对刀点选择为工件坐标系原点时，若把刀具移动到对刀点，此时机床显示的机床坐标系的坐标值就是工件坐标系原点在机床坐标系下的坐标值，见图 2 - 44。其特点是机床突然断电后，不丢失位置，机床上电后，回过参考点后可继续加工。

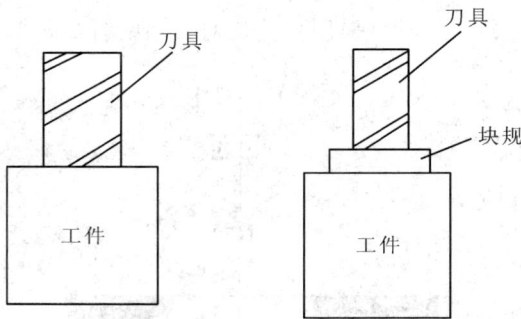

图 2 - 43　刀具的 Z 向对刀

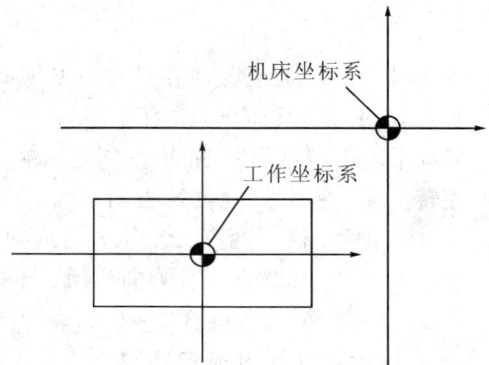

图 2 - 44　G54～G59 对刀

2）采用 G92 对刀时的基本原理及特点

采用 G92 对刀时应把刀具的刀尖移动到工件坐标系下 G92 指令后的 X ＿ Y ＿ Z ＿坐标值下，见图 2 - 45。其特点是：

（1）机床突然断电后，丢失工件坐标系位置，机床上电后，需重新对刀才可继续加工。

（2）使用前不必回参考点。

（3）G92 指令一般应写在程序第一行，且单独一行。

（4）G92 编程应在程序结束时，增加回起刀点的命令，便于批量加工。

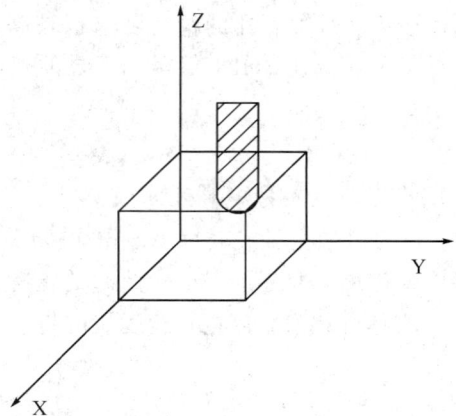

3. 采用 G54～G59 时对刀操作举例

方法一

（1）刀具轻触工件左侧面，并把相对坐标清零。

（2）刀具轻触工件右侧面，此时相对坐标值为两刀中心距，除以 2 后的相对坐标值为 X 方向中心点坐标值。

图 2 - 45　G92 对刀示例

（3）移动到中心点，此时把 X 方向的机床坐标系的坐标值填入设定页面［F4（MDI）→F3（坐标系）］即可。

（4）Y 方向与 X 方向的方法相同。

（5）Z 向对刀时，刀尖轻触工件表面（假设 Z 向零点为工件上表面），把此时的 Z 向机床坐标系的坐标值填入设定页面即可。

方法二

（1）刀具轻触工件左侧面，记住此时的机床坐标值 X1。

（2）刀具轻触工件右侧面，记住此时的机床坐标值 X2。

（3）X 方向的编程零点 X 值＝（X1＋X2）/2。

（4）把计算后的值填入设定页面［F4（MDI）→F3（坐标系）］即可。

（5）Y 方向与 X 方向的方法相同。

（6）Z 向对刀与方法一中 Z 向对刀的方法相同。

G54 对刀示例见图 2-46。

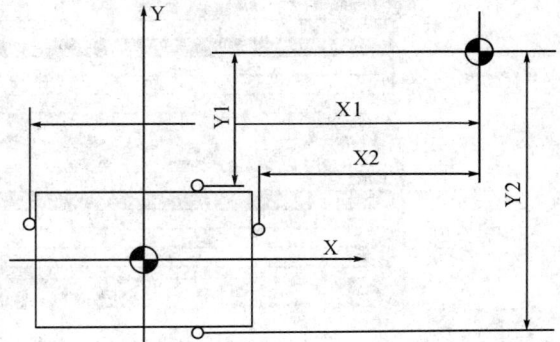

图 2-46　G54 对刀示例

三、任务设计

1. 零件的编程

完成如图 2-47 所示图形的编程，熟悉对刀操作，参考程序如下。

```
G90 G54 G90 G00 X-60 Y-60
     Z10 M03 S500
G01 Z-10 F100
G41 X-50 Y-55 D01
     Y50
     X50
     Y-50
     X-55
G40 X-60 Y-60
G00 Z50
     X0 Y0
M05
M30
```

2. 仿真机床的对刀过程

仿真操作的加工步骤为：选择机床、机床回零、安装工件、对刀、参数设置、输入程序、轨迹检查和自动加工。

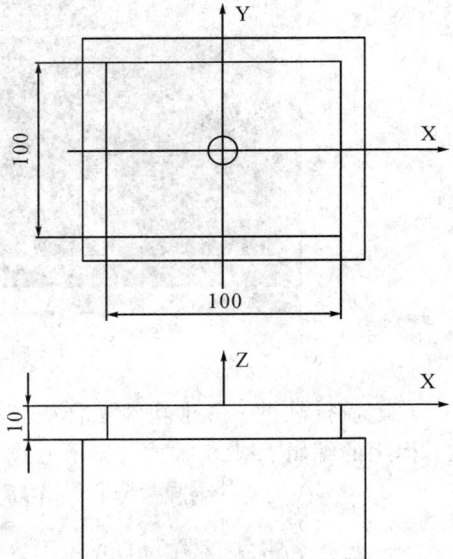

图 2-47　对刀实例

1）选择机床

打开菜单"机床/选择机床"，系统弹出"选择
机床"对话框，在其中选择控制系统为华中数控世纪星 4 代系统的数控铣床，按"确定"按
钮，此时界面如图 2-48 所示。

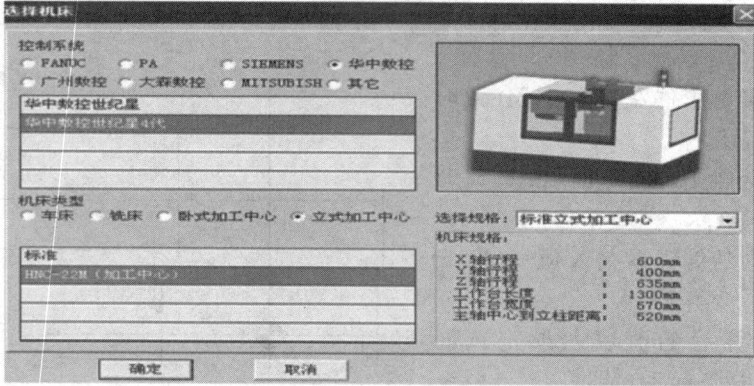

图 2-48 "选择机床"对话框

华中数控系统的控制面板主要由 CRT 面板、横排软件、机床操作面板和 MDI 键盘构成。

（1）CRT 面板。CRT 面板主要用于菜单、系统状态、故障报警的显示和加工轨迹的图
形仿真。根据数控系统所处的状态和操作命令的不同，显示的信息也不同，如图 2-
49 所示。

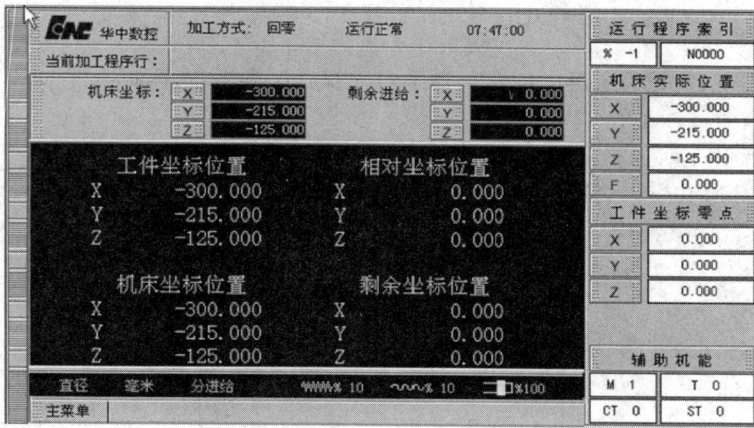

图 2-49 CRT 面板

（2）横排软键。横排软件配合机床操作面板上的模式按钮使用，主要用于设置系统参
数、程序的编辑、MDI 方式、显示方式等，如图 2-50 所示。

图 2-50 横排软键

（3）机床操作面板。机床操作面板（MCP，Machine Control Panel）用于直接控制机床的动作和加工过程，如自动、单段、手动、增量、回零等各种模式状态，如图2-51所示。

图2-51　机床操作面板

（4）MDI键盘。利用MDI键盘的相应按钮可以实现对程序和参数的输入，如图2-52所示的定义毛坯。

2）机床回零

机床在开机"回零"后通常需要先回参考点，这个过程在数控操作中通常称为"回零"，其操作步骤如下：

（1）检查急停按钮是否松开，如果未松开，单击●按钮使其松开。

（2）单击"回零"按钮使系统处在回零状态，分别单击"+Z"、"+X"和"+Y"按钮，此时机床各轴回原点。

（3）相应按钮"+Z"、"+X"和"+Y"左上方指示灯变亮，CRT显示各坐标轴的数值为零。

3）安装工件

（1）菜单"零件/定义毛坯"或在工具栏上单击按钮 🖉 ，在定义毛坯对话框中将零件尺寸改为长96 mm、宽96 mm、高50 mm，如图2-52所示，并单击"确定"按钮。

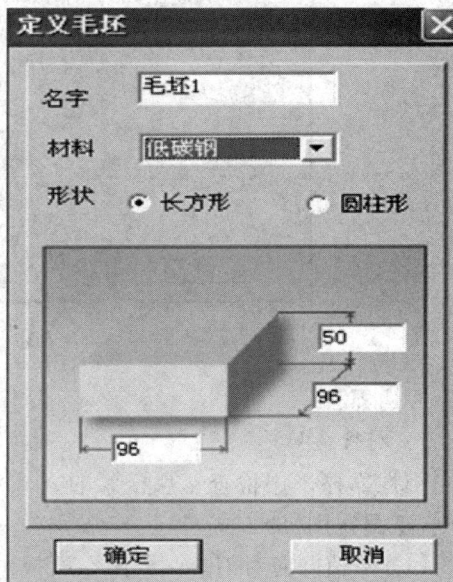

图2-52　定义毛坯

（2）打开菜单"零件/安装夹具"或者在工具栏上选择图标，弹出"选择夹具"对话框，在"选择零件"列表框中选择毛坯，在"选择夹具"列表框中选择平口钳，按"移动"内的按钮调整毛坯在夹具上的位置。

（3）打开菜单"零件/放置零件"，弹出"选择零件"的对话框。选取名称为"毛坯1"的零件，按下"确定"按钮，同时界面上出现一个下键盘，通过下键盘上的方向按钮，可以移动零件在工作台上的位置；退出该界面，零件和夹具已经被放到机床工作台上，如图2-53所示。

3. 对刀

一般铣床及加工中心在X、Y方向对刀时使用的基准工具包括刚性靠棒和寻边器两种。点击菜单"机床/基准工具…"，在弹出的基准工具对话框中，左边为刚性靠棒基准工具，右

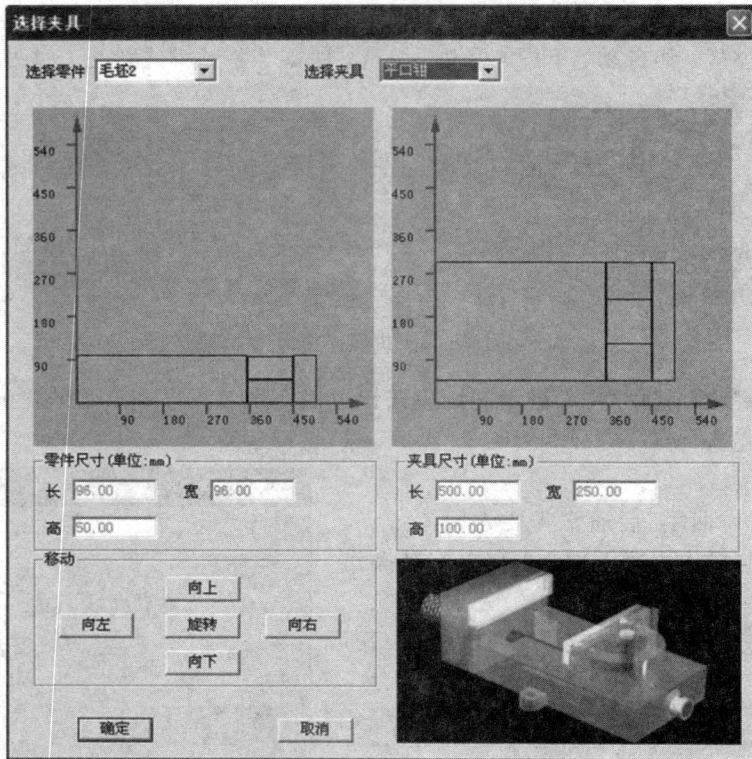

图 2-53　安装夹具

边为寻边器。

1）刚性靠棒

刚性靠棒采用检查塞尺松紧的方式对刀，具体过程如下（采用将零件放置在基准工具左侧（正面视图）的方式）。

（1）X轴方向对刀。点击操作面板中"手动"按钮切换到"手动"方式，借助"视图"菜单中的动态旋转、动态放缩和动态平移等工具，利用操作面板上的按钮"－X"、"＋X"、"－Y"、"＋Y"、"－Z"和"＋Z"，将机床移动到如图2-54所示的大致位置。

移动到大致位置后，可以采用点动方式移动机床，点击菜单"塞尺检查/1 mm"，使操作面板上的"增亮"按钮亮起，通过"×1"、"×10"、"×100"和"×1000"按钮调节操作面板上的倍率，移动靠棒，使得提示信息对话框显示"塞尺检查的结果：合适"，如图2-55所示（"×1"、"×10"、"×100"和"×1000"按钮表示点动的倍率，分别代表0.001 mm，0.01 mm，0.1 mm，1 mm）。

也可以采用手轮方式移动机床，点击菜单"塞尺检查/1 mm"，点击"手轮"按钮，显示手轮，选择旋钮 和手轮移动量旋钮 ，调节手轮 ，使得提示信息对话框显示"塞尺检查的结果：合适"。

记下塞尺检查结果为"合适"时CRT界面中的X坐标值，此为基准工具中心的X坐标，记为X_1；将定义毛坯数据时设定的零件的长度记为X_2；将塞尺厚度记为X_3；将基准工件

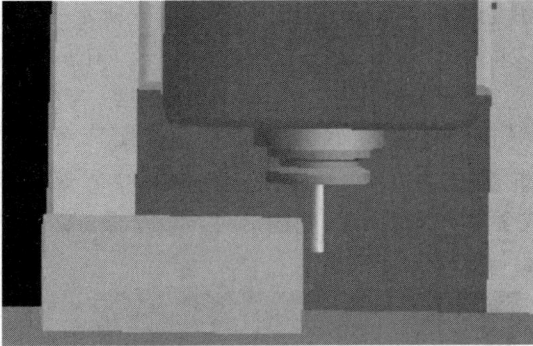

图 2-54　移动工件

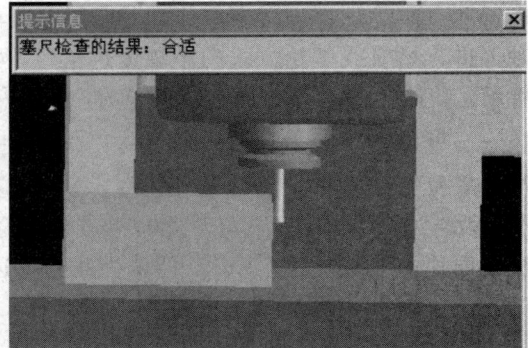

图 2-55　塞尺检测

直径记为 X_4（可在选择基准工具时读出），则

工件上表面中心的 X 坐标＝基准工具中心的 X 坐标－零件长度的一半

－塞尺厚度－基准工具半径

即

$$X = X_1 - X_2/2 - X_3 - X_4/2$$

结果记为 X。

（2）Y 方向对刀采用同样的方法。得到工件中心的 Y 坐标，记为 Y。

注意： 使用点动方式移动机床时，手轮的选择旋钮 需置于 OFF 挡。

完成 X、Y 方向对刀后，点击菜单"塞尺检查/收回塞尺"将塞尺收回；点击操作面板中"手动"按钮切换到"手动"方式；利用操作面板上的按钮"＋Z"，将 Z 轴提起，再点击菜单"机床/拆除工具"，拆除基准工具。

注意： 塞尺有各种不同尺寸，可以根据需要调用。本系统提供的塞尺尺寸有 0.05 mm、0.1 mm、0.2 mm、1 mm、2 mm、3 mm 和 100 mm（量块）。

2）寻边器

寻边器由固定端和测量端两部分组成。固定端由刀具夹头夹持在机床主轴上，中心线与主轴轴线重合。在测量时，主轴以 400 r/min 的速度旋转。通过手动方式，使寻边器向工件基准面移动靠近，让测量端接触基准面。在测量端未接触工件时，固定端与测量端的中心线不重合，两者呈偏心状态。当测量端与工件接触后，偏心距减小，这时使用点动方式或手轮方式微调进给，寻边器继续向工件移动，偏心距逐渐减小。在测量端和固定端的中心线重合的瞬间，测量端会明显地偏出，出现明显的偏心状态。这时主轴中心位置距离工件基准面的距离等于测量端的半径。

（1）X 轴方向对刀。点击操作面板中的"手动"按钮切换到"手动"方式；借助"视图"菜单中的动态旋转、动态放缩、动态平移等工具，利用操作面板上的按钮"＋X"、"＋Y"和"＋Z"，将机床移动到如图 2-55 所示的大致位置。在手动状态下，点击操作面板上的"主轴反转"或"主轴正转"按钮，使主轴转动。未与工件接触时，寻边器测量端大幅度晃动。

移动到大致位置后，可采用增量方式移动机床，使操作面板上的"增亮"按钮亮起，通过"×1"、"×10"、"×100"和"×1000"按钮调节操作面板上的倍率，点击"-X"按钮，使寻边器测量端晃动幅度逐渐减小，直至固定端与测量端的中心线重合，如图2-56所示。若此时再进行增量或手轮方式的小幅度进给时，寻边器的测量端会突然大幅度偏移，如图2-57所示，即认为此时寻边器与工件恰好吻合。

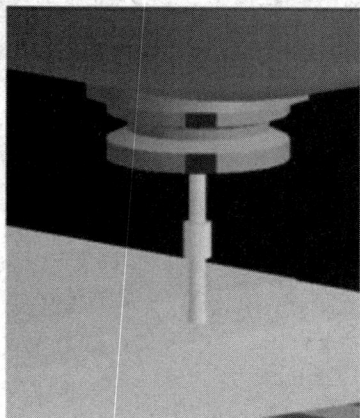

也可以采用手轮方式移动机床，点击"手轮"按钮，显示手轮，点击鼠标左键或右键调整选择旋钮 和手轮移动量旋钮 ，并调节手轮 。寻边器晃动幅度逐渐减小，直至几乎不晃动，如图2-56所示，若此时再进行增量或手轮方式的小幅度进给时，寻边器会突然大幅度偏移，如图2-57所示，即认为此时寻边器与工件恰好吻合。

图2-56 寻边器合适　　　　　　　　　　图2-57 寻边器突变

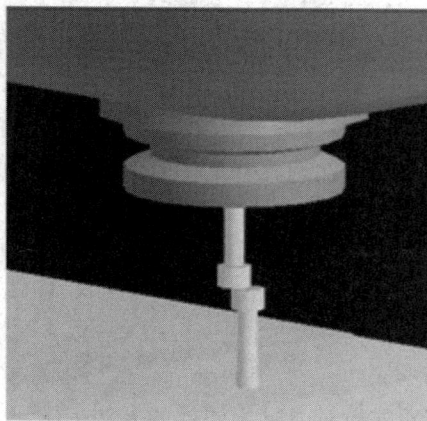

记下寻边器与工件恰好吻合时CRT界面中的X坐标，此为基准工具中心的X坐标，记为X_1；将定义毛坯数据时设定的零件长度记为X_2；将基准工件直径记为X_3（可在选择基准工具时读出），则

工件上表面中心的X坐标＝基准工具中心的X坐标－零件长度的一半－基准工具半径

即

$$X = X_1 - X_2/2 - X_3/2$$

结果记为X。

（2）Y方向对刀采用同样的方法。得到工件中心的Y坐标，记为Y。

完成X、Y方向对刀后，点击操作面板中的"手动"按钮切换到"手动"方式。利用操作面板上的"+Z"按钮将Z轴提起，再点击菜单"机床/拆除工具"拆除基准工具。

注意：使用点动方式移动机床时，手轮的选择旋钮 需置于OFF挡。

3）Z轴对刀

铣床对Z轴对刀时采用的是实际加工时所要使用的刀具。

（1）塞尺检查法。点击菜单"机床/选择刀具"或点击工具条上的小图标 ，选择所需刀具。点击操作面板中的"手动"按钮切换到"手动"方式；借助"视图"菜单中的动态旋转、动态放缩和动态平移等工具，利用操作面板上的按钮"-X"、"+X"、"-Y"、"+Y"、"-Z"和"+Z"，将机床移动到如图2-58所示的大致位置。

图 2-58　工件移动位置

采用类似在 X、Y 方向对刀的方法进行塞尺检查，得到"塞尺检查的结果：合适"时 Z 的坐标值，记为 Z_1，如图 2-59(a)、(b)所示，则

$$工件中心的 Z 坐标值＝Z_1－塞尺厚度$$

得到工件表面一点处 Z 的坐标值，记为 Z。

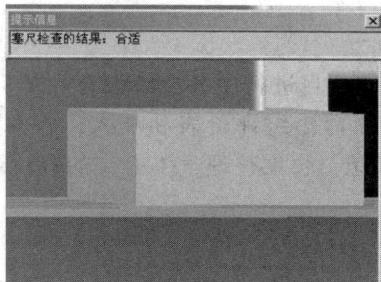

(a) 塞尺检测　　　　　　　　　　　　　　(b) Z 轴位置

图 2-59　Z 轴合适位置

（2）试切法。点击菜单"机床/选择刀具"或点击工具条上的小图标 ，选择所需刀具。点击操作面板中的"手动"按钮切换到"手动"方式，借助"视图"菜单中的动态旋转、动态放缩和动态平移等工具，利用操作面板上的按钮"－X"、"＋X"、"－Y"、"＋Y"、"－Z"和"＋Z"，将机床移动到如图 2-55 所示的大致位置。打开菜单"视图/选项…"中"声音开"和"铁屑开"选项。点击操作面板上的"主轴反转"或"主轴正转"按钮，使主轴转动；点击"＋Z"、"－Z"按钮，移动 Z 轴，切削零件的声音刚响起时停止，使铣刀将零件切削一小部分，记下此时 Z 的坐标值，记为 Z，此为工件表面一点处 Z 的坐标值。

通过对刀得到的坐标值（X，Y，Z）即为工件坐标系原点在机床坐标系中的坐标值。

四、任务实施

1. 仿真对刀过程

（1）开机、回参考点。

（2）选择刀具。

（3）对刀操作。

（4）输入程序。

（5）仿真加工及调试编辑程序。

（6）仿真结果测量。

（7）记录正确的程序结果。

2. 实际机床加工过程

（1）开机，回零，调整机床。

（2）对刀，建立工件坐标系。

Z 向对刀，记录下 Z 的坐标值＿＿＿＿＿＿；

X 向对刀，记录下 X 的坐标值＿＿＿＿＿＿；

Y 向对刀，记录下 Y 的坐标值＿＿＿＿＿＿。

（3）检查工件坐标系。

（4）调出程序，自动加工。

（5）记录对刀及加工中遇到的问题。

五、反馈评价

学生以小组为单位进行 PPT 汇报，展示作品，反馈在项目进行中各个阶段存在的问题及如何解决此类问题并进行小组自我评价和相互评价，填写小组评价表和个人工作总结，整理相关资料并上交；教师进行项目总结，填写相关评价表，收集整理学生上交的资料，进行存档。项目评价表见表 2-7。

表 2-7 项目 2.4 评价表

任务名称	数控铣床的对刀操作	组员		分值	学员自评	老师评价
知识目标	数控仿真软件铣床界面操作正确			5		
	程序的编辑及输入正确			5		
	数控铣床对刀操作步骤正确，G54 的值正确			15		
	会采用不同方式进行对刀操作			15		
能力目标	能正确操作机床			10		
	能进行机床面板操作及程序输入和编辑			10		
	能进行机床实际对刀操作			20		
职业行为	不迟到早退，工作服从规范，按照机床加工步骤进行			5		
	态度认真，积极思考，认真训练，吃苦耐劳			10		
	具有创新意识			5		
综合评价						

六、巩固练习

1.在数控仿真软件上完成如图 2-60 所示的对刀操作。

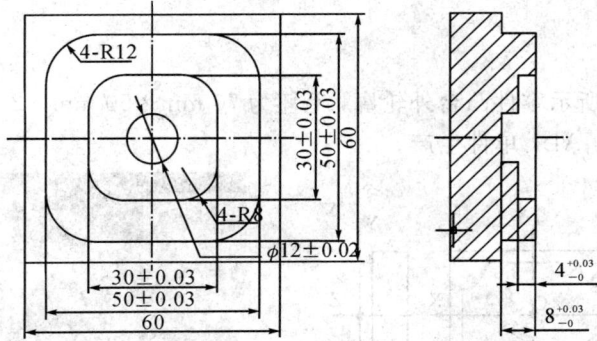

图 2-60 对刀示例 1

2.在数控仿真软件上完成如图 2-61 所示的对刀操作。

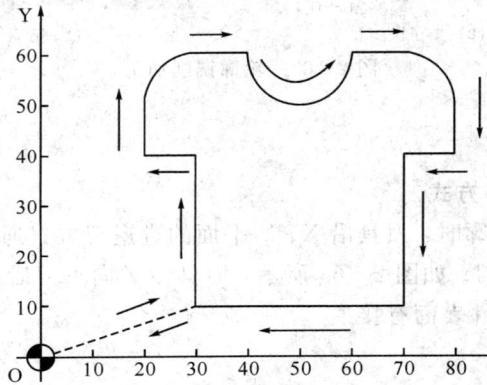

图 2-61 对刀示例 2

3.在数控仿真软件上完成如图 2-62 所示的对刀操作。

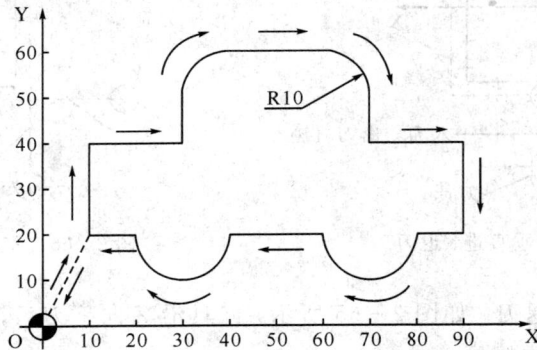

图 2-62 对刀示例 3

项目 2.5　数控铣床轮廓加工

一、提出任务

加工如图 2 - 63 所示零件凸台外轮廓，毛坯为 70 mm×50 mm×20 mm 的长方块（其余面已经加工），材料为 AL，单件生产。

(a) 尺寸图　　　　　　　　　　　　(b) 仿真图

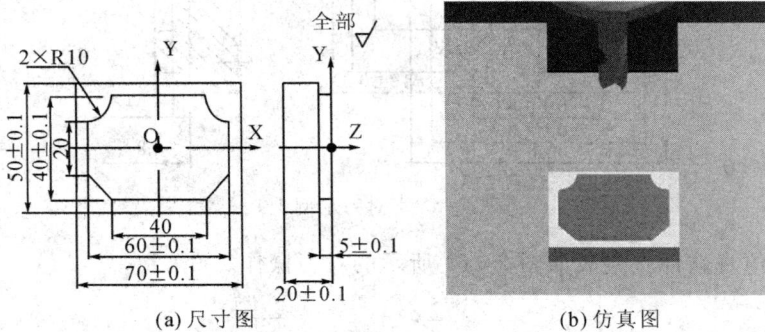

图 2 - 63　轮廓铣削加工

二、相关知识点

1. 轮廓铣削的进退刀方式

铣削平面类零件外轮廓时，刀具沿 X、Y 平面的进退刀方式通常有三种。

（1）垂直方向进、退刀。如图 2 - 64 所示，刀具沿 Z 向下刀后，垂直接近工件表面，这种方法进给路线短，但工件表面有接痕。

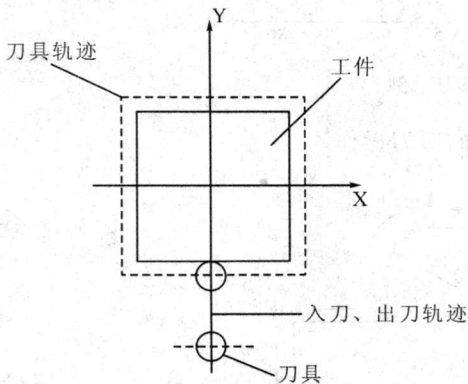

图 2 - 64　垂直进、退刀　　　　　　　图 2 - 65　直线切向进、退刀

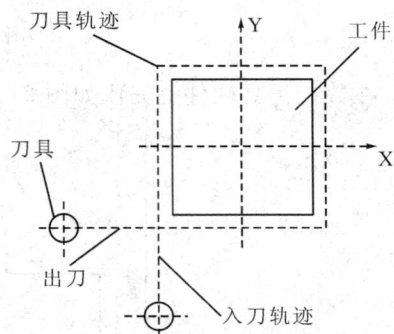

（2）直线切向进、退刀。如图 2 - 65 所示，刀具沿 Z 向下刀后，从工件外直线切向进刀，切削工件时不会产生接痕。

（3）圆弧切向进、退刀。如图 2 - 66 所示，刀具沿圆弧切向切入、切出工件，工件表面没有接刀痕迹。

当零件的外轮廓由圆弧组成时，要注意安排好刀具的切入、切出，要尽量避免交接处重复加工，否则会出现明显的界限痕迹。为减少接刀痕迹，保证零件表面质量，对刀具的切入和切出程序需要精心设计。如图 2-67 所示，铣刀的切入和切出点应沿零件轮廓曲线的延长线上切入和切出零件表面，而不应沿法向直接切入零件，以避免加工表面产生划痕，保证零件轮廓光滑。

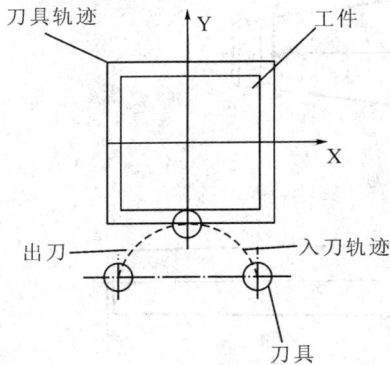

图 2-66 圆弧切向进、退刀

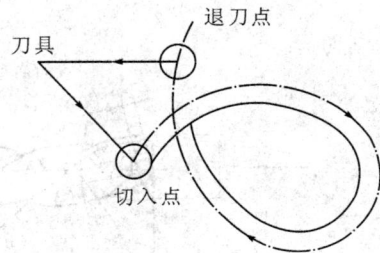

图 2-67 刀具切入和切出时的外延

如在加工整圆时(如图 2-68 所示)，要安排刀具从切向进入圆周铣削加工，当整圆加工完毕后，不要在切点处直接退刀，而让刀具多运动一段距离，最好沿切线方向退出，以免取消刀具补偿时，刀具与工件表面相碰撞，造成工件报废。

2. 轮廓铣削的刀具

生产中，刀具要根据被加工零件的材料、表面质量要求、热处理状态、切削性能及加工余量来选择刚性好、耐用度高的刀具。立铣刀是数控铣削中最常用的一种铣刀，在轮廓加工中多采用立铣刀，其结构如图 2-69 所示。它的圆柱表面和端面上都有切削刃，圆柱表面的切削刃为主切

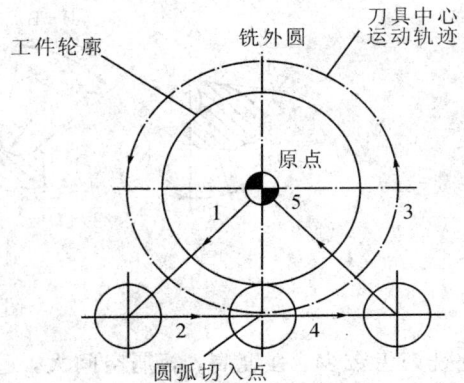

图 2-68 整圆加工切入和切出路径

削刃，端面上的切削刃为副切削刃，主切削刃一般为螺旋齿，这样可以增加切削平稳性，提高加工精度。由于普通立铣刀端面中心处无切削刃，所以立铣刀不能作轴向进给，端面刃主要用来加工与侧面相垂直的底平面。

立铣刀根据其刀齿数目，分为粗齿立铣刀、中齿立铣刀和细齿立铣刀，见表2-8。粗齿

表 2-8 立铣刀直径与齿数

直径 d/mm	2~8	9~15	16~28	32~50	56~70	80
细齿	—	5	6	8	10	12
中齿		4		6	8	10
粗齿		3		4	6	8

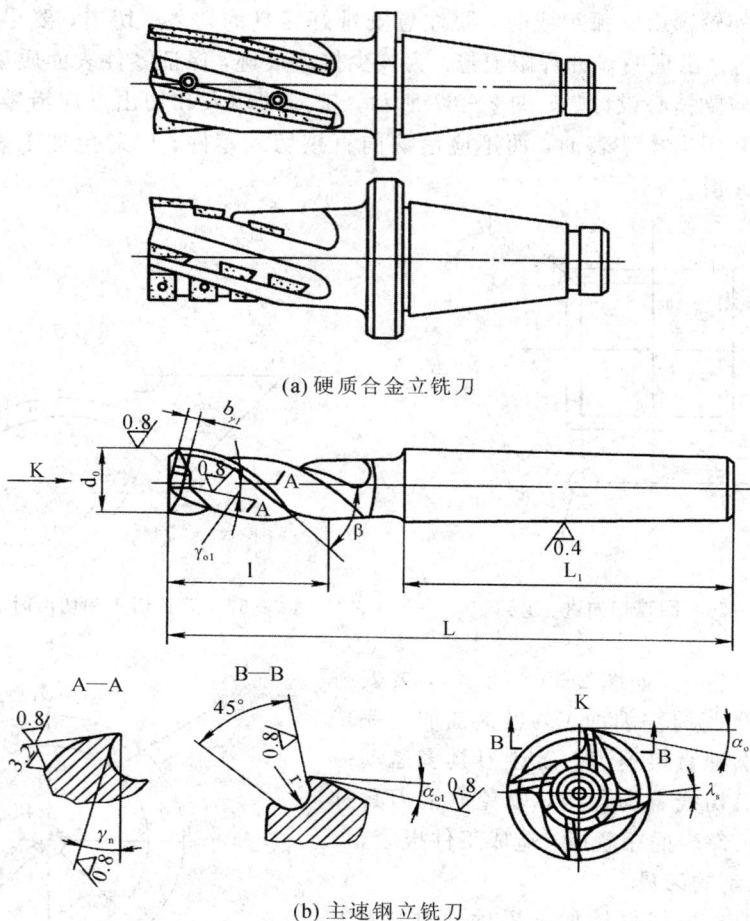

(a) 硬质合金立铣刀

(b) 主速钢立铣刀

图 2-69　立铣刀

立铣刀齿数少，强度高，容屑空间大，适于粗加工；细齿立铣刀齿数多，工作平稳，适于精加工；中齿立铣刀介于粗齿和细齿之间。

3. 顺铣与逆铣

在加工中铣削分为逆铣与顺铣，当铣刀的旋转方向和工件的进给方向相同时，称为顺铣，相反时称为逆铣，如图 2-70 所示。

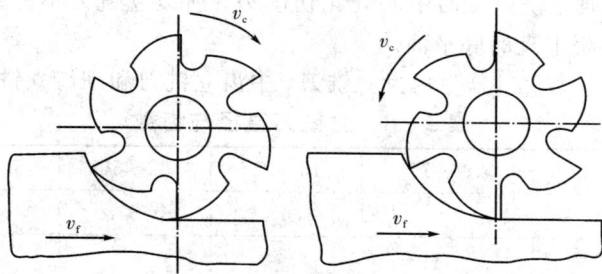

图 2-70　逆铣与顺铣

逆铣时刀齿开始切削工件时的切削厚度比较小，导致刀具易磨损，并影响已加工表面。顺铣时刀具的耐用度比逆铣时提高 2～3 倍，刀齿的切削路径较短，比逆铣时的平均切削厚度大，而且切削变形较小，但顺铣不宜加工带硬皮的工件。由于工件所受的切削力方向不同，粗加工时逆铣比顺铣要平稳。

对于立式数控铣床所采用的立铣刀，装在主轴上相当于悬臂梁结构，在切削加工时刀具会产生弹性弯曲变形，如图 2-71 所示。当用铣刀顺铣时，刀具在切削时会产生让刀现象，即切削时出现"欠切"，如图 2-71(a)所示；而用铣刀逆铣时，刀具在切削时会产生啃刀现象，即切削时出现"过切"现象，如图 2-71(b)所示。这种现象在刀具直径越小、刀杆伸出越长时越明显，所以在选择刀具时，从提高生产率、减小刀具弹性弯曲变形的影响等方面考虑，应选大直径的刀具，但不能大于零件凹圆弧的半径，在装刀时，刀杆尽量伸出得短些。

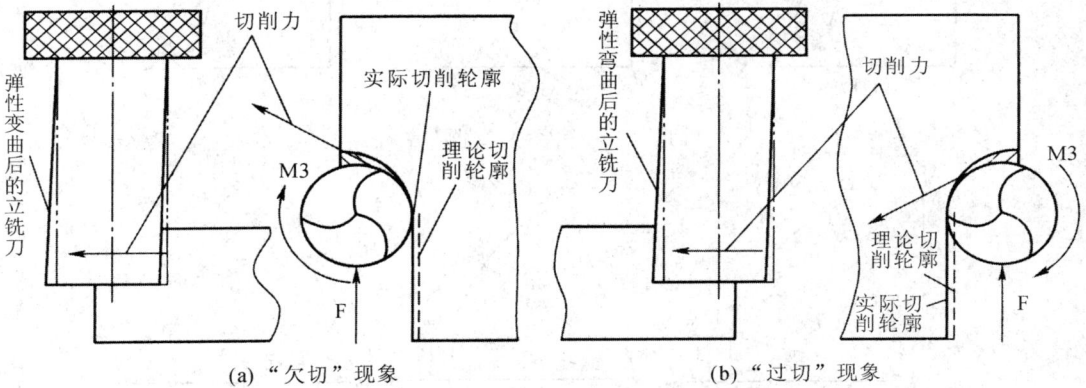

(a) "欠切"现象　　　　　　　　　　(b) "过切"现象

图 2-71　逆铣与顺铣

4. 编程指令

1) 坐标平面选择指令 G17、G18、G19

当机床坐标系及工件坐标系确定后，对应地就确定了三个坐标平面，即 XY 平面、ZX 平面和 YZ 平面，如图 2-72 所示。可分别用 G 代码 G17(XY 平面)、G18(ZX 平面)、G19(YZ 平面)表示这三个平面。

注意：G17、G18、G19 所指定的平面，均是从 Z、Y、X 各轴的正方向向负方向观察进行确定的。G17、G18、G19 为模态功能，可相互注销，一般 G17 为缺省值。

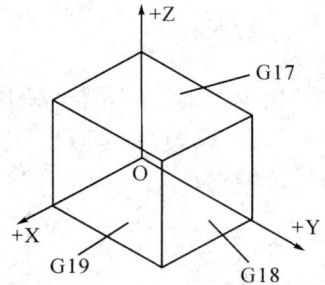

图 2-72　平面选择指令

2) 圆弧插补指令 G02、G03

指令格式：

$$\begin{Bmatrix} G17 \\ G18 \\ G19 \end{Bmatrix} \begin{Bmatrix} G02 \\ G03 \end{Bmatrix} X\_\_ \quad Y\_\_ \quad Z\_\_ \begin{Bmatrix} I\_\_ & J\_\_ & K\_\_ \\ R\_\_ \end{Bmatrix} \quad F\_\_;$$

式中：G17～G19——坐标平面选择指令；

G02——顺时针圆弧插补，见图 2-73；

G03——逆时针圆弧插补，见图 2-73；

X、Y、Z——圆弧终点，在 G90 时为圆弧终点在工件坐标系中的坐标，在 G91 时为圆弧终点相对于圆弧起点的位移量；

I、J、K——圆心相对于圆弧起点的偏移值（等于圆心的坐标减去圆弧起点的坐标，如图 2-74 所示），在 G90/G91 时都是以增量方式指定的；

R——圆弧半径，当圆弧圆心角小于 180° 时，R 为正值，否则 R 为负值，当 R 等于 180 时，R 可取正也可取负；

F——被编程的两个轴的合成进给速度。

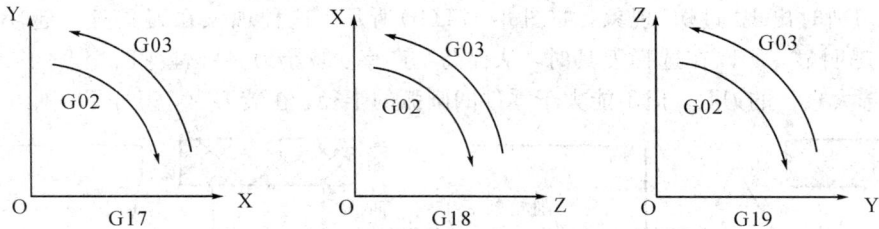

图 2-73　G02、G03 的判断

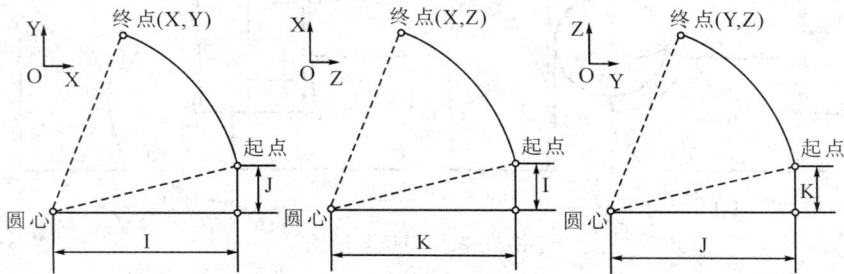

图 2-74　I、J、K 的算法

例 2.5.1　如图 2-75 所示，使用圆弧插补指令编写 A 点到 B 点的程序。

I、J、K 编程：G17 G90 G02 X100 Y44 I19 J-48 F60；

R 编程：　　　G17 G90 G02 X100 Y44 R51.62 F60。

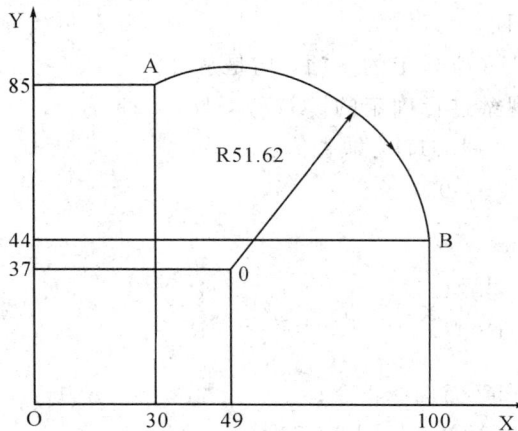

图 2-75　R 及 I、J、K 编程举例

例 2.5.2 如图 2-76 所示，使用圆弧插补指令加工整圆，刀具起点在 A 点，逆时针加工。

I、J、K 编程：G17 G90 G03 X35 Y60 I35 J0 F60。

例 2.5.3 如图 2-77 所示，使用圆弧插补指令编写 A 点到 B 点的程序。

圆弧 1：G17 G90 G03 X30 Y－40 R50 F60；

圆弧 2：G17 G90 G03 X30 Y－40 R－50 F60。

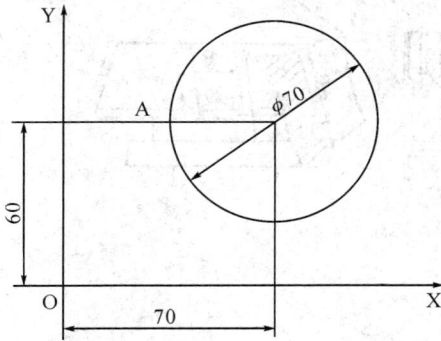

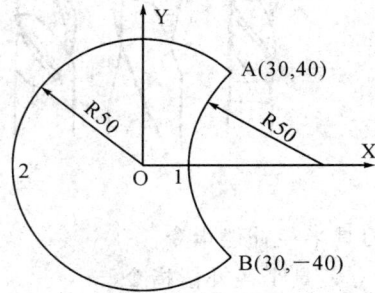

图 2-76　整圆编程　　　　　图 2-77　R 值的正负判别

圆弧编程注意事项：

（1）圆弧顺、逆的判别方法为沿圆弧所在平面的垂直坐标轴的正方向往负方向观察。

（2）整圆编程时不可以使用 R，只能用 I、J、K 方式。

（3）同时编入 R 与 I、J、K 时，R 有效。

3）刀具半径补偿指令 G41、G42、G40

（1）刀具半径补偿功能。在编制数控铣床轮廓铣削加工程序时，为了编程方便，通常将数控刀具假想成一个点（刀位点），认为刀位点与编程轨迹重合。但实际上由于刀具存在一定的直径，使刀具中心轨迹与零件轮廓不重合，如图 2-78 所示。这样，编程时就必须依据刀具半径和零件轮廓计算刀具中心轨迹，再依据刀具中心轨迹完成编程，但如果人工完成这些计算将给手工编程带来很多的不便，甚至当计算量较大时，容易产生计算错误。为了解决这个加工与编程之间的矛盾，数控系统为我们提供了刀具半径补偿功能。

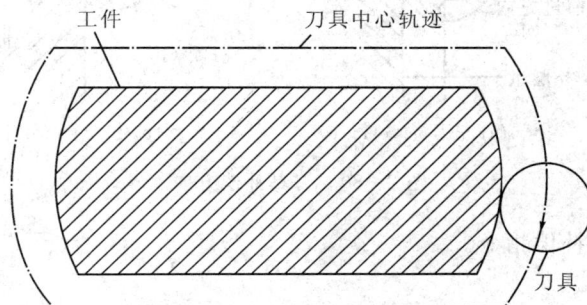

图 2-78　刀具半径补偿

数控系统的刀具半径补偿功能就是将计算刀具中心轨迹的过程交由数控系统完成，编程员假设刀具半径为零,直接根据零件的轮廓形状进行编程,而实际的刀具半径则存放在一个刀具半径偏置寄存器中。在加工过程中,数控系统根据零件程序和刀具半径自动计算刀具中心轨迹,完成对零件的加工。

(2) 刀位点。刀位点是代表刀具的基准点,也是对刀时的注视点,一般是刀具上的一点。常用刀具的刀位点如图 2-79 所示。

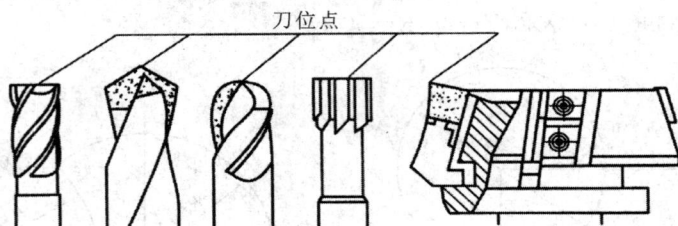

图 2-79 刀位点

(3) 刀具半径补偿指令。

① 建立刀具半径补偿指令。

指令格式:

$$\begin{Bmatrix} G17 \\ G18 \\ G19 \end{Bmatrix} \begin{Bmatrix} G41 \\ G42 \end{Bmatrix} \begin{Bmatrix} G00 \\ G01 \end{Bmatrix} X\_\_ \ Y\_\_ \ Z\_\_ \ D\_\_ ;$$

式中:G17~G19——坐标平面选择指令;

   G41——左刀补,如图 2-80(a)所示;

   G42——右刀补,如图 2-80(b)所示;

   X、Y、Z——建立刀具半径补偿时目标点坐标;

   D——刀具半径补偿号。

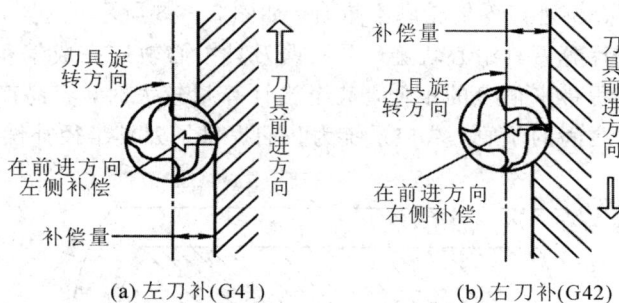

(a) 左刀补(G41)   (b) 右刀补(G42)

图 2-80 刀具补偿方向

② 取消刀具半径补偿指令。

指令格式:

$$\begin{Bmatrix} G17 \\ G18 \\ G19 \end{Bmatrix} G40 \begin{Bmatrix} G00 \\ G01 \end{Bmatrix} X\_\_ \ Y\_\_ \ Z\_\_ ;$$

式中：G17～G19——坐标平面选择指令；

　　　G40——取消刀具半径补偿功能。

（4）刀具半径补偿的过程。如图2-81所示，刀具半径补偿的过程分为三步。

① 刀补的建立：刀心轨迹从与编程轨迹重合过渡到与编程轨迹偏离一个偏置量的过程。

② 刀补进行：刀具中心始终与编程轨迹相距一个偏置量直到刀补取消。

③ 刀补取消：刀具离开工件，刀心轨迹要过渡到与编程轨迹重合的过程。

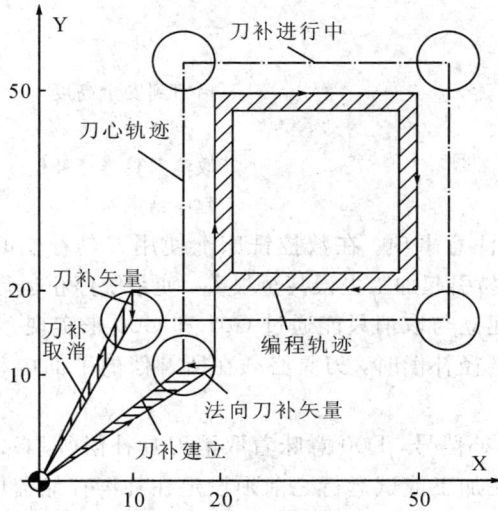

图 2-81　刀具半径补偿过程

例 2.5.4　使用刀具半径补偿功能完成如图 2-82 所示轮廓加工的编程。

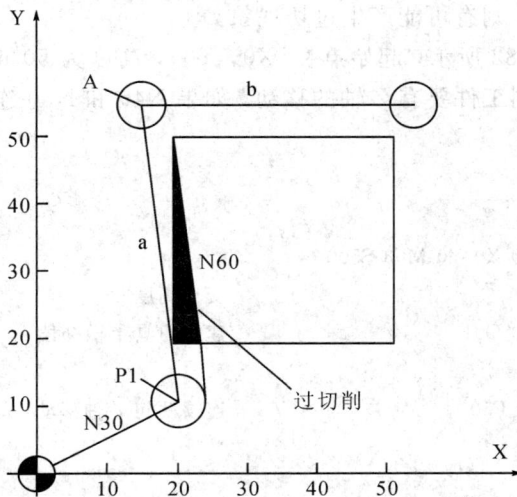

图 2-82　刀具半径补偿的过切削现象

参考程序如下：

```
%5001
N10 G90 G54 G00 X0 Y0 M03 S500 F50
N20 G00 Z50.0                          安全高度
N30 Z10                                参考高度
N40 G41 X20 Y10 D01 F50                建立刀具半径补偿
N50 G01 Z－10                          下刀
N60 Y50
N70 X50
N80 Y20
N90 X10
N100 G00 Z50                           抬刀到安全高度
N110 G40 X0 Y0
N120 M05                               取消刀具半径补偿
N130 M30                               程序结束
```

（5）使用刀具补偿的注意事项。在数控铣床上使用刀具补偿时，必须特别注意其执行过程的原则，否则往往容易引起加工失误甚至报警，使系统停止运行或刀具半径补偿失效等。

① 刀具半径补偿的建立与取消只能通过 G01 和 G00 来实现，不得用 G02 和 G03。

② 建立和取消刀具半径补偿时，刀具必须在所补偿的平面内移动，且移动距离应大于刀具补偿值。

③ D00～D99 为刀具补偿号，D00 意味着取消刀具补偿（即 G41/G42 X ＿ Y ＿ D00 等价于 G40）。刀具补偿值在加工或试运行之前须设定在补偿存储器中。

④ 加工半径小于刀具半径的内圆弧时，进行半径补偿将产生刀具干涉，只有过渡圆角 R≥刀具半径 r＋精加工余量的情况才能正常切削。

⑤ 在刀具半径补偿模式下，如果存在连续两段以上非移动指令（如 G90、M03 等）或非指定平面轴的移动指令，则有可能产生过切现象。

例 2.5.5 如图 2-82 所示，起始点在（X0，Y0），高度为 50 mm，使用刀具半径补偿时，由于接近工件及切削工件要有 Z 轴的移动，如果 N40 和 N50 连续两句 Z 轴移动，这时容易出现过切削现象。

程序如下：

```
%5002
N10 G90 G54 G00 X0 Y0 M03 S500
N20 G00 Z50                            安全高度
N30 G41 X20 Y10 D01                    建立刀具半径补偿
N40 Z10
N50 G01 Z－10.0 F50                    连续两句 Z 轴移动，此时会产生过切削
N60 Y50
N70 X50
N80 Y20
N90 X10
N100 G00 Z50                           抬刀到安全高度
```

```
N110 G40 X0 Y0                    取消刀具半径补偿
N120 M05
N130 M30
```

以上程序在运行 N60 时，产生过切现象，如图 2-82 所示。其原因是当 N30 刀具补偿建立后，进入刀具补偿进行状态时，系统只能读入 N40、N50 两段，但由于 Z 轴是非刀具补偿平面的轴，而且又读不到 N60 以后的程序段，也就做不出偏移矢量，刀具确定不了前进的方向，此时刀具中心未加上刀具补偿而直接移动到无补偿的 P1 点。当执行完 N40、N50 后，再执行 N60 段时，刀具中心从 P1 点移至交点 A，于是发生过切现象。

为避免过切现象，可将上面的程序改成下述形式。

```
％5003
N10 G90 G54 G00 X0 Y0 M03 S500
N20 G00 Z50                       安全高度
N30 Z10
N40 G41 X20 Y10 D01               建立刀具半径补偿
N50 G01 Z-10.0 F50                只进行一次 Z 轴移动，防止产生过切削
N60 Y50
      …
```

（6）刀具半径补偿的应用。刀具半径补偿除方便编程外，还可利用改变刀具半径补偿值大小的方法，实现利用同一程序进行粗、精加工，即

粗加工刀具半径补偿＝刀具半径＋精加工余量

精加工刀具半径补偿＝刀具半径＋修正量

① 因磨损、重磨或换新刀而引起刀具半径改变后，不必修改程序，只需在刀具参数设置中输入变化后的刀具半径。如图 2-83 所示，1 为未磨损刀具，2 为磨损后刀具，只需将刀具参数表中的刀具半径 r1 改为 r2，即可适用同一程序。

② 同一程序中，同一尺寸的刀具，利用半径补偿，可进行粗、精加工。如图 2-84 所示，刀具半径为 r，精加工余量为 Δ。粗加工时，输入刀具半径 D＝r＋Δ，则加工出虚线轮廓；精加工时，用同一程序、同一刀具，但输入刀具半径 D＝r，加工出实线轮廓。

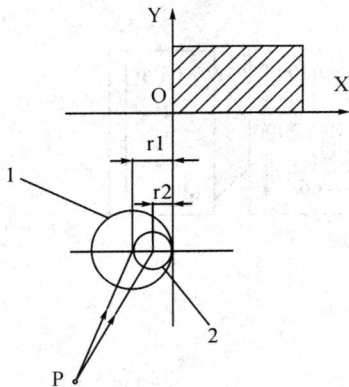

图 2-83　刀具半径变化，加工程序不变

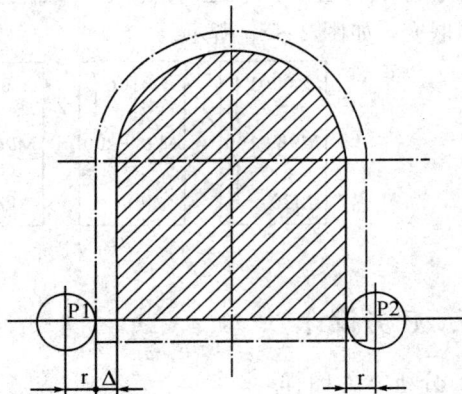

图 2-84　利用刀具半径补偿进行粗、精加工

5. 子程序

1）子程序的定义

在编制加工程序时，有时会遇到一组程序段在一个程序中多次出现，或者在几个程序中都要使用它。这组程序段可以另外列出，并单独加以命名，这个程序就称为子程序。一次装夹加工多个相同零件或一个零件有重复加工部分的情况可采用子程序。子程序在被调用时，调用第一层子程序的指令所在的程序称为主程序。通常数控系统按主程序的指令运动，如果遇到"调用子程序"的指令时，就转移到子程序，按子程序的指令运动。子程序执行结束后，又返回主程序，继续执行后面的程序段。

2）子程序的格式

子程序用符号"％"开头，其后是子程序号。子程序号最多可以由 4 位数字组成，若前几位数字为 0，则可以省略。M99 为子程序结束指令，用来结束子程序并返回主程序或上一层子程序。

％5003	子程序名
N10 …	
…	子程序体
N50 M99	子程序结束

3）子程序的调用格式

子程序由主程序或其他子程序调用。子程序的调用指令也是一个程序段，它一般由调用字、子程序名称、调用次数等组成，具体格式根据系统不同存在差别。

M98 P××××L××××；

其中，L 后面的后四位数为重复调用次数，省略时为调用一次；前四位为子程序号。系统允许重复调用次数为 999 次，如果只调用一次，此项可省略不写。

例 2.5.6 M98 P1006L4，表示调用子程序"％1006"共 4 次。

例 2.5.7 M98 P48，表示调用子程序"％48"共 1 次。

4）子程序的嵌套

为进一步简化程序，可以让子程序调用另外一个子程序，这就是子程序的嵌套。上一层子程序与下一层子程序之间的关系，跟主程序与子程序之间的关系一样。系统可实现子程序的嵌套，如图 2-85 所示。

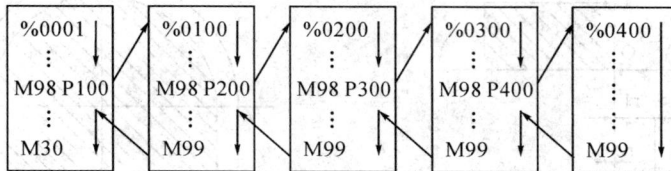

图 2-85 子程序的嵌套

三、任务设计

1. 分析零件图样

零件轮廓由直线和圆弧组成，尺寸精度约为 IT11，表面粗糙度全部为 Ra3.2，没有形位公差项目的要求，整体加工要求不高。

2. 工艺分析

（1）加工方案的确定。根据图样加工要求，采用立铣刀粗铣→精铣完成。

（2）确定装夹方案。该零件为单件生产，且零件外形为长方体，可选用平口虎钳装夹。工件上表面高出钳口 8 mm 左右。

（3）确定加工工艺。加工工艺见表 2-9。

表 2-9　数控加工工序卡

数控加工工艺卡片			产品名称	零件名称	材料	零件图号	
					45 钢		
工序号	程序编号	夹具名称	夹具编号	使用设备		车　间	
		虎钳					
工步号	工步内容		刀具号	主轴转速 /(r/min)	进给速度 /(mm/min)	背吃刀量 /mm	侧吃刀量 /mm	备注
1	粗铣外轮廓		T01	500	120	4.8		
2	精铣外轮廓		T01	600	90	5	0.3	

（4）进给路线的确定。在数控加工中，刀具刀位点相对于工件运动的轨迹称为加工路线。为了保证表面质量，进给路线采用顺铣和圆弧进、退刀方式，采用子程序对零件进行粗、精加工，该零件的进给路线如图 2-86 所示。

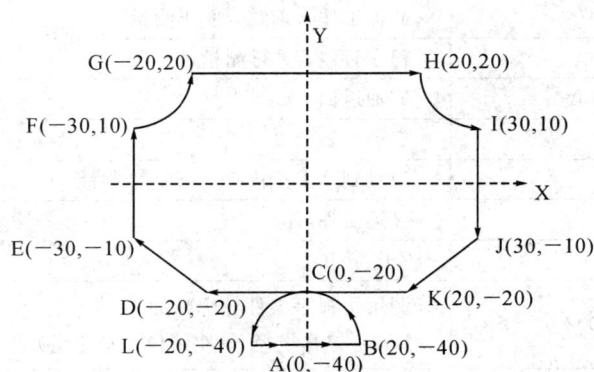

图 2-86　加工路线图

（5）刀具及切削参数的确定。刀具及切削参数见表 2-10。

表 2-10　数控加工刀具卡

数控加工刀具卡片		工序号	程序编号	产品名称	零件名称		材料	零件图号
							45	
序号	刀具号	刀具名称	刀具规格/mm		补偿值/mm		刀补号		备注
			直径	长度	半径	长度	半径	长度	
1	T01	立铣刀（3 齿）	φ16	实测	8		D01 D02		高速钢

3. 参考程序编制

(1) 工件坐标系的建立。由图样可以分析出该零件的设计基准为左右和前后对称中心线，为使编程方便，工件坐标系建立在左右和前后对称中心线的交点上，Z 轴 0 点在工件上表面。

(2) 基点坐标计算(略)。

(3) 参考程序。参考程序见表 2-11。

表 2-11 参 考 程 序

主 程 序	
程　　序	说　　明
%5004	主程序名
N10 G90 G54 G00 X0 Y-40	建立工件坐标系，快速进给至下刀位置 A 点(见图 2-86)
N20 M03 S500	启动主轴
N30 Z50 M08	主轴到达安全高度，同时打开冷却液
N40 Z10	接近工件
N50 G01 Z-4.8 F120	Z 向下刀
N60 M98 P5011 D01	调用子程序粗加工零件轮廓，D01=8.3
N70 G00 Z50 M09	Z 向抬刀并关闭冷却液
N80 M05	主轴停
N90 G91 G00 Y200	Y 轴工作台前移，便于测量
N100 M00	程序暂停，进行测量
N110 G54 G90 G00 Y0	Y 轴返回
N120 M03 S600	启动主轴
N130 Z50 M08	刀具到达安全高度并开启冷却液
N140 Z10	接近工件
N150 G01 Z-5 F90	Z 向下刀
N160 M98 P5011 D02	调用子程序零件轮廓精加工 D02=刀具半径-(实测值-理论值)/2
N170 G00 Z50 M09	刀具到达安全高度，并关闭冷却液
N180 M05	主轴停
N190 M30	主程序结束
备注：如四个角落有残留，可手动切除。	
子 程 序	
程　　序	说　　明
N10 %5011	子程序名
N20 G41 G01 X20	建立刀具半径补偿，A→B(见图 2-86)
N30 G03 X0 Y-20 R20	圆弧切向切入 B→C
N40 G01 X-20 Y-20	走直线 C→D

程　序	说　明
N50 X－30 Y－10	走直线 D→E
N60 Y10	走直线 E→F
N70 G03 X－20 Y20 R10	逆圆插补 F→G
N80 G01 X20	走直线 G→H
N90 G03 X30 Y10 R10	逆圆插补 H→I
N100 G01 Y－10	走直线 I→J
N110 X20 Y－20	走直线 J→K
N120 Y0	走直线 K→C
N130 G03 X－20 Y－40 R20	圆弧切向切出 C→L
N140 G40 G00 X0	取消刀具半径补偿，L→A
N150 M99	子程序结束

四、任务实施

1. 零件仿真加工

（1）开机，回参考点。

（2）选择刀具。

（3）对刀操作。

（4）输入程序。

（5）仿真加工及调试编辑程序。

（6）仿真结果测量。

（7）记录正确的程序结果。

2. 零件机床加工

（1）开机，回零，调整机床。

（2）对刀，建立工件坐标系。

Z 向对刀，记录下 Z 的坐标值_____；

X 向对刀，记录下 X 的坐标值_____；

Y 向对刀，记录下 Y 的坐标值_____。

（3）检查工件坐标系。

（4）调出程序，自动加工。

（5）记录对刀及加工中遇到的问题。

五、反馈评价

学生以小组为单位进行 PPT 汇报，展示作品，反馈在项目进行中各个阶段存在的问题及如何解决此类问题并进行小组自我评价和相互评价，填写小组评价表和个人工作总结。整理相关资料并上交；教师进行项目总结，填写相关评价表，收集整理学生上交的资料，进行存档。项目评价表见表 2－12。

表 2 - 12　项目 2.5 评价表

任务名称	数控铣床轮廓加工		组员		分值	学员自评	老师评价
知识目标	轮廓加工零件的工艺选择正确				10		
	刀具半径补偿指令的应用正确				10		
	轮廓零件的仿真加工软件应用正确				10		
	轮廓零件程序编制正确				10		
能力目标	能选择合适的加工工艺				10		
	能运用数控仿真软件完成零件的仿真加工				10		
	能运用实际机床完成轮廓零件的加工				20		
职业行为	不迟到早退，工作服从规范，按照机床加工步骤进行				5		
	态度认真，积极思考，认真训练，吃苦耐劳				10		
	具有创新意识				5		
综合评价							

六、巩固练习

1.完成如图 2 - 87 所示零件的轮廓加工。

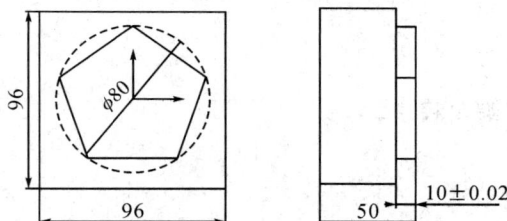

图 2 - 87　零件图 1

2.完成如图 2 - 88 所示零件的轮廓加工。

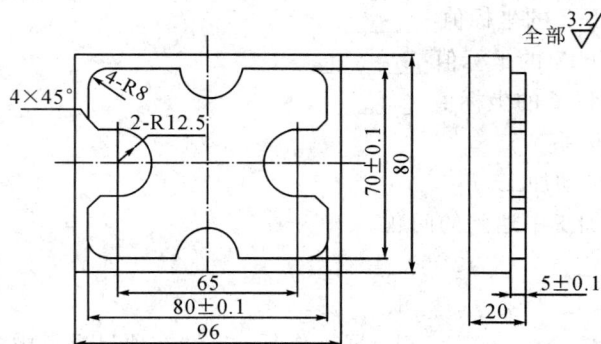

图 2 - 88　零件图 2

3.完成如图 2 - 89 所示零件的轮廓加工。

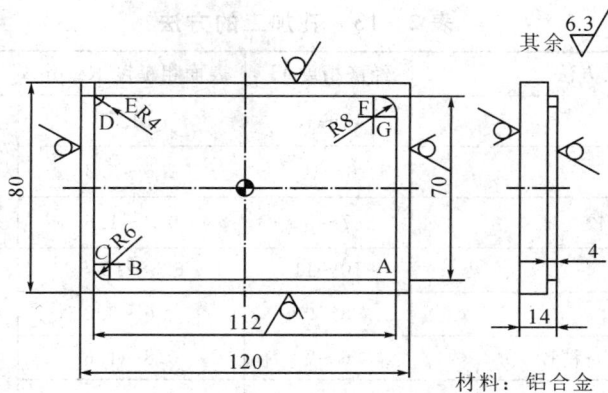

其余 $\sqrt{6.3}$

材料：铝合金

图 2-89 零件图 3

项目 2.6　数控铣床孔类零件的加工

一、提出任务

完成如图 2-90 所示零件上的孔加工，毛坯为 100 mm×100 mm×120 mm 的长方块（其余面已经加工），材料为 45 钢，单件生产。

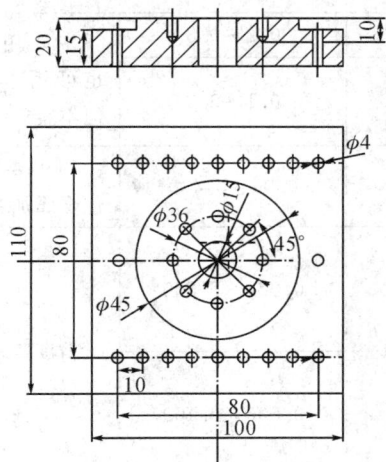

(a)尺寸图

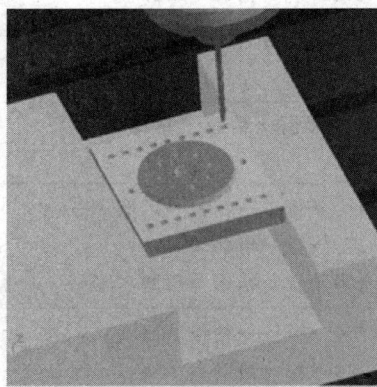

(b)仿真图

图 2-90　孔加工零件

二、相关知识点

1. 孔加工的基本方法

孔加工在金属切削中占有很大的比重，应用广泛。在数控铣床上加工孔的方法很多，根据孔的尺寸精度、位置精度及表面粗糙度等要求，一般有点孔、钻孔、扩孔，锪孔、铰孔、镗孔及铣孔等方法。常用孔的加工方式及所能达到的精度见表 2-13。

表 2－13　孔加工的方法

序　号	加工方法	经济精度 IT	表面粗糙度 Ra/μm	适用范围
1	钻	11～13	12.5	加工未淬火钢及铸铁的实心毛坯，可用于加工有色金属。孔径小于 15～20 mm
2	钻→铰	8～10	1.6～6.3	
3	钻→粗铰→精铰	7～8	0.8～1.6	
4	钻→扩	10～11	6.3～12.5	加工未淬火钢及铸铁的实心毛坯，可用于加工有色金属。孔径大于 15～20 mm
5	钻→扩→铰	8～9	1.6～3.2	
6	钻→扩→粗铰→精铰	6～7	0.8～1.6	
7	钻→扩→机铰→手铰	6～7	0.2～0.4	
8	钻→扩→拉	7～9	0.1～1.6	大批量生产，精度由拉刀的精度而定
9	粗镗（扩孔）	11～13	6.3～12.5	除淬火钢外各种材料，毛坯有铸出或锻出孔
10	粗镗（扩孔）→半精镗（精扩）	9～10	1.6～3.2	
11	粗镗（扩孔）→半精镗（精扩）→精镗（铰）	7～8	0.8～1.6	
12	粗镗（扩孔）→半精镗（精扩）→精镗→浮动镗刀精镗	6～7	0.4～0.8	
13	粗镗（扩孔）→半精镗→磨孔	7～8	0.2～0.8	主要用于淬火钢，也可用于未淬火钢，但不宜用于有色金属
14	粗镗（扩孔）→半精镗→粗磨孔→精磨孔	6～7	0.1～0.2	
15	粗镗→半精镗→精镗→精细镗（金刚镗）	6～7	0.05～0.400	用于要求较高的有色金属加工
16	钻→（扩）→粗铰→精铰→珩磨 钻→（扩）→拉→珩磨 粗镗→半精镗→精镗→珩磨	6～7	0.025～0.200	精度要求很高的孔
17	钻→（扩）→粗铰→精铰→研磨 钻→（扩）→拉→研磨 粗镗→半精镗→精镗→研磨	5～6	0.006～0.100	

注：①对于直径大于 ϕ30 mm 的已铸出或锻出的毛坯孔的孔加工，一般采用粗镗→半精镗→孔口倒角→精镗的加工方案；孔径较大的可采用立铣刀粗铣→精铣的加工方案。

②对于直径小于 ϕ30 mm 的无底孔的孔加工，通常采用锪平端面→打中心孔→钻→扩→孔口倒角→铰的加工方案。对有同轴度要求的小孔，需采用锪平端面→打中心孔→钻→半精镗→孔口倒角→精镗（或铰）的加工方案。

2. 孔加工的刀具

1）钻孔刀具及其选择

钻孔刀具较多，有普通麻花钻、可转位浅孔钻、喷吸钻及扁钻等。应根据工件材料、加工尺寸及加工质量要求等合理选用。

　　在数控镗铣床上钻孔，普通麻花钻应用最广泛，尤其是加工 ϕ30 mm 以下的孔时，以麻花钻为主，如图 2-91 所示。

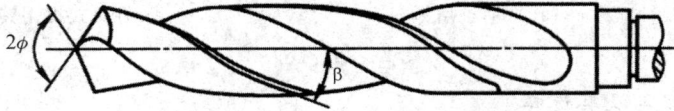

图 2-91　普通麻花钻

　　在数控镗铣床上钻孔，因无钻模导向，受两种切削刃上切削力不对称的影响，容易引起钻孔偏斜。为保证孔的位置精度，在钻孔前最好先用中心钻钻一中心孔，或用一刚性较好的短钻头钻一窝。

　　中心钻主要用于孔的定位，由于切削部分的直径较小，所以中心钻钻孔时，应选取较高的转速。

　　对深径比大于 5 而小于 100 的深孔，由于加工中散热差、排屑困难、钻杆刚性差，易使刀具损坏和引起孔的轴线偏斜，影响加工精度和生产率，故应选用深孔刀具加工。

　　2）扩孔刀具及其选择

　　扩孔多采用扩孔钻，也有用立铣刀或镗刀扩孔。扩孔钻可用来扩大孔径，提高孔加工精度。用扩孔钻使扩孔精度可达 IT11～IT10 级，表面粗糙度值可达 Ra6.3～3.2 μm。扩孔钻与麻花钻相似，但齿数较多，一般为 3～4 个齿。扩孔钻加工余量小，主切削刃较短，无需延伸到中心，无横刃，加之齿数较多，可选择较大的切削用量。图 2-92 所示为整体式扩孔钻和套式扩孔钻。

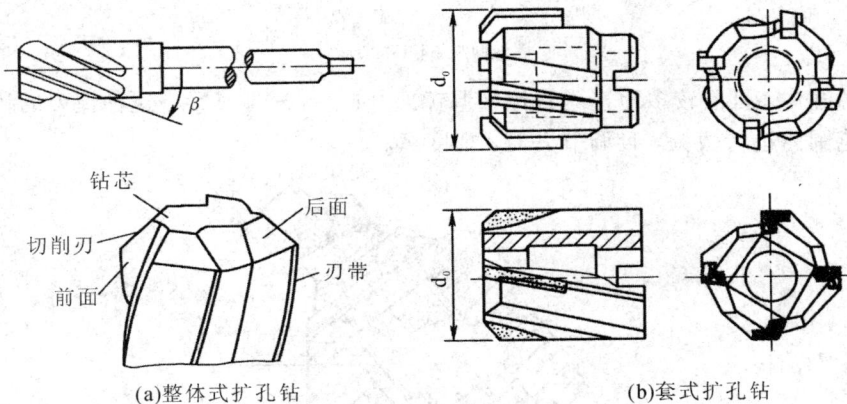

(a)整体式扩孔钻　　　　　　　　　　　(b)套式扩孔钻

图 2-92　扩孔钻

　　3）铰孔刀具及其选择

　　铰孔加工精度一般可达 IT9～IT8 级，孔的表面粗糙度值可达 Ra1.6～0.8 μm，可用于孔的精加工，也可用于磨孔或研孔前的预加工。铰孔只能提高孔的尺寸精度、形状精度和减小表面粗糙度值，而不能提高孔的位置精度。因此，对于精度要求高的孔，在铰削前应先进行减少和消除位置误差的预加工，才能保证铰孔质量。

　　图 2-93 所示为直柄机用铰刀和套式机用铰刀。

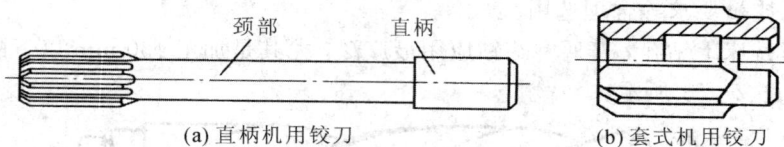

(a) 直柄机用铰刀　　　　　　　　　(b) 套式机用铰刀

图 2-93　铰刀

4）镗孔加工刀具及其选择

镗孔是数控镗铣床上的主要加工内容之一，它能精确地保证孔系的尺寸精度和形位精度，并纠正上道工序的误差。在数控镗铣床上进行镗孔加工时通常采用悬臂方式，因此要求镗刀有足够的刚性和较好的精度。镗孔加工精度一般可达 IT7～IT6 级，表面粗糙度值可达 Ra6.3～0.8 μm。为适应不同的切削条件，镗刀有多种类型。按镗刀的切削刃数量可分为单刃镗刀（见图 2-94(a)）和双刃镗刀（见图 2-94(b)）。

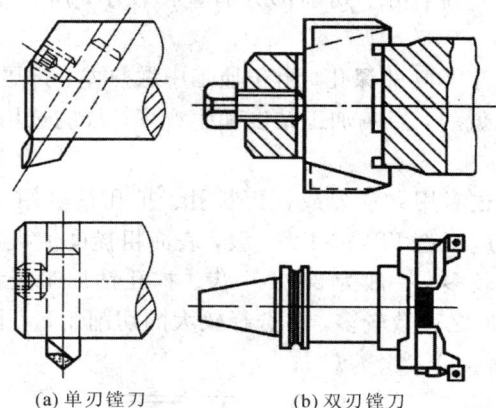

(a) 单刃镗刀　　　　　　　　　(b) 双刃镗刀

图 2-94　镗刀

在精镗孔中，目前较多地选用精镗微调镗刀，如图 2-95 所示。这种镗刀的径向尺寸可以在一定范围内进行微调，且调节方便，精度高。

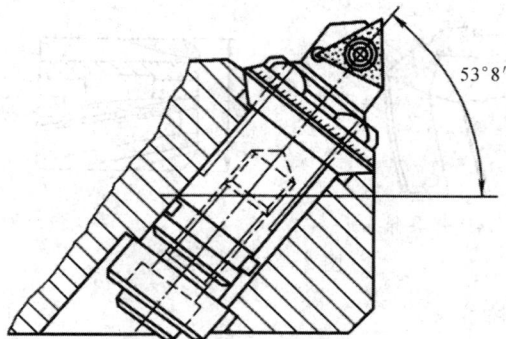

图 2-95　微调镗刀

3. 孔加工的切削参数及加工余量

1）孔加工的切削参数

表 2-14～表 2-17 中列出了部分孔加工的切削用量，供选择时参考。

表 2-14　高速钢钻头加工钢件的切削用量

钻头直径	切削用量 / 材料强度	$\delta_b = 520\sim700$ MPa (35、45 钢)		$\delta_b = 700\sim900$ MPa (15Cr、20Cr)		$\delta_b = 1000\sim1100$ MPa (合金钢)	
		v_c/(m/min)	f/(mm/r)	v_c/(m/min)	f/(mm/r)	v_c/(m/min)	f/(mm/r)
1~6		8~25	0.05~0.1	12~30	0.05~0.1	8~15	0.03~0.08
6~12		8~25	0.1~0.2	12~30	0.1~0.2	8~15	0.08~0.15
12~22		8~25	0.2~0.3	12~30	0.2~0.3	8~15	0.15~0.25
22~50		8~25	0.3~0.45	12~30	0.3~0.54	8~15	0.25~0.35

表 2-15　高速钢钻头加工铸铁的切削用量

钻头直径	切削用量 / 材料强度	160~200 HBS		200~400 HBS		300~400 HBS	
		v_c/(m/min)	f/(mm/r)	v_c/(m/min)	f/(mm/r)	v_c/(m/min)	f/(mm/r)
1~6		16~24	0.07~0.12	10~18	0.05~0.1	5~12	0.03~0.08
6~12		16~24	0.12~0.2	10~18	0.1~0.18	5~12	0.08~0.15
12~22		16~24	0.2~0.4	10~18	0.18~0.25	5~12	0.15~0.2
22~50		16~24	0.4~0.8	10~18	0.25~0.4	5~12	0.2~0.3

表 2-16　高速钢铰刀铰孔的切削用量

铰刀直径	切削用量 / 工件材料	铸铁		钢及合金钢		铝铜及其合金	
		v_c/(m/min)	f/(mm/r)	v_c/(m/min)	f/(mm/r)	v_c/(m/min)	f/(mm/r)
6~10		2~6	0.3~0.5	1.2~5	0.3~0.4	8~12	0.3~0.5
10~15		2~6	0.5~1	1.2~5	0.4~0.5	8~12	0.5~1
15~25		2~6	0.8~1.5	1.2~5	0.5~0.6	8~12	0.8~1.5
25~40		2~6	0.8~1.5	1.2~5	0.4~0.6	8~12	0.8~1.5
40~60		2~6	1.2~1.8	1.2~5	0.5~0.6	8~12	1.5~2

表 2-17　镗孔切削用量

工序	切削用量 / 刀具材料 / 工件材料	铸铁		钢及合金钢		铝及其合金	
		v_c/(m/min)	f/(mm/r)	v_c/(m/min)	f/(mm/r)	v_c/(m/min)	f/(mm/r)
粗加工	高速钢 合金	20~25 35~50	0.4~0.45	15~30 50~70	0.35~0.7	100~150 100~250	0.5~1.5
半精 加工	高速钢 合金	20~35 50~70	0.15~0.45	15~50 95~135	0.15~0.45	100~200	0.2~0.5
精加工	高速钢 合金	70~90	D1 级<0.08 D 级 0.12~0.15	100~135	0.02~0.15	150~400	0.06~0.1

2) 孔加工的加工余量

表2-18中列出在实体材料上的孔加工方式及加工余量，供选择时参考。

表2-18　在实体材料上的孔加工方式及加工余量

加工孔的直径	直　径							
	钻		粗加工		半精加工		精加工（H7、H8）	
	第一次	第二次	粗镗	扩孔	粗铰	半精镗	精铰	精镗
3	2.9	—	—	—	—	—	3	—
4	3.9	—	—	—	—	—	4	—
5	4.8	—	—	—	—	—	5	—
6	5.0	—	—	5.85	—	—	6	—
8	7.0	—	—	7.85	—	—	8	—
10	9.0	—	—	9.85	—	—	10	—
12	11.0	—	—	11.85	11.95	—	12	—
13	12.0	—	—	12.85	12.95	—	13	—
14	13.0	—	—	13.85	13.95	—	14	—
15	14.0	—	—	14.85	14.95	—	15	—
16	15.0	—	—	15.85	15.95	—	16	—
18	17.0	—	—	17.85	17.95	—	18	—
20	18.0	—	19.8	19.8	19.95	19.90	20	20
22	20.0	—	21.8	21.8	21.95	21.90	22	22
24	22.0	—	23.8	23.8	23.95	23.90	24	24
25	23.0	—	24.8	24.8	24.95	24.90	25	25
26	24.0	—	25.8	25.8	25.95	25.90	26	26
28	26.0	—	27.8	27.8	27.95	27.90	28	28
30	15.0	28.0	29.8	29.8	29.95	29.90	30	30
32	15.0	30.0	31.7	31.75	31.93	31.90	32	32
35	20.0	33.0	34.7	34.75	34.93	34.90	35	35
38	20.0	36.0	37.7	37.75	37.93	37.90	38	38
40	25.0	38.0	39.7	39.75	39.93	39.90	40	40
42	25.0	40.0	41.7	41.75	41.93	41.90	42	42
45	30.0	43.0	44.7	44.75	44.93	44.90	45	45
48	36.0	46.0	47.7	47.75	47.93	47.90	48	48
50	36.0	48.0	49.7	49.75	49.93	49.90	50	50

4. 攻螺纹的加工工艺

1) 底孔直径的确定

攻螺纹之前要先打底孔，底孔直径的确定方法如下。

对于钢和塑性大的材料：

$$D_孔 = D - P$$

对于铸铁和塑性小的材料：

$$D_孔 = D - (1.05 \sim 1.1)P$$

式中：$D_孔$——螺纹底孔直径，单位为 mm；

  D——螺纹大径，单位为 mm；

  P——螺距，单位为 mm。

2）盲孔螺纹底孔深度

盲孔螺纹底孔深度的计算方法如下：

$$盲孔螺纹底孔深度 = 螺纹孔深度 + 0.7d$$

式中，d 为钻头的直径，单位为 mm。

3）攻螺纹刀具

丝锥是数控机床加工内螺纹的一种常用刀具，其基本结构是一个轴向开槽的外螺纹。一般将丝锥的容屑槽制成直的，也有的做成螺旋形，螺旋形容易排屑。加工右旋通孔螺纹时，选用左旋丝锥；加工右旋不通孔螺纹时，选用右旋丝锥，如图 2-96 所示。

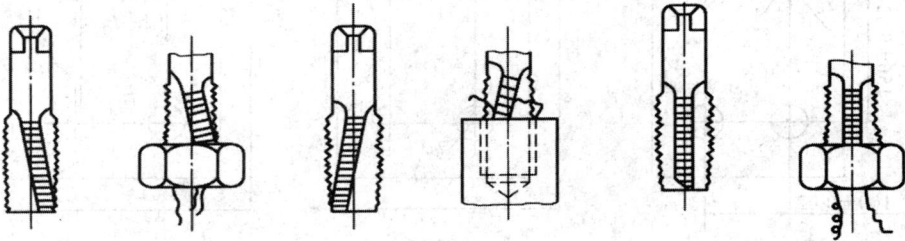

图 2-96　丝锥

5. 孔加工的路线安排

1）孔加工导入量与超越量

孔加工导入量（图 2-97 中的 ΔZ）是指在孔加工过程中，刀具自快进转为工进时，刀尖点位置与孔上表面间的距离。孔加工导入量可参照表 2-19 选取。

表 2-19　孔加工导入量

表面状态 加工方法	已加工表面/mm	毛坯表面/mm
钻孔	2～3	5～8
扩孔	3～5	5～8
镗孔	3～5	5～8
铰孔	3～5	5～8
铣削	3～5	5～8
攻螺纹	5～10	5～10

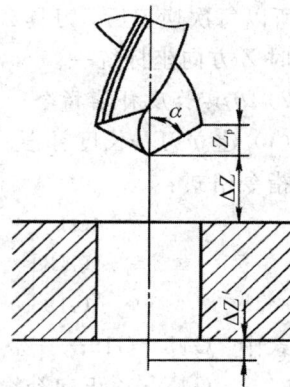

图 2-97　孔加工导入量与超越量

孔加工超越量（图 2-97 中的 $\Delta Z'$）是指刀具切削进给，加工到孔后，根据刀具情况所考虑的切出距离。当钻通孔时，超越量通常取 $Z_p + (1 \sim 3)$ mm，Z_p 为钻尖高度（通常取 0.3 倍钻头直径)；铰通孔时，超越量通常取 3～5 mm；镗通孔时，超越量通常取 1～3 mm；攻螺纹时，超越量通常取 5～8 mm。

2）相互位置精度高的孔系的加工路线

对于位置精度要求较高的孔系加工，特别要注意孔的加工顺序的安排，避免将坐标轴的反向间隙带入，影响位置精度。

例 2.6.1 镗削如图 2-98(a)所示零件上的 4 个孔。

若按图 2-98(b)所示的进给路线加工，由于孔 4 与孔 1、孔 2、孔 3 的定位方向相反，Y 向反向间隙会使定位误差增加，从而影响孔 4 与其他孔的位置精度。按图 2-98(c)所示的进给路线，加工完孔 3 后往上移动一段距离至 P 点，然后再折回来在孔 4 处进行定位加工，这样方向一致，就可避免反向间隙的引入，从而提高孔 4 的定位精度。

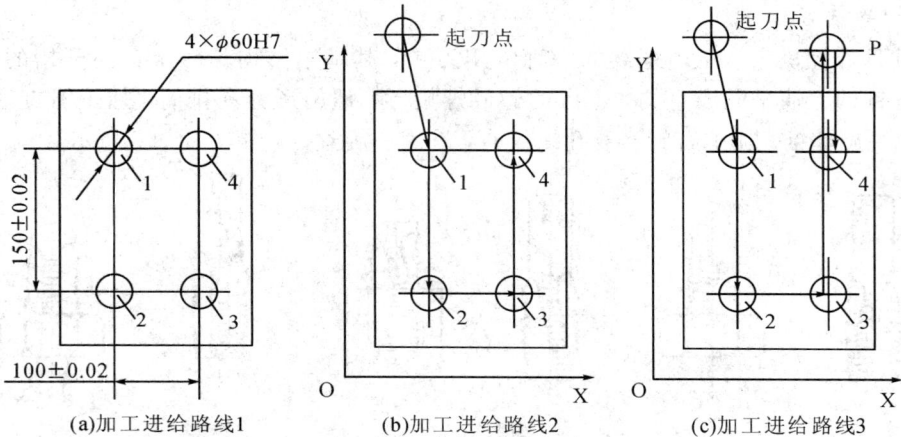

图 2-98　孔加工进给路线

6. 编程指令

1）刀具长度补偿功能

通常在数控铣床(加工中心)上加工一个零件要使用多把刀具，由于每把刀具长度不同，所以每次换刀后，刀具 Z 方向移动时，需要对刀具进行长度补偿，让不同长度的刀具在编程时 Z 方向坐标统一。

2）刀具长度补偿指令

(1) 建立刀具长度补偿。

指令格式：

$$\begin{Bmatrix} G17 \\ G18 \\ G19 \end{Bmatrix} \begin{Bmatrix} G43 \\ G44 \end{Bmatrix} \begin{Bmatrix} G00 \\ G01 \end{Bmatrix} X\_\_\quad Y\_\_\quad Z\_\_\quad H\_\_;$$

式中：G17～G19——坐标平面选择指令；

G43——正向补偿，如图 2-99(a)所示，即把编程的 Z 值加上 H 代码指定的偏值寄存器中预设的数值后作为 CNC 实际执行的 Z 坐标移动值；

G44——负向补偿，如图 2-99(b)所示，即将编程的 Z 值减去 H 代码指定的偏值寄存器中预设的数值后作为 CNC 实际执行的 Z 坐标移动值；

X、Y、Z——建立刀具长度补偿时目标点的坐标；

H——刀具长度补偿号。

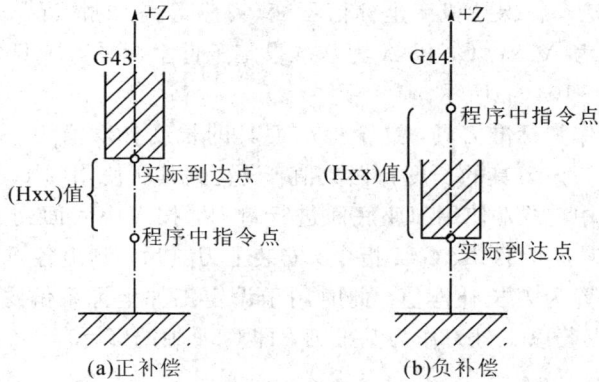

(a)正补偿   (b)负补偿

图 2-99　刀具长度补偿

（2）取消长度补偿。

指令格式：G49 或 H00；

G49 是取消 G43（G44）指令的。在实际加工中可以不使用这个指令，因为每把刀具都有自己的长度补偿，当换刀时，利用 G43（G44）H 指令赋予了自己的刀长补偿而自动取消了前一把刀具的长度补偿。

H00 里的值永远为零，即补偿为零，故达到取消长度补偿的效果。

例 2.6.2　如图 2-100 所示的零件，O 为编程原点，刀具在 O 点，设（H02）=60 mm，其程序如下。

设（H02）=200 mm 时：

N1 G92 X0 Y0 Z0	设定当前点 O 为程序零点
N2 G90 G00 G44 Z10.0 H02	指定点 A，实到点 B
N3 G01 Z−20.0	实到点 C
N4 Z10.0	实际返回点 B
N5 G00 G49 Z0	实际返回点 O

… …

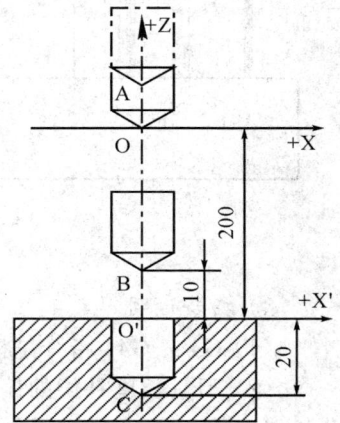

设（H02）=−200 mm 时，将程序中的 G44 改为 G43。

N1 G92 X0 Y0 Z0

N2 G90 G00 G43 Z10.0 H02

N3 G91 G01 Z−30.0

N4 Z30.0

N5 G00 G49 Z−10.0

… …

图 2-100　长度补偿实例

从上述程序例中可以看出，使用 G43、G44 相当于平移了 Z 轴原点，即将坐标原点 O 平移到了 O′点处，后续程序中的 Z 坐标均相对于 O′进行计算。使用 G49 时则又将 Z 轴原点平移回到了 O 点。同样的，也可采用 G43…H00 或 G44…H00 来替代 G49 的取消刀具长度补偿功能。

3）基准对刀刀具长度补偿的设定

刀具长度补偿值和 G54 中的 Z 值有关。将多把刀具中最长或最短的刀具作为基准刀具，用 Z 向设定器对刀。在保持机床坐标值不变（刀座等高）的情况下，若分别测得各刀具到工件基准面的距离为 A、B、C，以 A 为基准设定工件坐标系，则 H01＝0，H02＝A－B，H03＝A－C。如图 2-101(a)所示。

以其中一把长刀作为标准刀具，这个标准刀具的长度补偿值为 0，实际刀具长度与标准刀具长度的差值作为该刀具的长度补偿数值，设置到其所使用的 H 代码地址内。

在实际生产加工中，常常使用刀座底面进行对刀，按刀座底面到工件基准面的距离设定工件坐标系；编程时加上 G43、G44 指令；安装上刀具后，测出各刀尖相对于刀座底面的距离，将测量结果设置为刀长补偿值。此时用于设定工件坐标系偏置的 G54 的 Z 值为 0，如图 2-101(b)所示，若以 1 号刀作为基准刀，即 G54 中的 Z＝0，H01＝－A，H02＝－B，H03＝－C。

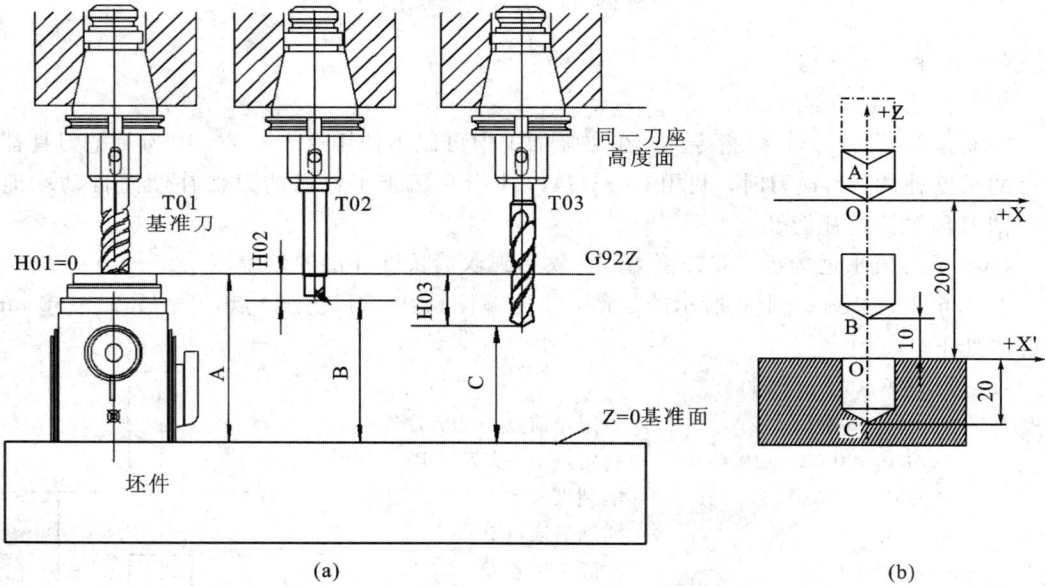

(a)   (b)

图 2-101　基准刀对刀时刀长补偿的设定

4）指令说明

（1）G43、G44 指令是模态指令。

（2）刀具长度补偿的偏置轴为垂直于 G17、G18 或 G19 指定平面的轴。

（3）H00～H99 为刀具补偿号，H00 意味着取消刀具补偿。刀具补偿值在加工或试运行之前须设定在补偿存储器中。

7. 固定循环指令

数控加工中，某些加工动作循环已经典型化了。例如，钻孔、镗孔的动作包括孔位平面定位、快速引进、工作进给、快速退回等，这样一系列典型的加工动作已经预先编好程序，存储在内存中，可用包含 G 代码的一个程序段调用，从而简化编程工作。这种包含了典型动作循环的 G 代码称为循环指令。

1）孔加工固定循环动作

孔加工固定循环由 6 个顺序的动作组成，如图 2-102 所示。

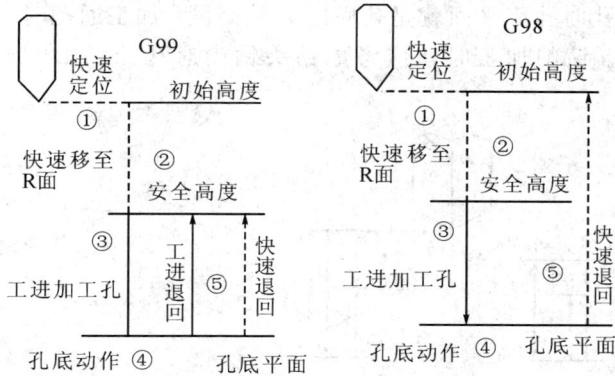

图 2-102　固定循环动作组成

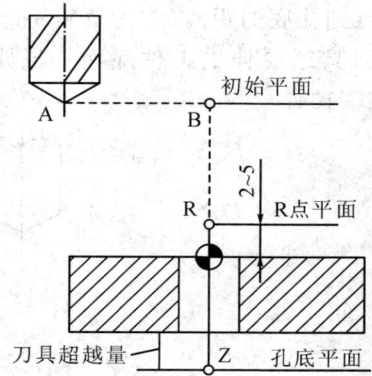

图 2-103　固定循环安全平面

（1）动作 1——图 2-102 中①段，刀具在安全平面高度，在定位平面内快速定位。

（2）动作 2——图 2-102 中②段，快进至 R 平面。

（3）动作 3——图 2-102 中③段，孔加工。

（4）动作 4——图 2-102 中④段，孔底动作（如进给暂停、主轴停止、主轴准停、刀具偏移等）。

（5）动作 5——图 2-102 中⑤段，退回到 R 平面。

（6）动作 6——退回到初始平面。

2）固定循环的平面

固定循环的平面如图 2-103 所示。

（1）初始平面。初始平面是为安全下刀而规定的一个平面。初始平面可以设定在任意一个安全高度上。当使用同一把刀具加工多个孔时，刀具在初始平面内的任意移动将不会与夹具、工件凸台等发生干涉。

（2）R 点平面。R 点平面又称为 R 参考平面。这个平面是刀具下刀时，自快进转为工进的高度平面，距工件表面的距离主要考虑工件表面的尺寸变化，一般情况下取 2～5 mm。

（3）孔底平面。加工不通孔时，孔底平面就是孔底的 Z 轴高度。而加工通孔时，除要考虑孔底平面的位置外，还要考虑刀具的超越量，以保证所有孔深都加工到要求尺寸。

3）孔加工固定循环指令

（1）指令格式：G90/G91 G98/G99 G73～G89 X__ Y__ Z__ R__ P__ Q__ K__ F__ L__；

对孔加工固定循环指令的执行有影响的指令主要有：G90/G91，G98/G99。

（2）G98/G99 决定固定循环在孔加工完成后返回 R 点还是起始点；在 G99 模态下则返回 R 点。一般地，如果被加工的孔在一个平整的平面上，则可以使用 G99 指令，因为 G99 模态下返回 R 点进行下一个孔的定位，而一般编程中 R 点非常靠近工件表面，这样可以缩短零件的加工时间，但如果工件表面有高于被加工孔的凸台或筋时，使用 G99 时非常有可能使刀具和工件发生碰撞。这时，就应该使用 G98，使 Z 轴返回初始点后再进行下一个孔的定位，这样比较安全。

（3）G90 和 G91 时 Z 和 R 的变化情况：G90 时，Z 为孔底数据，G91 时，孔底坐标 Z 为 R 点到孔底的距离（常为负），加工盲孔时孔底平面就是孔底的 Z 轴高度；加工通孔时，一般刀具还要伸出工件底面一段距离。钻削加工时还应考虑钻头钻尖对孔深的影响，见图 2－104。

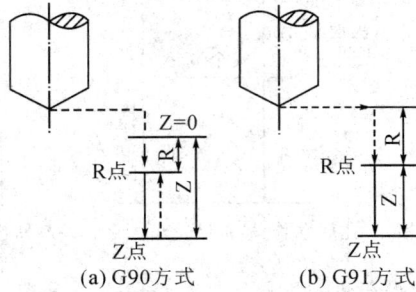

(a) G90方式　　　(b) G91方式

图 2－104　G90 与 G91 方式

G90 时，R 为安全平面的坐标，G91 时，R 为初始点到 R 面的距离（常为负），见图 2－104。

4）具体孔加工固定循环指令

孔加工固定循环指令如表 2－20 所示，下面对其中的部分指令加以介绍。

表 2－20　孔加工固定循环指令

G 代码	加工运动（Z 轴负向）	孔底动作	返回运动（Z 轴正向）	应用
G73	间歇进给	—	快速移动	高速深孔钻循环
G74	切削进给	主轴停止→主轴正转	切削进给	攻左螺纹循环
G76	切削进给	主轴定向停止	快速移动	精镗孔循环
G80	—	—	—	固定循环取消
G81	切削进给	—	快速移动	钻孔循环
G82	切削进给	暂停	快速移动	沉孔钻孔循环
G83	间歇进给	—	快速移动	深孔钻循环
G84	切削进给	主轴停止→主轴反转	切削进给	攻右螺纹循环
G85	切削进给	—	切削进给	铰孔循环
G86	切削进给	主轴停止	快速移动	镗孔循环
G87	切削进给	主轴停止	快速移动	背镗孔循环
G88	切削进给	暂停→主轴停止	手动操作	镗孔循环
G89	切削进给	暂停	切削进给	镗孔循环

（1）钻孔循环指令 G81。

指令格式：G81 X ＿ Y ＿ Z ＿ R ＿ F ＿；

说明：孔加工动作如图 2－105 所示，该指令一般用于加工孔深小于 5 倍直径的孔。

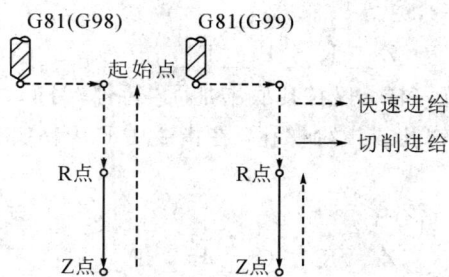

图 2-105 孔加工动作

例 2.6.3 如图 2-106 所示的零件，在板料上加工孔，板厚 20 mm，要求用 G81 编程，选用 φ10 mm 钻头。

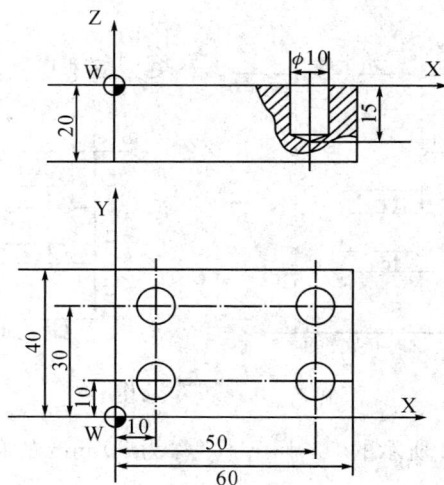

图 2-106 G81 编程实例

参考程序：

选用刀具（φ10 钻头）

```
%1234
N04 G90G54 G00 X0.Y0.Z30.M08
N06 S1000 M03；
N08 G81 G99 X10.Y10.Z-15.R5 F20；        在(10,10)位置钻孔，孔的深度为-10 mm，参考
                                        平面高度为5 mm，钻孔加工循环结束后返回参
                                        考平面
N10 X50；                               在(50,10)位置钻孔
N12 Y30；                               在(50,30)位置钻孔
N14 X10；                               在(10,30)位置钻孔
N16 G80；                               取消钻孔循环
N18 G00 Z30
N20 M30
```

（2）沉孔钻孔循环指令 G82。

指令格式：G82 X＿ Y＿ Z＿ R＿ P＿ F＿；

说明：与 G81 动作轨迹一样，仅在孔底增加了"暂停"时间，因而可以得到准确的孔深尺寸，表面更光滑，适用于锪孔或镗阶梯孔，在指令中 P 为钻头在孔底的暂停时间，单位为 ms(毫秒)。

（3）高速深孔啄钻循环指令 G73。

指令格式：G73 X＿ Y＿ Z＿ R＿ Q＿ K＿ P＿；

说明：孔加工动作如图 2-107 所示。在指令中，孔深大于 5 倍直径的孔每次进给的深度由 Q 指定(一般 2～3 mm)，最后一次进给深度小于等于 Q，退刀量为 d，且每次工作进给后都快速退回一段距离 d。这种加工方法，通过 Z 轴的间断进给可以比较容易地实现断屑与排屑。

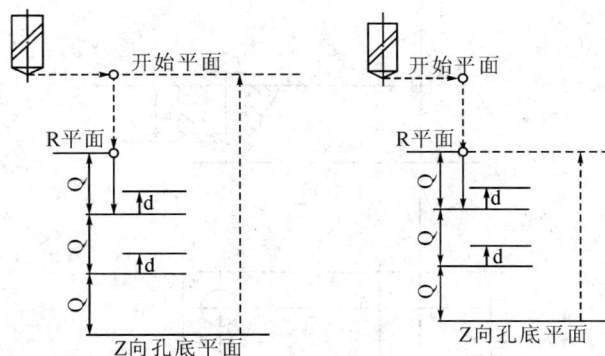

图 2-107　G73 动作

例 2.6.4　对图 2-108 所示的 5×φ8 mm、深为 50 mm 的孔进行加工。

参考程序：

%1234

N10 G54 G90 G1 Z60 F2000

N20 M03 S600

N30 G98 G73 X0 Y0 Z-50 R30 Q5 F50

N40 X40

N50 Y40

N60 X-40 Y0

N70 X0 Y-40

N80 G01 Z60 F2000

N90 M05

N100 M30

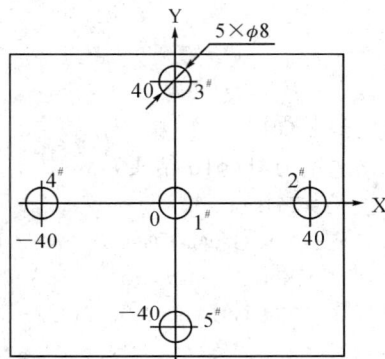

图 2-108　G73 编程实例

（4）深孔啄钻循环指令 G83。

指令格式：G83 X＿ Y＿ Z＿ R＿ Q＿ F＿；

说明：孔加工动作如图 2-109 所示，本指令适用于加工较深的孔，与 G73 不同的是每次刀具间歇进给后退至 R 点，可把切屑带出孔外，以免切屑将钻槽塞满而增加钻削阻力及切削液无法到达切削区。图中的 d 值由参数设定，当重复进给时，刀具快速下降，到 d 规定的距离时转为切削进给，q 为每次进给的深度。

G83 与 G73 的区别在于：G83 每次进给 Q 后，退至 R 平面；而 G73 每次进给 Q 后，向上退 d 的距离，相比之下，G83 适合更深的孔加工。

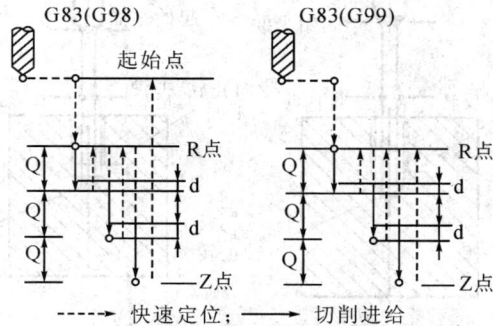

图 2 - 109　G83 动作

（5）攻左旋螺纹循环指令 G74。

指令格式：G74 X ＿ Y ＿ Z ＿ R ＿ F ＿ ；

说明：加工动作如图 2 - 110 所示。此指令用于攻左旋螺纹，故需先使主轴反转，再执行 G74 指令，刀具先快速定位至 X、Y 所指定的坐标位置，再快速定位到 R 点，接着以 F 所指定的进给速度攻螺纹至 Z 点，主轴转换为正转且同时向 Z 轴正方向退回至 R，退至 R 点后主轴恢复原来的反转。

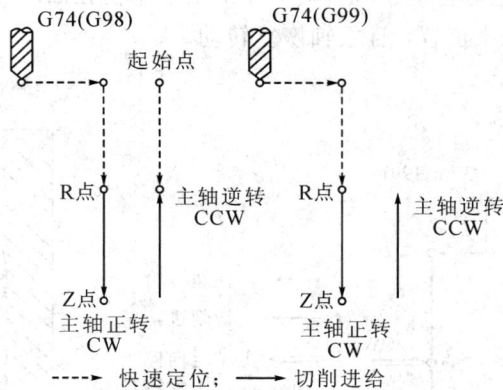

图 2 - 110　G74 动作

（6）攻右旋螺纹循环指令 G84。

指令格式：G84 X ＿ Y ＿ Z ＿ R ＿ F ＿ ；

说明：与 G74 类似，但主轴旋转方向相反，用于攻右旋螺纹，其循环动作如图 2 - 111 所示。在 G74、G84 攻螺纹循环指令执行过程中，操作面板上的进给率调整旋钮无效，另外，即使按下进给暂停键，循环在回复动作结束之前也不会停止。攻螺纹过程要求主轴转速 S 与进给速度 F 成严格的比例关系，进给速度 F＝主轴转速 S×螺纹螺距 R，R 应选在距工件表面 7 mm 以上的地方。G84 指令中进给倍率不起作用，进给保持只能在返回动作结束后执行。

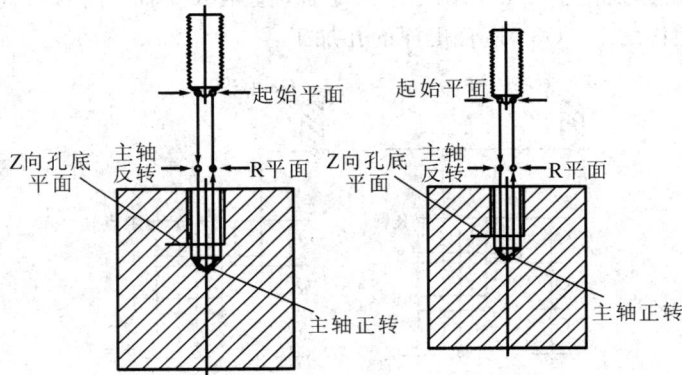

图 2-111　G84 动作

（7）精镗孔循环指令 G76。

指令格式：G76 X__ Y__ Z__ R__ Q__ P__ F__;

说明：孔加工动作如图 2-112 所示。图中 OSS 表示主轴准停，Q 表示刀具移动量。采用这种方式镗孔可以保证提刀时不至于划伤内孔表面。执行 G76 指令时，镗刀先快速定位至 X、Y 坐标点，再快速定位到 R 点，接着以 F 指定的进给速度镗孔至 Z 指定的深度后，主轴定向停止，使刀尖指向一固定的方向后，镗刀中心偏移使刀尖离开加工孔面（见图 2-113），这样镗刀以快速定位退出孔外时，才不至于刮伤孔面。当镗刀退回到 R 点或起始点时，刀具中心即恢复原来位置，且主轴恢复转动。

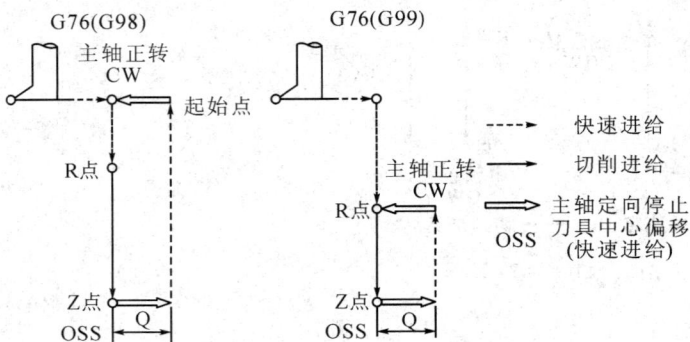

图 2-112　G76 动作

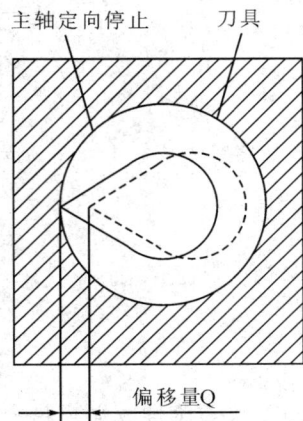

图 2-113　主轴定向停止与偏移

应注意偏移量 Q 值一定是正值，且 Q 不可用小数点方式表示数值，如欲偏移 1.0 mm，应写成 Q1000。偏移方向可用参数设定选择＋X、＋Y、－X 及－Y 的任何一个方向，一般设定为＋X 方向。指定 Q 值时不能太大，以避免碰撞工件。

（8）铰孔循环指令 G85。

指令格式：G85 X ＿ Y ＿ Z ＿ R ＿ F ＿ ；

说明：孔加工动作与 G81 类似，但返回行程中，从 Z 到 R 为切削进给，以保证孔壁光滑，其循环动作如图 2-113 所示。此指令适宜铰孔。

（9）镗孔循环指令 G86。

指令格式：G86 X ＿ Y ＿ Z ＿ R ＿ F ＿ ；

说明：指令的格式与 G81 完全类似，但进给到孔底后，主轴停止，返回到 R 点（G99）或起始点（G98）后主轴再重新启动，其循环动作如图 2-114 所示。采用这种方式加工，如果连续加工的孔间距较小，则可能出现刀具已经定位到下一个孔加工的位置而主轴尚未到达规定转速的情况，为此可以在各孔动作之间加入暂停指令 G04，以便主轴获得规定的转速。使用固定循环指令 G74 与 G84 时也有类似的情况，同样应注意避免。本指令属于一般孔镗削加工固定循环。

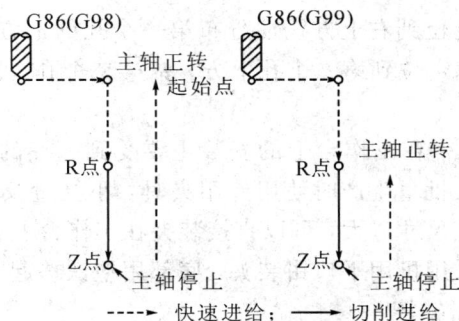

图 2-114 G86 动作

（10）取消固定循环指令 G80。

指令格式：G80；

当固定循环指令不再使用时，应用 G80 指令取消固定循环，而恢复到一般基本指令状态（如 G00、G01、G02、G03 等），此时固定循环指令中的孔加工数据（如 Z 点、R 点值等）也被取消。

5）应用固定循环指令时应注意的问题

（1）指定固定循环之前，必须用辅助功能（M 指令）使主轴旋转。

（2）G73～G89 是模态指令，一旦指定将一直有效。

（3）由于固定循环是模态指令，因此，在固定循环有效期间，如果 X、Y、Z、R 中的任意一个被改变，就要进行一次孔加工。

（4）固定循环程序段中，如在不需要指令的固定循环下指令孔加工数据 Q、P，它只作为模态数据进行存储，而无实际动作产生。

（5）使用具有主轴自动启动的固定循环（G74、G84、G86）时，如果孔的 XY 平面定位距离较短，或从初始点平面到 R 平面的距离较短，且需要连续加工，为了防止在进入孔加工动作时主轴不能达到指定的转速，应使用 G04 暂停指令进行延时。

（6）在固定循环中，刀具半径补偿（G41，G42）无效。刀具长度补偿（G43，G44）有效。

（7）可用 01 组 G 代码取消固定循环，当 01 组 G 代码，如 G00、G01、G02、G03 等与固定循环指令出现在同一程序段时，按后出现的指令执行。

三、任务设计

1. 分析零件图样

该工件材料为 45 钢，切削性能较好，孔直径尺寸精度要求不高，可以一次完成钻削加工，孔位置没有特别要求，可以按照图纸的基本尺寸进行编程；环形分布孔为盲孔，在孔底部应使刀具停留一段时间；由于孔的深度较深，应使刀具在钻削过程中适当退刀，以利于排出切削。

2. 工艺分析

（1）加工方案的确定。工件上要求加工 28 个孔，先钻削环形分布的 8 个孔，钻完第一个孔后刀具退到孔上方 3 mm 处，再快速定位到第二个孔上方，钻削第二个孔，直到 8 个孔全钻完。然后将刀具快速定位到右上方线性分布第一个孔的上方，钻完第一个孔后退到这个孔上方 3 mm 处，再快速定位到第二个孔上方，钻第二个孔，直到 20 个孔全钻完。钻削用刀具为 φ4 mm 麻花钻。

（2）确定装夹方案。工件在工作台上的安装主要受到毛坯的尺寸和形状、生产批量的大小等因素的影响，一般大批量生产时使用专用夹具，小批量及单件生产时使用通用夹具（如机用虎钳等），如果毛坯尺寸过大，可以直接装夹在工作台上。由任务内容可知，外轮廓及上下面均不加工，直接采用机用平口钳装夹，底部用垫铁垫起，注意要让出通孔的位置，防止钻削通孔时将机用虎钳钻坏。

（3）确定加工工艺。切削用量主要由主轴转速 S、进给速度 F 和吃刀量确定，可以通过计算得到，也可以通过查阅相关金属切削手册或根据经验获得，本次切削用量及加工工艺见表 2-21。

表 2-21 数控加工工序卡

数控加工工艺卡片			产品名称	零件名称	材料 45 钢	零件图号	
工序 号	程序编号	夹具名称	夹具编号	使用设备		车 间	
		虎钳					
工步号	工步内容		刀具号	主轴转速 /(r/min)	进给速度 /(mm/min)	背吃刀量 /mm	侧吃刀量 /mm	备注
1	钻 6×φ10 孔		T1	1000	40			

（4）刀具及切削参数的确定。刀具及切削参数见表 2-22。

表 2-22　数控加工刀具卡

数控加工 刀具卡片	工 序 号		程序编号	产品名称		零件名称		材料		零件图号
								45		

序 号	刀具 号	刀具名称	刀具规格/mm		补偿值/mm		刀补号		备注
			直径	长度	半径	长度	半径	长度	
1	T1	麻花钻	φ4	实测				H01	高速钢

3. 零件加工

（1）工件坐标系的建立。工件坐标系确定得是否合适，对编程和加工是否方便有十分重要的影响，一般将工件坐标系的原点选在工件的一个重要基点上，如果要加工部分的形状关于某一点对称，则一般将对称点设为工件坐标系原点。如果工件的尺寸在图纸上是以坐标来标注的，则一般以图纸的零点作为工件坐标系的原点。以图 2-90 的上表面中心作为 G54 工件坐标系原点。

（2）基点坐标计算（略）。

（3）参考程序。执行程序前，已完成对刀，确定了各把刀的长度补偿值。参考程序见表 2-23。

表 2-23　参 考 程 序

程 　 序	说 　 明
%123	建立程序名
N1 G91 G28 Z0	回换刀点
N3 T1 M06	选刀，换刀
N5 G90 G54 G00 X0 Y0	建立工件坐标系，设计起刀点
N7 S1000 M03	主轴正转
N9 G43 Z50 H01 M08	建立刀具长度补偿，开冷却液
N11 G99 G82 X18 Y0 Z−10 R3 P2 F40	钻孔环形孔 1，回到 R 平面
N13 X12.728	钻孔环形孔 2，回到 R 平面
N15 X0 Y18	钻孔环形孔 3，回到 R 平面
N17 X−12.728 Y12.728	钻孔环形孔 4，回到 R 平面
N18 X0 Y−18	钻孔环形孔 5，回到 R 平面
N19 X−12.728 Y−12.728	钻孔环形孔 6，回到 R 平面
N21 X0 Y−18	钻孔环形孔 7，回到 R 平面
N23 G98 X12.728 Y−12.728	钻孔环形孔 8，回到初始平面
N25 G80	取消固定循环指令
N27 G99 G73 X40 Y40 Z−22 R−2 Q4 F40	第二次循环第一个孔
N29 X30	以此类推其他位置上的孔

程　　　序	说　　　明
N31 X20	
N33 X10	
N35 X0	
N37 X－10	
N39 X－20	
N41 X－30	
N43 X－40	
N45 Y0	
N47 Y－40	
N49 X－30	
N51 X－20	
N53 X－10	
N55 X0	
N57 X10	
N59 X20	
N61 X30	
N63 X40	
N65 G98 Y0	钻削最后一个孔，返回初始平面
N67 G80	取消固定循环
N69 G49 G00 Z50	取消长度补偿
N71 M05	主轴停
N73 M30	程序结束

也可以用 G91 方式完成孔的加工，具体程序可以自己编写。

四、任务实施

1. 零件仿真加工

（1）开机。

（2）回参考点。

（3）选择刀具。

（4）对刀操作。

（5）输入程序。

（6）仿真加工及调试编辑程序。

（7）仿真结果测量。

（8）记录正确的程序结果。

2. 零件机床加工

（1）开机，回零，调整机床。

（2）对刀，建立工件坐标系。

Z 向对刀，记录下 Z 的坐标值_____；X 向对刀，记录下 X 的坐标值_____；Y 向对刀，记录下 Y 的坐标值_____。

（3）检查工件坐标系。

（4）调出程序，自动加工。

（5）记录加工中遇到的问题。

五、反馈评价

学生以小组为单位进行 PPT 汇报，展示作品，反馈在项目进行中各个阶段存在的问题及如何解决此类问题并进行小组自我评价和相互评价，填写小组评价表和个人工作总结。整理相关资料并上交；教师进行项目总结，填写相关评价表，收集整理学生上交的资料，进行存档。项目评价表见表 2－24。

表 2－24　项目 2.6 评价表

任务名称	孔类零件的加工	组员		分值	学员自评	老师评价
知识目标	固定循环指令运用正确			10		
	孔类零件加工工艺选择正确			10		
	零件的仿真加工软件应用正确			10		
	零件程序编制简洁、正确			10		
能力目标	能选择合适的加工工艺			10		
	能运用数控仿真软件完成孔类零件的仿真加工			10		
	能运用实际机床完成孔类零件的加工			20		
职业行为	不迟到早退，工作服从规范，按照机床加工步骤进行			5		
	态度认真，积极思考，认真训练，吃苦耐劳			10		
	具有创新意识			5		
综合评价						

六、巩固练习

1. 完成如图 2－115 所示零件的孔加工。

2. 完成如图 2－116 所示零件的孔加工。

3. 完成如图 2－117 所示零件的孔加工。

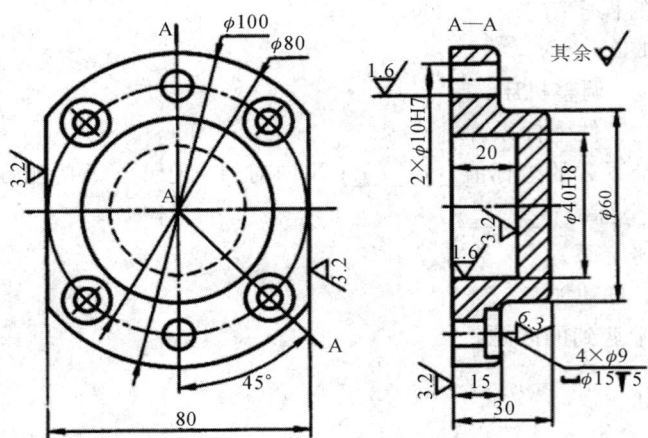

图 2 - 115 零件图 1

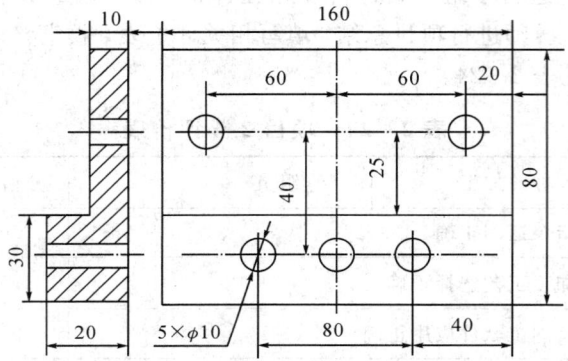

图 2 - 116 零件图 2

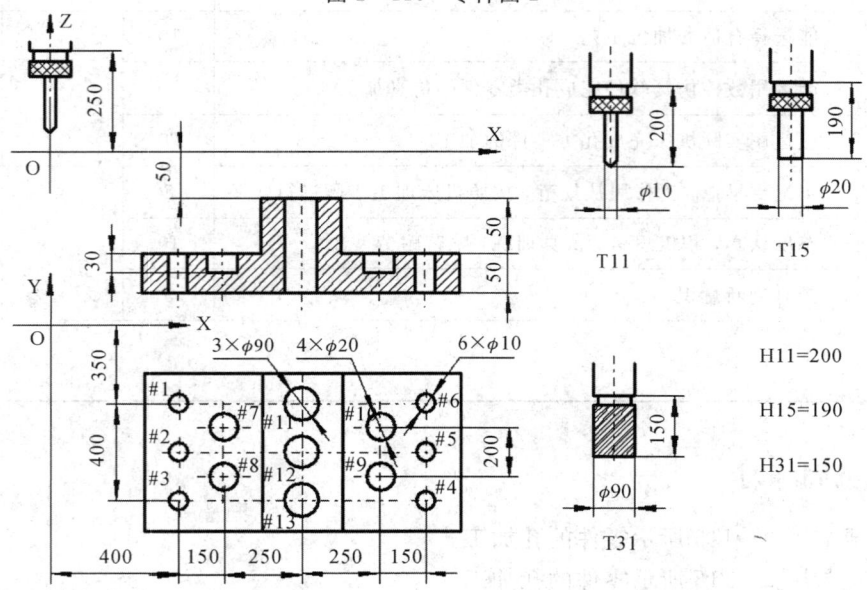

图 2 - 117 零件图 3

项目 2.7 数控雕铣机加工

一、提出任务

利用三维雕刻机完成图 2-118 所示图形的加工，材料为硬塑料，单件生产，毛坯尺寸为 120 mm×110 mm×10 mm。

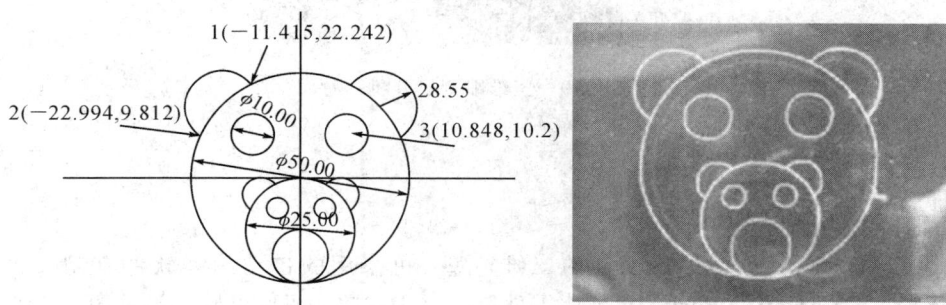

图 2-118 自动编程图形

二、相关知识点

1. 三维雕刻机概述

固高 GE300-SV 雕刻机系统是基于固高公司高性能运动控制器 GE-300-SV 和标准 CNC 系统平台的开放式系统。固高运动控制器应用高速 DSP 芯片实现系统的高性能、高速度和高精度。而 CNC 系统平台提供对标准 NC 程序代码的编译，并最终形成运动控制器的控制指令。

固高 GE300-SV 雕刻机演示系统软件提供 NC 程序代码自动执行，提供连续运动及点动运动两种手动运动模式，加工图像的三维预览，可以实时显示当前坐标、进给速度和当前执行程序段等系统状态，能够实时修改速度倍率及主轴的速率，并提供系统诊断功能，使用户轻松完成对雕刻机的精确控制。

2. 三维雕刻机的操作步骤

三维雕刻机的操作步骤如下。

（1）确认打开开关，见图 2-119。

（2）确认生产线的急停按钮和手持盒的急停按钮未被按下，如果被按下，则顺时针旋转该按钮解除急停信号。

（3）从上位机通过电源模块管理软件对雕刻机上电。

（4）打开三维雕刻机配套工控机。

（5）运行固高网络工艺引擎，点击取消（CAXA 制造工程师、CAD/CAM 等软件）。

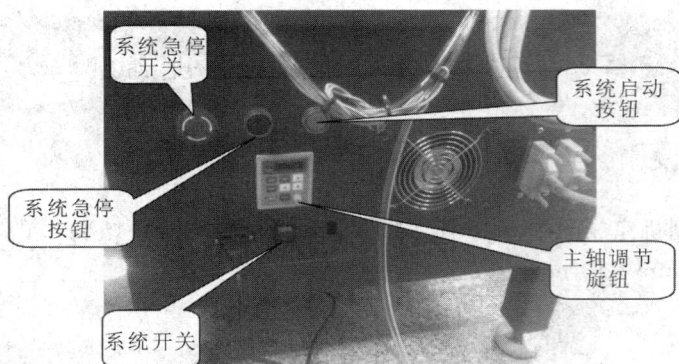

图 2-119　三维雕刻机开机示意图

三、任务设计

1. 零件图的绘制

采用 CAD/CAM 软件进行零件的二维造型，可采用的自动编程软件有制造工程师、Mastercam、UG、Catia、Perl 等，具体零件绘制过程省略，图形绘制结果见图 2-120。

图 2-120　零件二维图形绘制

2. G 代码的生产

填写基本的工艺参数，自动生成 G 代码，对生产的 G 代码进行适当编辑，以满足机床加工，部分程序如图 2-121 所示。

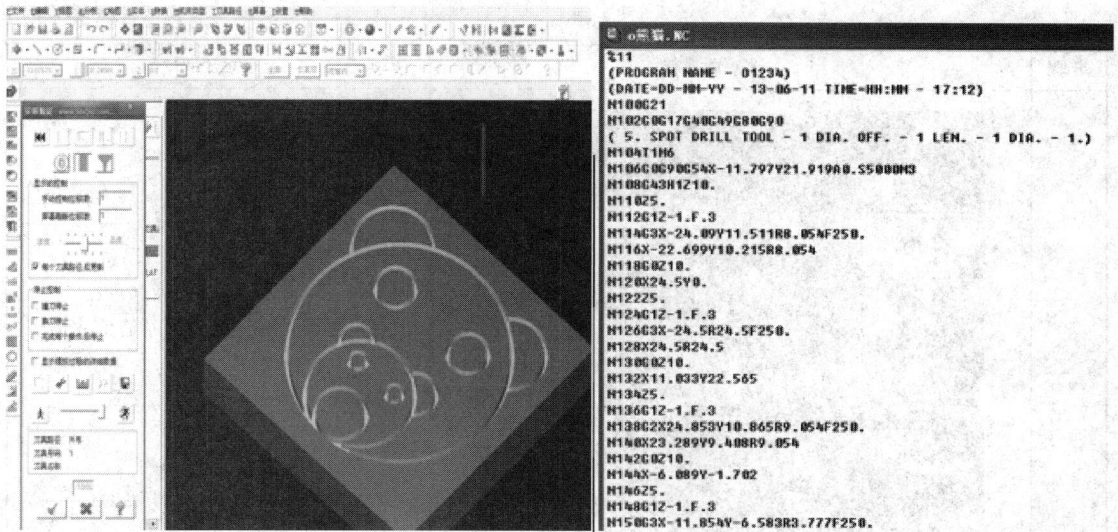

图 2 - 121　G 代码程序

四、任务实施

1. 三维雕刻机的操作

三维雕刻机的操作步骤见表 2 - 25。

表 2 - 25　三维雕刻机的操作步骤

步骤	操作内容	说明
1	开机	打开电源，恢复急停
2		打开三维雕刻机软件控制界面

步骤	操作内容	说明
3		连接 Profibus，保障通信正常
4		三维雕刻机的三坐标回零
5		调入自动编程所生产的 G 代码程序

步骤	操作内容	说明
6	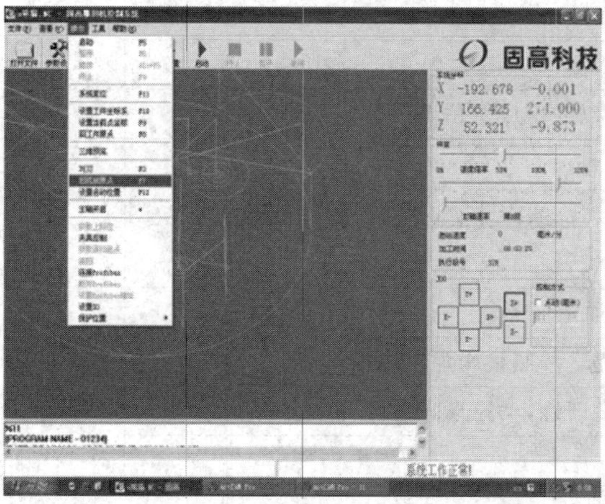	手动控制三维雕刻机运行，使工作台和主轴能正常工作，倍率正常
7	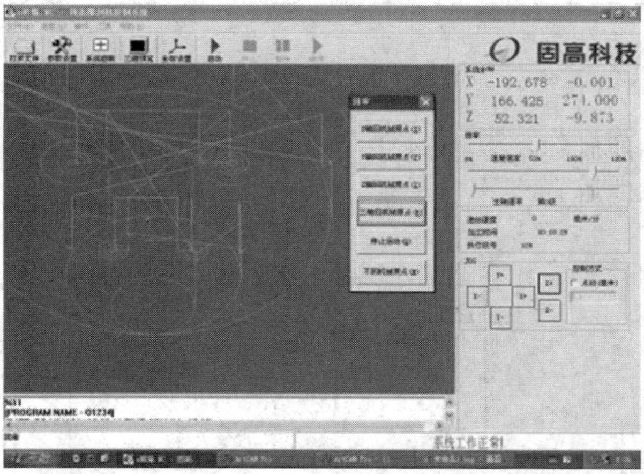	完成三维雕刻机对刀操作，运行加工程序

2. 记录加工过程

Z 向对刀，记录下 Z 的坐标值_____；

X 向对刀，记录下 X 的坐标值_____；

Y 向对刀，记录下 Y 的坐标值_____。

3. 检查工件坐标系

（1）调出程序，自动加工。

（2）记录加工中遇到的问题。

五、反馈评价

学生以小组为单位进行 PPT 汇报，展示作品，反馈在项目进行中各个阶段存在的问题及如何解决此类问题并进行小组自我评价和相互评价，填写小组评价表和个人工作总结。整理相关资料并上交；教师进行项目总结，填写相关评价表，收集整理学生上交的资料，进行存档。项目评价表见表 2-26。

表 2-26 项目 2.7 评价表

项目名称	数控雕铣机加工	组员		分值	学员自评	老师评价
知识目标	三维软件的应用			10		
	加工工艺的选择			15		
	图形交互式自动编程 G 代码的生成及仿真			15		
能力目标	能进行零件的三维造型			10		
	能进行相关工艺参数设置,自动产生 G 代码,进行程序的修改和传送			15		
	能运用雕铣机完成对刀及加工任务			15		
职业行为	不迟到早退,工作服从规范,按照机床加工步骤进行			5		
	态度认真,积极思考,认真训练,吃苦耐劳			10		
	具有创新意识			5		
综合评价						

六、巩固练习

1. 完成如图 2-122 所示零件的加工。
2. 完成如图 2-123 所示零件的加工。

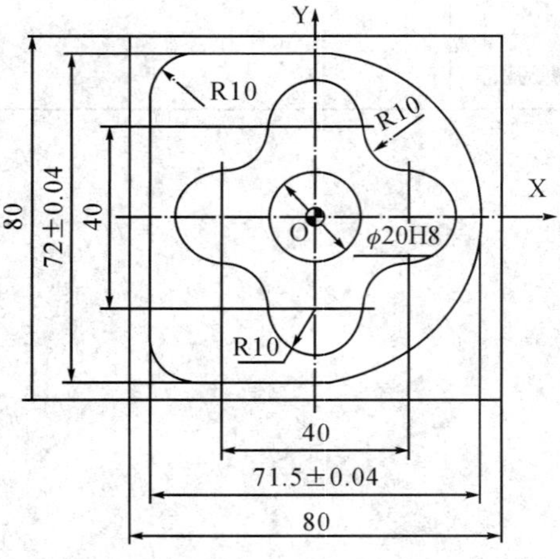

图 2-122 零件图 1

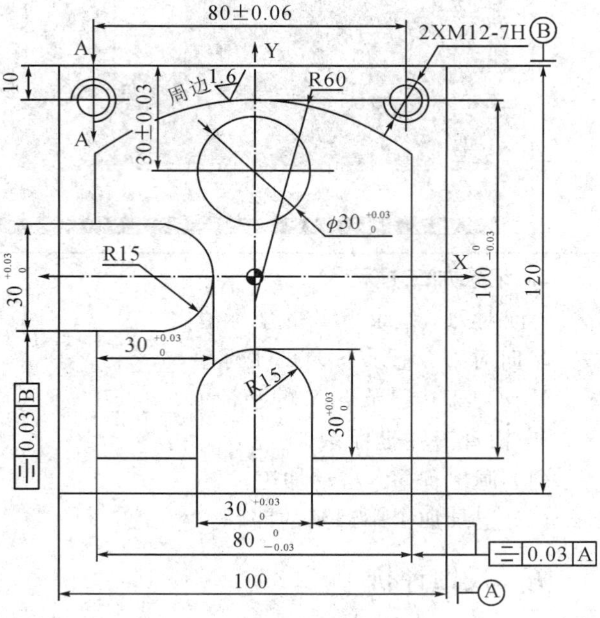

图 2-123 零件图 2

单元 3　可编程序控制器及其应用

PLC 应用单元主要由 5 个典型的"工作任务"为驱动，以西门子 PLC 为例，讲述了 S7 - 200 CPU 22X 系列 PLC 的结构、工作原理和特性，PLC 基本指令的使用等知识内容。在项目设计时，力求做到理论与实际相结合，使学员通过项目训练掌握 PLC 技术的相关知识、了解教学组织方法等内容。本单元的具体教学目标如下表所述。

序　号	教　学　目　标
1	了解 PLC 的基本概念、电气控制系统与 PLC 的联系与区别
2	掌握 S7 - 200 系列 PLC 的硬件组成及各部分功能
3	熟悉 STEP7 - Micro/WIN32 编程软件的使用
4	掌握 S7 - 200 系列 PLC 基本逻辑指令及其应用
5	掌握定时器、计数器指令功能及其应用
6	掌握 PLC 基本编程方法与技巧

项目 3.1　认识 PLC

一、提出任务

什么是 PLC? PLC 的工作方式有何特点？它的整个工作过程分为哪几个阶段，每个阶段完成哪些任务？

二、相关知识点

可编程序控制器是一种专用的工业控制计算机，因此，其工作原理是建立在计算机控制系统工作原理的基础上的。但为了可靠地应用在工业环境下，便于现场电气技术人员的使用和维护，它有着大量的接口器件、特定的监控软件和专用的编程器件。所以，不但其外观不像计算机，它的操作使用方法、编程语言及工作过程与计算机控制系统也是有区别的。

（一）PLC 系统的等效工作电路

PLC 控制系统的等效工作电路可分为三部分，即输入部分、逻辑部分和输出部分。输入部分和输出部分与继电器控制电路相同，逻辑部分是通过编程方法来实现控制逻辑，用软件编程代替继电器电路的功能，如图 3-1 所示。

（二）可编程序控制器的工作过程

PLC 的工作过程与微型计算机有很大的差别。

小型 PLC 的工作过程有两个显著的特点：一个是周期性扫描，另一个是集中批处理。

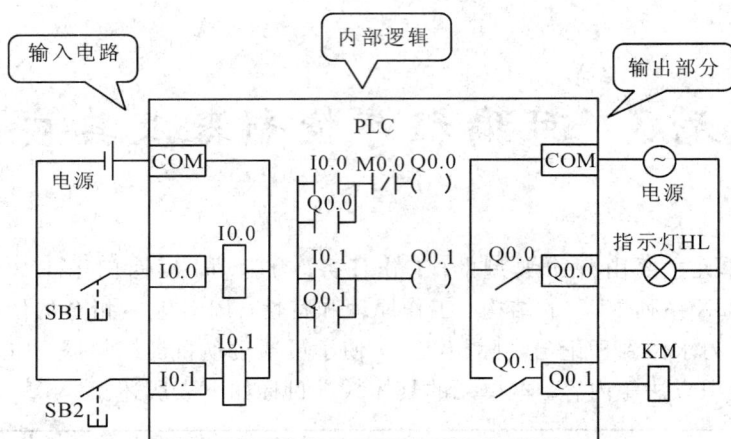

图 3-1 PLC 系统的等效工作电路

PLC 在运行过程中总是处于不断循环的顺序扫描过程中。每次扫描所用时间称为扫描周期或工作周期。CPU 从第一条指令开始，按顺序逐条执行用户程序直到用户程序结束，然后返回第一条指令开始新一轮的扫描。PLC 就是这样周而复始地重复上述循环扫描工作的。每个扫描周期长短不一，取决于程序的长短、复杂程度、扫描速度、每一个扫描周期不同的执行情况等。

小型 PLC 的工作过程大致可以分为四个扫描阶段：公共处理扫描阶段、输入采样扫描阶段、执行用户程序扫描阶段和输出刷新扫描阶段。

PLC 一上电，即对系统进行一次初始化，包括硬件初始化、I/O 模块配置检查、停电保持范围设定、系统通信参数配置及其他初始化处理等。上电处理结束后即进入扫描阶段。

（三）PLC 对输入/输出的处理规则

由 PLC 的工作特点可知 PLC 对输入/输出的处理规则，如图 3-2 所示。

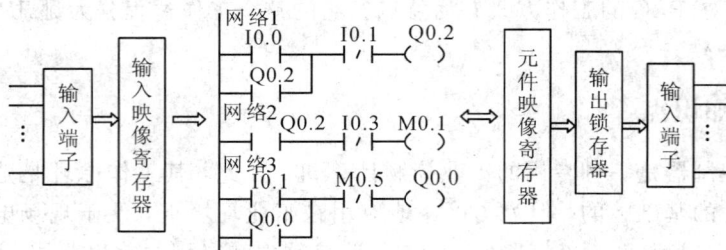

图 3-2 PLC 对输入/输出的处理规则

（四）PLC 的编程语言

编程语言是 PLC 的重要组成部分，PLC 为用户提供的编程语言包括以下几种。

1. 梯形图（Ladder Diagram）

梯形图是最常用的一种简单明了、易于理解的编程语言。图 3-3 为梯形图程序。

2. 指令表（Statement List）

语句指令表是类似于计算机中的助记符语言的编程语言，它是用一个或几个容易记忆的字符来代表 PLC 的某种操作功能，按照一定的语法和句法编写出的程序。

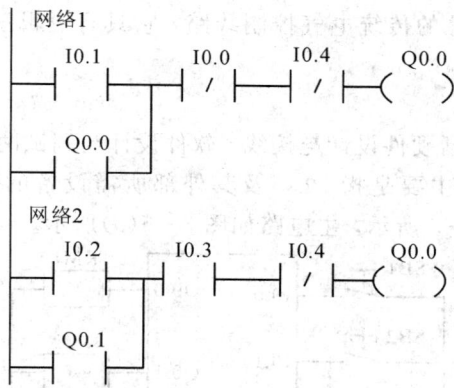

图 3-3　梯形图程序

3. 功能块图(Function Block Diagram)

功能块图又称为逻辑功能图,它是一种图形式的编程语言。类似于逻辑门电路,它将输入、输出几个编程元件之间的逻辑关系用逻辑门电路的形式表达出来,如图 3-4 所示。

4. 顺序功能图(Sequential Function Chart)

顺序功能图是一种真正的图形化编程方法,使用它可以方便地解决复杂的顺序控制问题。在顺序功能图中,最重要的单个元素是状态、和状态相关的动作以及状态转移。在后续的内容中,读者会了解到顺序功能图的编程方法和具体应用。

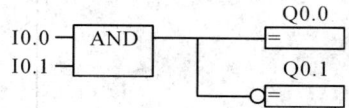

图 3-4　功能块图

(五)传统的继电器控制系统

传统的继电器控制系统可以实现的电机正/反转互锁运行,如图 3-5 所示。这是以真

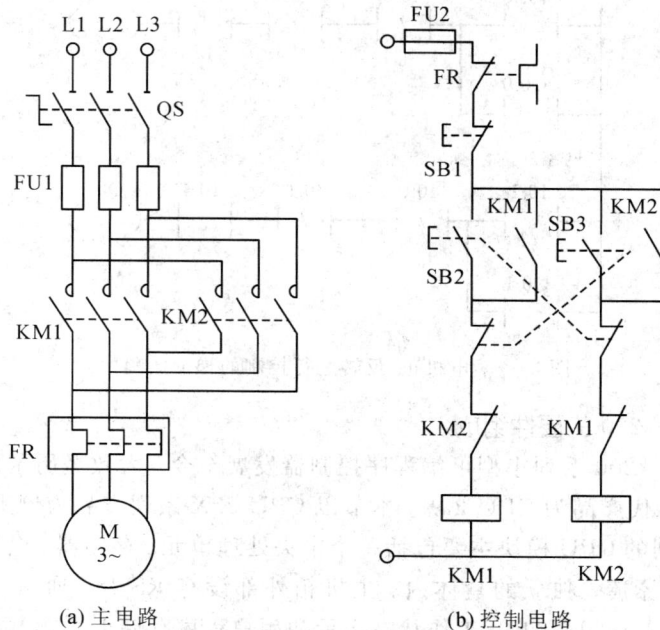

(a) 主电路　　　　　　　　　(b) 控制电路

图 3-5　电动机正/反转运行控制系统主电路与控制电路

正的物理继电器为主要元件的传统电气控制线路，它具有逻辑清晰、成本低的优点，但也存在着诸多缺点。

（六）PLC 控制系统

PLC 控制系统主要包括硬件设计与接线、软件设计与调试两大部分。

PLC 系统的硬件接线主要是指 PLC 及其外部所需设备的选择和 PLC 的 I/O 接线。PLC 的 I/O 接线图如图 3-6 所示；主电路如图 3-5(a)所示。

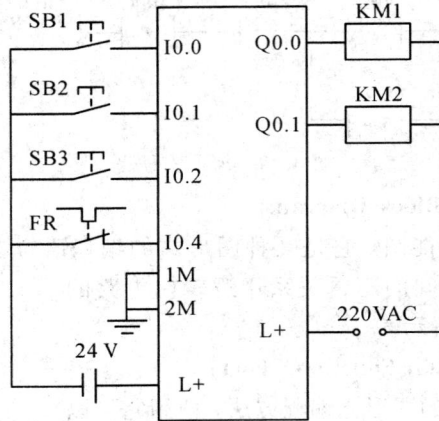

图 3-6　电机正/反转运行控制的 I/O 接线图

软件设计主要是指由用户根据控制逻辑完成梯形图程序的设计及调试。梯形图程序如图 3-7 所示。

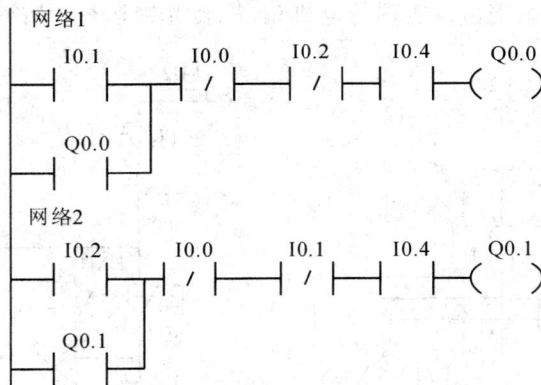

图 3-7　电机正/反转运行控制的梯形图程序

（七）认识 S7-200 的硬件组成

SIEMENS S7-200 系列小型可编程序控制器发展至今，大致经历了两代：第一代产品为 CPU 21X，第二代产品为 CPU 22X。本节以 CPU 22X 系列产品为例进行介绍。

CPU 22X 系列的 CPU 模块主要包括一个中央处理单元、存储器、电源及 I/O 端子，这些都被集成在一个紧凑、独立的盒体内。主机箱外部设有 RS-485 通讯接口、工作方式开关、模拟电位器、I/O 扩展接口、工作状态指示和用户程序存储卡、I/O 接线端子排及发光指示等。主机与其他通信设备或 I/O 扩展单元的连接如图 3-8 所示。

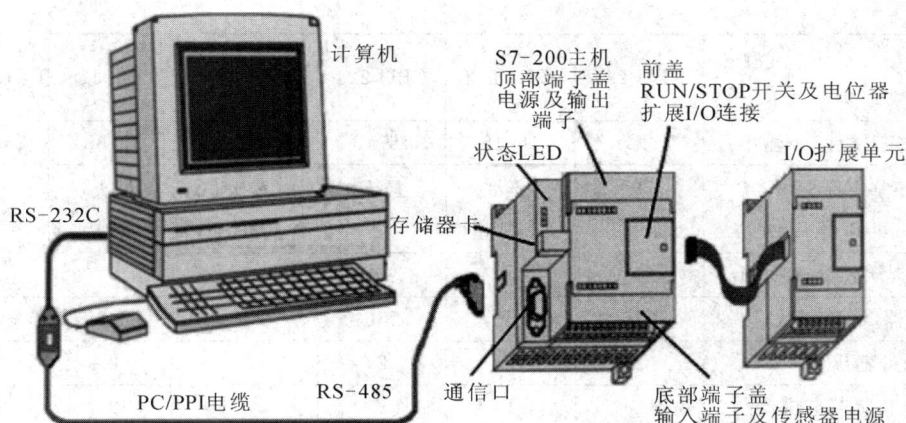

图 3-8 主机与其他通信设备或 I/O 扩展单元的连接示意图

1. 主机外部结构及作用

SIEMENS S7-200 CPU 22X 系列 PLC 主机(CPU 模块)的外形如图 3-9 所示。

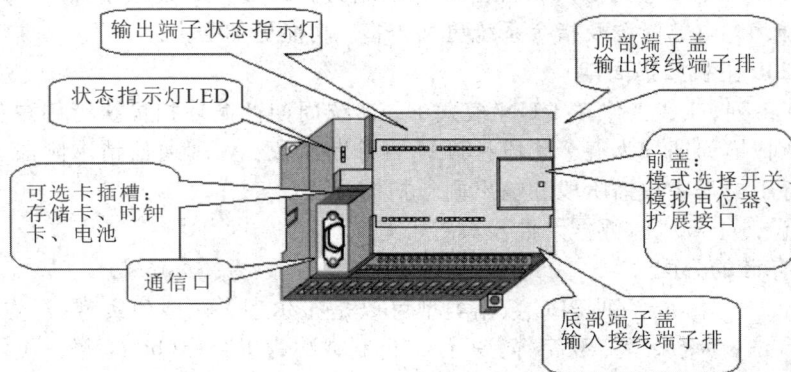

图 3-9 CPU 22X 系列 PLC 主机(CPU 模块)的外形图

2. 主机性能

S7-200 CPU 22X 系列 PLC 的主要技术指标如表 3-1 所示。

表 3-1 S7-200 CPU 22X 系列 PLC 的主要技术指标

项目 \ 型号	CPU 221	CPU 222	CPU 224	CPU 224XP	CPU 226	CPU 226MX
用户存储器类型	EEPROM	EEPROM	EEPROM	EEPROM	EEPROM	EEPROM
程序存储器空间	2048 字	2048 字	4096 字	4096 字	4096 字	8192 字
数据存储器空间	1024 字	1024 字	2560 字	2560 字	2560 字	5120 字
主机 I/O 点数	6/4	8/6	14/10	14/10	24/16	24/16
可扩展模块	无	2	7	7	7	7

型号 项目	CPU 221	CPU 222	CPU 224	CPU 224XP	CPU 226	CPU 226MX
最大模拟量输入/输出	无	16/16	16/16	16/16	32/32	32/32
为扩展模块提供的 DC 5 V 电源的输出电流/mA	无	最大 340	最大 660	最大 660	最大 1000	最大 1000
内置高速计数器(30 kHz)	4	4	6	6	6	6
定时器/计数器数量	256	256	256	256	256	256
高速脉冲输出(20 kHz)	2	2	2	2	2	2
模拟量调节电位器	1	1	2	2	2	2
实时时钟	时钟卡	时钟卡	内置	内置	内置	内置
RS-485 通信口	1	1	1	2	2	2

CPU 22X 系列 PLC 主机具有 30 kHz 高速计数器,20 kHz 高速脉冲输出,RS-485 通讯/编程口,PPI、MPI 通讯协议和自由口通讯能力。CPU 222 及以上 CPU 还具有 PID 控制和扩展的能力,内部资源及指令系统更加丰富,功能更加强大。

3. S7-200 主机扫描周期

S7-200 系列 PLC 工作在 RUN 模式下,系统周期性循环扫描执行用户程序,完成控制任务。每个扫描周期分为五个阶段:CPU 自诊断阶段、处理通信请求阶段、输入采样扫描阶段、执行用户程序扫描阶段和输出刷新扫描阶段。

(八)认识 S7-200 的编程元件及其寻址方式

1. 数据存储的分配

SIMATIC S7-200 系列 PLC 数据类型可以是布尔型、整型和实型(浮点数)。存储器的常用单位有位、字节、字、双字等。一位二进制数称为 1 个位(bit),每一位即一个存储单元。每个区域的存储单元按字节(Byte)编址,每个字节由 8 个位组成。比字节大的单位为字(Word)和双字(Double Word),这几种常用单位的换算关系为

$$1 \text{ DW} = 2 \text{ W} = 4 \text{ B} = 32 \text{ bit}$$

2. PLC 的内部编程元件(软继电器)

CPU 22X 系列 PLC 内部元件有很多,它们在功能上是相互独立的。为了有效地进行编程以及对 PLC 的存储器进行管理,将存储器中的数据按照功能或用途分类存放,形成了若干个特定的存储区域。对于每一个特定的区域,就构成了 PLC 的一种内部编程元件。每一种编程元件用一组字母表示,字母加数字表示数据的存储地址。例如:I 表示输入映像寄存器(输入继电器);Q 表示输出映像寄存器(输出继电器);V 表示变量存储器;M 表示内部标志位存储器(辅助继电器);SM 表示特殊标志位存储器(专用辅助继电器);S 表示顺序控制继电器;L 表示局部存储器;T 表示定时器;C 表示计数器;AI 表示模拟量输入映像寄存器;AQ 表示模拟量输出映像寄存器;AC 表示累加器;HC 表示高速计数器等。

1)输入/输出映像寄存器

(1)输入映像寄存器 I。输入映像寄存器又称为输入继电器,其外部有一对物理输入端

子与之对应。该端子用于接收外部输入信号。所以，输入继电器线圈只能由外部输入信号驱动，不能用程序指令驱动，动合触点和动断触点供用户编程使用。

（2）输出映像寄存器 Q。输出映像寄存器又称为输出继电器。输出继电器是用来将PLC 的输出信号传递给负载的，只能用程序指令驱动。它也提供动断触点和动合触点供用户编程使用。

2）变量存储器 V（存储区）

变量存储器用来存储变量，可以用 V 存储器存储程序执行过程中控制逻辑操作的中间结果，也可以用它来保存与工序或任务相关的其他数据。地址编号范围为 VB0～VB10239（CPU 224XP 型）。

3）内部标志位存储区 M（辅助继电器）

内部标志位存储器又称为辅助继电器，其作用类似于继电接触器控制系统中的中间继电器，它没有外部输入/输出端子与之对应，所以不能反映输入设备的状态，也不能驱动负载，它可用来存储中间操作状态和控制信息。地址编号范围为 M0.0～M31.7。

4）特殊标志位存储器 SM（专用辅助继电器）

SM 用来存储系统的状态变量和有关的控制参数和信息。可以通过特殊标志位来沟通PLC 与被控对象之间的信息，也可通过直接设置某些特殊标志继电器位来使设备实现某种功能。SM 按存取方式可分为只读型 SM 和可写型 SM。

5）顺序控制继电器 S

顺序控制继电器适用于顺序控制和步进控制等场合。该寄存器可以按位、字节、字和双字等寻址方式存取数据。地址编号范围为 S0.0～S31.7。

6）局部变量存储器 L

局部变量存储器也用来存储变量，但只在创建它的程序单元中有效，各程序不能访问别的程序的局部变量存储器。S7－200 有 64 个字节的局部存储器，其中 60 个可以用做临时存储器或者给予程序传递参数。

7）定时器 T

定时器可实现延时控制。利用定时器的触点或当前值可实现相应的控制。精度等级包括三种：1 ms 时基、10 ms 时基和 100 ms 时基。它的寻址形式有两种，即当前值寻址和状态位寻址。

8）计数器 C

计数器可实现计数控制。利用计数器的触点或当前值可实现相应的控制。计数器类型有三种：增计数（CTU）、减计数（CTD）和增/减计数（CTUD）。它的寻址形式有两种：当前值寻址和状态位寻址。地址编号范围为 C0～C255。

9）模拟量输入映像寄存器 AI

模拟量输入电路用来实现模拟量到数字量（A/D）的转换。该映像寄存器只能进行读取操作。S7－200 将模拟量值转换成 1 个字长（16 位）数据，可以用区域标志符（AI）、数据长度（W）及字节的起始地址来存取这些值。模拟量输入值为只读数据。模拟量转换的实际精度是 12 位。

注意：因为模拟量输入为 1 个字长，所以必须用偶数字节地址（如 AIW0、AIW2、

AIW4)来存取这些值。

10）模拟量输出映像寄存器 AQ

PLC 内部只处理数字量，而模拟量输出电路用来实现数字量到模拟量（D/A）的转换，该映像寄存器只能进行写入操作。S7－200 将 1 个字长（16 位）数字值按比例转换为电流或电压，可以用区域标志符（AQ）、数据长度（W）及字节的起始地址来输出。模拟量输出值为只写数据。模拟量转换的实际精度是 12 位。

注意：因为模拟量为 1 个字长，所以必须用偶数字节地址（如 AQW0、AQW2、AQW4）来输出。

11）累加器 AC

累加器是用来暂时存放数据的寄存器。S7－200 系列 PLC 提供了 4 个 32 位累加器：AC0、AC1、AC2 和 AC3。存取形式分为按字节、字和双字存取。被操作数的长度取决于访问累加器时所使用的指令。

12）高速计数器 HC

高速计数器用来累计比主机扫描速率更快的高速脉冲。高速计数器的当前值是一个双字长 32 位的整数。要存取高速计数器中的值，则应给出高速计数器的地址，即存储器类型（HC）和计数器号，如 HC0。

（九）PLC 的寻址方式

1. 直接寻址

直接寻址方式是指在指令中明确指出了存取数据的存储器地址，允许用户程序直接存取信息。

数据的直接地址包括按字节（8 bit）、字（16 bit）和双字（32 bit）寻址。

1）按位寻址

按位寻址的格式为：Ax.y，使用时必须指明元件名称、字节地址和位号，见图 3－10。如 I5.2，表示要访问的是输入寄存器区第 5 字节的第 2 位，如图 3－11 所示。

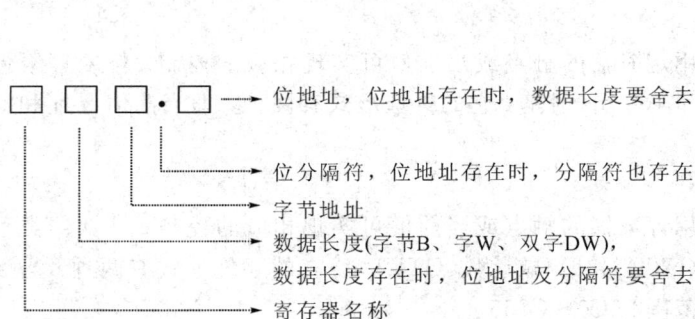

图 3－10　寻址方式示意图　　　　　　图 3－11　位寻址示意图

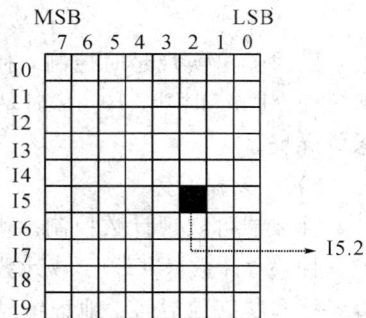

2）按字节、字和双字寻址

采用字节、字或双字寻址的方式存储数据时，需要指明编程元件名称、数据长度和首字节地址编号。应当注意：在按字或双字寻址时，首地址字节为最高有效字节，其格式和注意事项见表 3－2。

表 3 - 2　采用字节、字或双字寻址的格式

寻址	格式举例	说　明			
字节寻址	VB200	MSB　　　　　　　　　　　　　LSB VB200 说明：① V 表示变量存储器；② B 表示按字节寻址；③ 200 表示要访问的字节地址编号。此寻址方式表示要访问一个字节			
字寻址	VW200	MSB　　　　　　　　　　　　LSB VB200　　　　　　　VB201 最高有效字节　　　　最低有效字节 说明：① V 表示变量存储器；② W 表示按字寻址；③ 200 表示要访问的存储区的首（起始）字节地址编号。此寻址方式表示要访问一个字			
双字寻址	VD200	MSB　　　　　　　　　　　　　　　　　　　　LSB VB200　｜　VB201　｜　VB202　｜　VB203 最高有效字节　　　　　　　　　　最低有效字节 说明：① V 表示变量存储器；② W 表示按双字寻址；③ 200 表示要访问的存储区的首（起始）字节地址编号。此寻址方式表示要访问一个双字			

三、任务设计

本次任务为阅读任务，通过收集、整理、提炼完成任务实施中相关表格的填写，熟悉 PLC 相关知识。

四、任务实施

完成表 3 - 3 至表 3 - 7 的填写。

表 3 - 3　PLC 的基本知识

要　求		将合理的答案填入相应栏目		
了解 PLC 的产生背景及发展过程	背景			
	发展			
理解并掌握 PLC 的定义和特点	定义			
	特点			
	应用场合			
	分类	按照结构分类		
		按照规模分类		
了解目前市场上部分的 PLC 产品	常见品牌	知名品牌	型号	产品照片
		西门子		
		A - B 公司 PLC		
		三菱公司 PLC		
认识西门子 S7 - 200 系列 PLC		看到的实物型号	型号含义	照片

表 3-4 PLC 的工作原理

要 求			将合理的答案填入相应栏目	
掌握 PLC 的工作原理	PLC 的硬件组成及各部分功能	中央处理器		
		存储器		
		输入接口		
		输出接口		
		通信接口		
		内部电源		
	PLC 的软件组成	系统程序的组成和作用		
		应用程序		
	PLC 常用外设	控制用 I/O 设备		
		现场操作显示设备		
		编程/调试设备		
		数据输入/输出设备		
	PLC 等效工作电路及各部分含义	PLC 等效工作电路		
		各部分含义	输入电路	
			内容控制	
			输出电路	
	PLC 的工作过程			
PLC 编程语言	梯形图编程的特点			
	语句表编程的特点			
	状态功能图编程的特点			

表 3-5　PLC 控制系统与继电器接触器控制系统的比较

系　　统	PLC 控制系统	继电器接触器控制系统
控制逻辑		
工作方式		
可靠性和可维护性		
控制速度		
触点数量		
定时控制		
设计施工		

表 3 - 6   S7 - 200 系列 PLC 的特点、型号与规格

表 3 - 6   S7 - 200 系列 PLC 的特点、型号与规格

要　　求	将正确答案填入相应栏目
主要特点	
基本单元的型号及规格	
扩展单元的型号及规格	

表 3 - 7   S7 - 200 系列 PLC 的内部编程元件

项　目	字母代号	元件范围	寻址形式
输入继电器			
输出继电器			
内部辅助继电器			
变量存储器			
专用辅助继电器			
定时器			
计数器			
高速计数器			
累加器			
模拟量输入映像寄存器			
模拟量输出映像寄存器			
顺序控制继电器			

五、反馈评价

说说你的收获吧！

项目 3.2　STEP7 - Micro/WIN32 编辑软件的应用训练

一、提出任务

打开编程软件，针对如图 3 - 12 所示梯形图程序在梯形图程序编辑器窗口完成下列任务：

(1) 输入梯形图程序，并添加网络标题和网络注释。

(2) 查找梯形图对应的语句表。

(3) 编写符号表，并选择操作数显示形式为：符号和地址同时显示。

(4) 建立状态图监视各元件的状态。

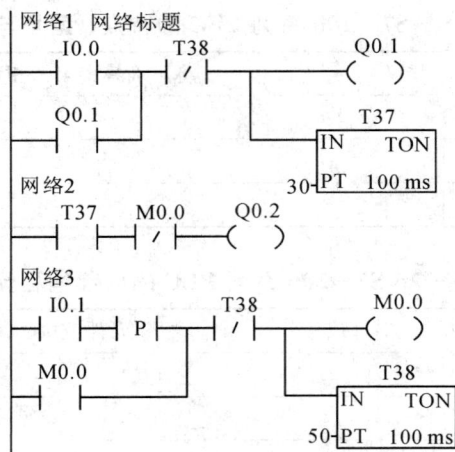

网络1 网络标题

图 3 - 12　梯形图程序

二、相关知识点

STEP7 - Micro/WIN32 是基于 Windows 平台的应用软件，是 SIEMENS 公司专为 SIMATIC 系列 S7 - 200 研制开发的编程软件，它可以使用通用的个人计算机作为图形编程器，用于在线(联机)或者离线(脱机)开发用户程序，并可以在线实时监控用户程序的执行状态。

（一）STEP7 - Micro/WIN32 的窗口组件

STEP7 - Micro/WIN32 的窗口如图 3 - 13 所示。窗口一般可分为以下几部分：菜单栏(含有 8 个主菜单选项)、工具条(快捷按钮)、浏览条(快捷键操作窗口)、指令树、输出和用户窗口。

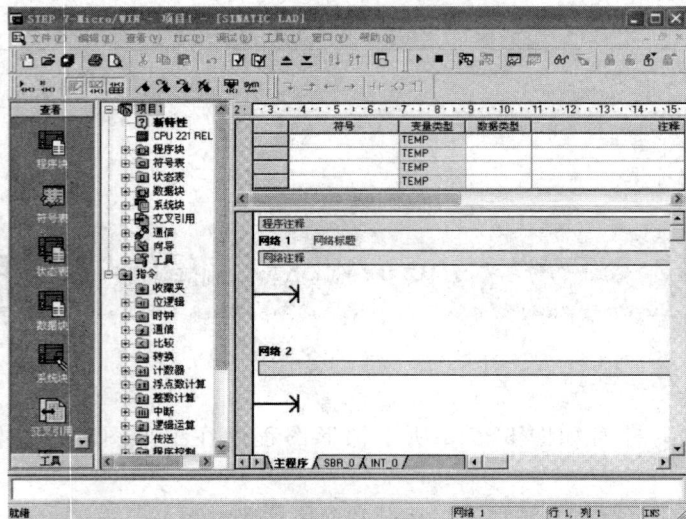

图 3 - 13　STEP7 - Micro/WIN32 的窗口

1. 工具条

1）标准工具条

标准工具条如图 3 - 14 所示。

图 3-14　标准工具条

在标准工具条中，从左到右各快捷按钮的功能依次为：新建项目、打开项目、保存、打印、打印预览、剪切、复制、粘贴、恢复、编译、全部编译、上载、下载、将符号表名称按照 A～Z 从小到大排序、将符号表名称按照 Z～A 从大到小排列、选项等。

2）调试工具条

调试工具条如图 3-15 所示。

图 3-15　调试工具条

在调试工具条中，从左到右各快捷按钮的功能依次为：运行模式设置、停止模式设置、在程序状态监控打开/关闭之间切换、在触发暂停打开/停止之间切换（只用于语句表）、在图状态打开/关闭之间切换、状态图表单次读取、状态图表全部写入、强制 PLC 数据、取消强制 PLC 数据、状态图表全部取消强制、状态图表全部读取强制数值。

3）公用工具条

公用工具条如图 3-16 所示。

图 3-16　公用工具条

在公用工具条中，从左到右各快捷按钮的功能依次为：插入网络、删除网络、POU 注释、网络注解、检视/隐藏每个网络的符号信息表、切换书签、下一个书签、前一个书签、清除全部书签、在项目中应用所有的符号、建立表格未定义符号、常量说明符等。

4）LAD 指令工具条

LAD 指令工具条如图 3-17 所示。

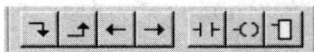
图 3-17　LAD 指令工具条

在该工具条中，从左到右各快捷按钮的功能依次为：向下连线、向上连线、向左连线、向右连线、插入触点、插入线圈、插入指令盒等。

2．浏览条

浏览条的功能是在编程过程中进行编程窗口的快速切换，用户窗口如图 3-18 所示。如图 3-19 所示，浏览条中的快捷按钮包括：程序块（Program Block）、符号表（Symbol Table）、状态图表（Status Chart）、数据块（Data Block）、系统块（System Block）、交叉引用（Cross Reference）、通信（Communications）等。

3．指令树

指令树窗口的功能是提供编程时所用到的所有快捷操作命令和 PLC 指令。如图 3-20 所示，该窗口可分为项目模块和指令模块两部分。

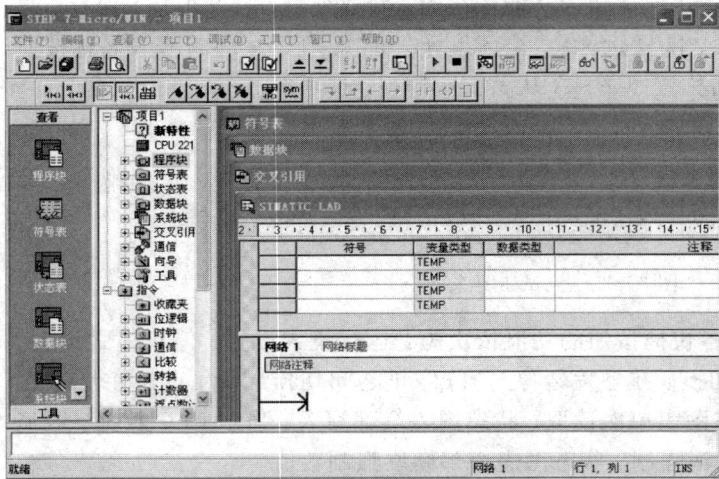

图 3-18　用户窗口

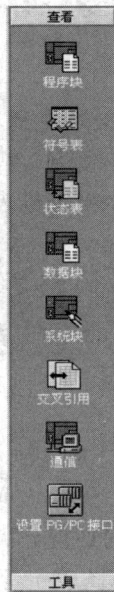

图 3-19　浏览条　图 3-20　指令树

（二）符号表的编辑

编辑符号表的方法是用鼠标单击浏览条中的符号表按钮，或者使用菜单命令"查看"→"符号表"进入符号表窗口，可进行下列操作。

（1）赋值。在符号表中进行赋值。赋值后的符号表如图 3-21 所示。

			符号	地址	注释
1			start_button	I0.0	启动按钮
2			stop_button	I0.1	停止按钮
3			motor	Q0.0	电动机
4					
5					

图 3-21　赋值后的符号表

（2）使用符号编址。在程序编辑器窗口下，对如图 3-22 所示的程序进行符号编址。

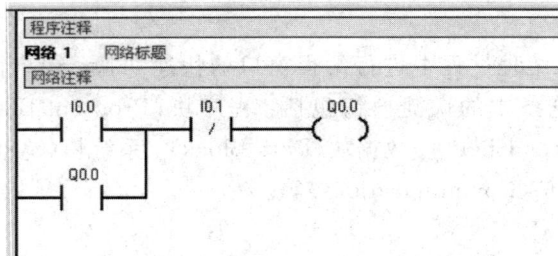

图 3-22　例程

进行符号编址的方法是：使用菜单命令"查看"，选择"符号寻址"和"符号信息表"即可。操作后的梯形图如图 3-23 所示。

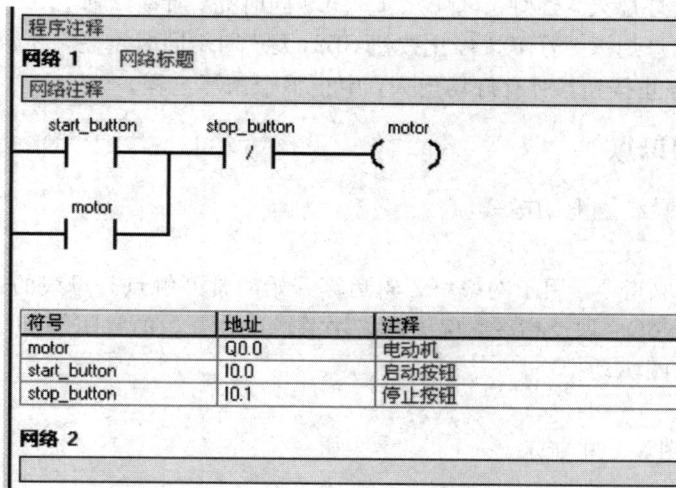

图 3-23　建立符号表后的梯形图和符号表

（三）程序的下载与上载

如果已经成功地在安装有 STEP7 - Micro/WIN32 的个人计算机和 PLC 之间建立了通信，就可以将编译好的程序下载至该 PLC。如果 PLC 中已经有内容，原内容将被覆盖。需要注意的是，下载程序时，要将 PLC 设置成 STOP 模式，下载结束后进行调试时，需将 PLC 重新设置为 RUN 模式。

三、任务设计

熟悉编程软件的操作使用。

四、任务实施

熟练操作编程软件，完成相关程序的编辑、录入，并能进行程序的上载与下载。

五、反馈评价

说说你的收获吧！

项目 3.3　S7 - 200 系列 PLC 基本指令

基本逻辑指令是 PLC 中最基本的编程语言，掌握了它也就初步掌握了 PLC 的使用方法。

一、提出任务

实现天塔之光 PLC 的控制，具体要求如下：

（1）按下启动按钮 SB1，绿灯 L1 点亮，计时 2 秒。

（2）2 秒后绿灯熄灭，黄灯 L2、L3、L4、L5 同时亮，计时 2 秒。

（3）2 秒后黄灯熄灭，红灯 L6、L7、L8、L9 同时亮，计时 2 秒。

（4）2 秒后红灯熄灭，若不按停止按钮 SB2，绿灯 L1 同时点亮，开始第二轮循环。

（5）若按下停止按钮，所有灯均熄灭，中止整个循环过程。

二、相关知识点

（一）逻辑取及线圈驱动指令

1. 指令

LD（Load）：取指令，用于网络块逻辑运算开始的常开触点与母线的连接。

LDN（Load Not）：取反指令，用于网络块逻辑运算开始的常闭触点与母线的连接。

＝（Out）：线圈驱动指令。

2. 使用举例

使用举例如图 3-24 所示。

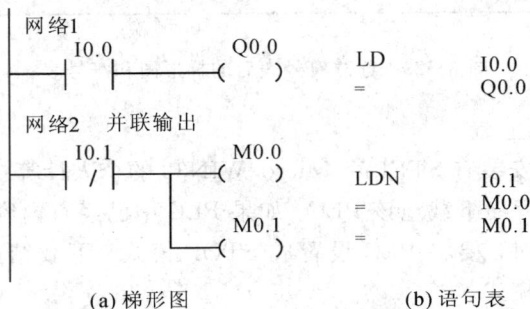

(a) 梯形图　　　　　　(b) 语句表

图 3-24　LD、LDN 及线圈驱动指令使用举例

3. 使用说明

（1）LD、LDN 指令不只是用于网络块逻辑计算开始时与母线相连的常开和常闭触点，在分支电路块的开始也要使用 LD、LDN 指令，LD、LDN 指令与 ALD、OLD 指令配合完成块电路的编程。

（2）并联的＝指令可连续使用任意次。

（3）在同一程序中不要使用双线圈输出，即同一个元器件在同一程序中只使用一次＝指令。

（4）LD、LDN、＝指令的操作数为：I、Q、M、SM、T、C、V、S 和 L。T 和 C 也作为输出线圈，但在 S7-200 PLC 中输出时不宜使用＝指令形式（见定时器和计数器指令）。

（二）触点串联指令

1. 指令

A（And）：与指令，用于单个常开触点的串联连接。

AN（And Not）：与反指令，用于单个常闭触点的串联连接。

2. 使用举例

使用举例如图 3-25 所示。

网络1

```
    I0.0        M0.0              Q0.0            LD          I0.0
 ├──┤ ├──────┤ ├──────────────(   )              A           M0.0
                                                 =           Q0.0
网络2  连续输出
    M0.1        I0.2              M0.3            LD          M0.1
 ├──┤ ├──────┤/├──────────────(   )              AN          I0.2
                    T5            Q0.3            =           M0.3
                 ──┤ ├──────────(   )            A           T5
                                                 =           Q0.3
                        M0.4        Q0.1          A           M0.4
                     ──┤/├──────────(   )         AN          Q0.1
```

| (a) 梯形图 | (b) 语句表 |

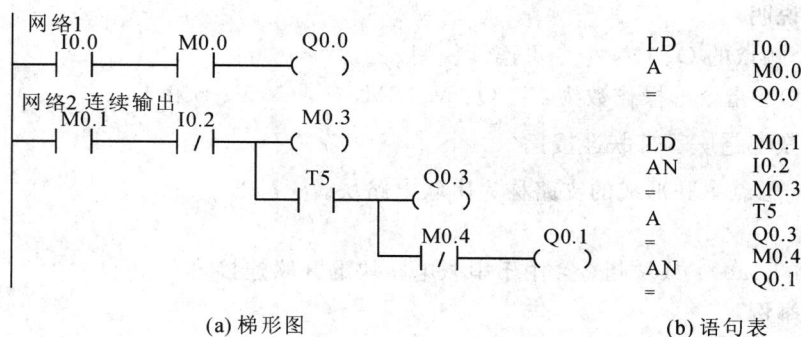

图 3 - 25　触点串联指令使用举例

3. 使用说明

（1）A、AN 是单个触点串联连接指令，可连续使用。但在用梯形图编程时会受到打印宽度和屏幕显示的限制，S7 - 200 PLC 的编程软件中规定的串联触点使用上限为 11 个。

（2）对连续输出电路，可以反复使用＝指令，但次序必须正确，不然就不能连续使用＝指令进行编程。图 3 - 26 所示的电路就不属于连续输出电路。

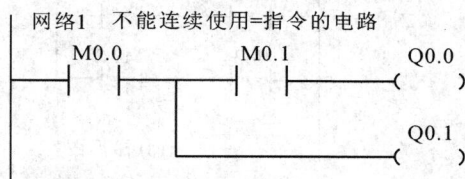

（3）A、AN 指令的操作数为：I、Q、M、SM、T、C、V、S 和 L。

```
网络1  不能连续使用=指令的电路
    M0.0        M0.1              Q0.0
 ├──┤ ├──────┤ ├──────────────(   )
                                  Q0.1
                               (   )
```

图 3 - 26　非连续输出电路举例

（三）触点并联指令

1. 指令

O(OR)：或指令，用于单个常开触点的并联连接。

ON(Or Not)：或反指令，用于单个常闭触点的并联连接。

2. 使用举例

使用举例如图 3 - 27 所示。

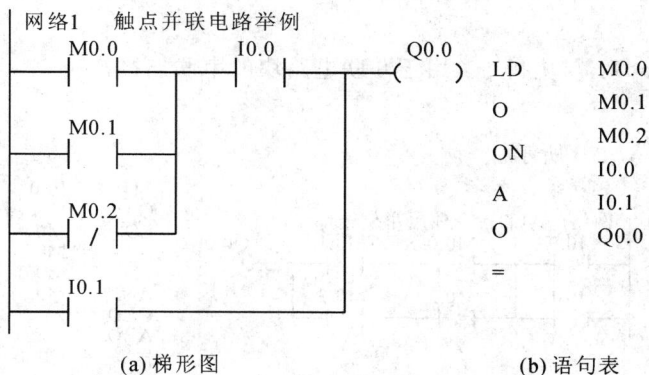

```
网络1    触点并联电路举例
    M0.0            I0.0          Q0.0        LD          M0.0
 ├──┤ ├──────────┤ ├──────────(   )          O           M0.1
    M0.1                                      ON          M0.2
 ├──┤ ├──────┤                               A           I0.0
    M0.2                                      O           I0.1
 ├──┤/├──────┤                               =           Q0.0
    I0.1
 ├──┤ ├──────┤
```

| (a) 梯形图 | (b) 语句表 |

图 3 - 27　触点并联指令使用举例

3．使用说明

（1）单个触点的 O、ON 指令可连续使用。

（2）O、ON 指令的操作数为：I、Q、M、SM、T、C、V、S 和 L。

（四）串联电路块的并联连接指令

两个以上触点串联形成的支路称为串联电路块。

1．指令

OLD（Or Load）：或块指令，用于串联电路块的并联连接。

2．使用举例

使用举例如图 3-28 所示。

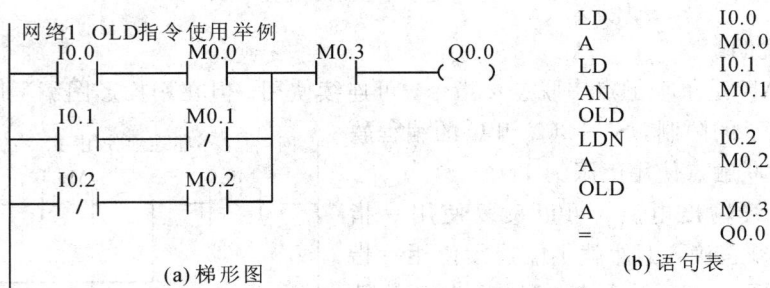

（a）梯形图　　　　　　　　　　　　　　（b）语句表

图 3-28　电路块并联指令使用举例

3．使用说明

（1）除在网络块逻辑运算的开始使用 LD 或 LDN 指令外，在块电路的开始也要使用 LD 和 LDN 指令。

（2）每完成一次块电路的并联时要写上 OLD 指令。

（3）并联触点块可出现无数个，但集中使用不得超过 8 次。

（4）OLD 指令无操作数。

（五）并联电路块的串联连接指令

两条以上支路并联形成的电路称为并联电路块。

1．指令

ALD（And Load）：与块指令，用于并联电路块的串联连接。

2．使用举例

使用举例如图 3-29 所示。

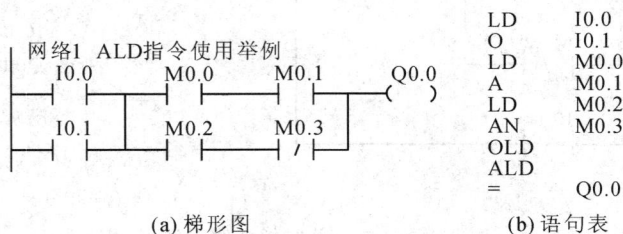

（a）梯形图　　　　　　（b）语句表

图 3-29　电路块串联指令使用举例

3. 使用说明

（1）在块电路开始时要使用 LD 和 LDN 指令。

（2）在每完成一次块电路的串联连接后要写上 ALD 指令。

（3）串联触点块可出现无数个，但集中使用不得超过 8 次。

（4）ALD 指令无操作数。

（六）NOT 和 NOP 指令

1. NOT 取反指令

NOT 取反指令可将复杂逻辑结果取反，为用户使用反逻辑提供方便。该指令无操作数，其 LAD 和 STL 形式如下：

（1）STL 形式：NOT。

（2）LAD 形式：┤NOT├。

2. NOP 空操作指令

空操作指令不影响用户程序的执行，起增加程序容量的作用。使能输入有效时，执行空操作指令，将稍微延长扫描周期长度，不影响用户程序的执行，不会使能流输出断开。操作数 N 是标号，是一个 0～255 的常数。

指令格式：NOP N

例 3.3.1 空操作指令 NOP 30 的使用举例如图 3-30 所示。

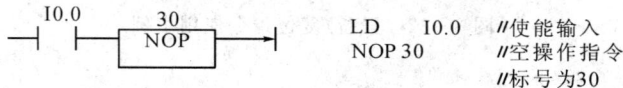

图 3-30 空操作指令使用举例

3. AENO 指令

AENO（And ENO）梯形图的指令盒指令右侧的输出连线为使输出端 ENO，用于指令盒或输出线圈的串联（与逻辑），不串联元件时，作为指令行的结束。AENO 指令的作用是和前面的指令盒输出端 ENO 相与。AENO 指令只能在语句表中使用，如图 3-31 所示。

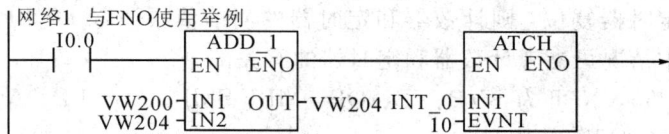

(a) 梯形图

```
LD      I0.0          //使能输入
+I      VW200,VW204   //整数加法，VW200+VW204=VW204
AENO                  //与NEO指令
ATCH    INT_0,10      //如果+I指令执行正确，则调用中断程序INT_0，中断事件号为10
```

(b) 语句表

图 3-31 指令盒串联指令使用举例

（七）置位/复位指令

1. 指令

指令格式及功能见表 3-8。

表 3-8　置位/复位指令格式及功能

	LAD	STL	功　能
置位指令	bit ——(S) N	S　bit.N	从 bit 开始的 N 个元件置 1 并保持
复位指令	bit ——(R) N	R　bit.N	从 bit 开始的 N 个元件清 0 并保持

2．使用举例

使用举例见图 3-32。

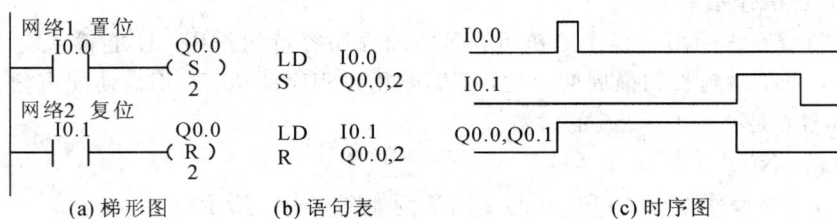

网络1　置位
```
  I0.0        Q0.0        LD    I0.0
  ─┤├─       ─(S)─        S     Q0.0,2
                 2
```
网络2　复位
```
  I0.1        Q0.0        LD    I0.1
  ─┤├─       ─(R)─        R     Q0.0,2
                 2
```

(a) 梯形图　　　　(b) 语句表　　　　(c) 时序图

图 3-32　置位/复位指令使用举例

3．使用说明

（1）对位元件来说，一旦被置位，就保持在通电状态，除非对它复位；而一旦被复位就保持在断电状态，除非再对它置位。

（2）S/R 指令可以互换次序使用，但由于 PLC 采用扫描工作方式，所以写在后面的指令具有优先权。如在图 3-32 中，若 I0.0 和 I0.1 同时为 1，则 Q0.0、Q0.1 肯定处于复位状态而为 0。

（3）如果对计数器和定时器复位，则计数器和定时器的当前值被清零。定时器和计数器的复位有其特殊性，具体情况可参考计数器和定时器的有关部分。

（4）N 的范围为 1～255，N 可为：VB、IB、QB、MB、SMB、SB、LB、AC、常数、＊VD、＊AC 和＊LD。一般情况下使用常数。

（5）S/R 指令的操作数为：I、Q、M、SM、T、C、V、S 和 L。

（八）边沿脉冲指令

1．指令

指令格式及功能见表 3-9。

表 3-9　边沿脉冲指令格式及功能

指令名称	LAD	STL	功　能	说明
上升沿脉冲	─┤P├─	EU	在上升沿产生脉冲	无操作数
下降沿脉冲	─┤N├─	ED	在下降沿产生脉冲	

2. 使用举例

使用举例见图3-33。

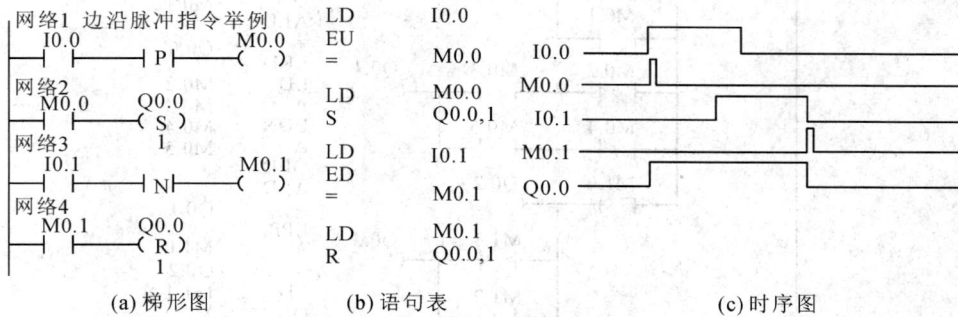

| (a) 梯形图 | (b) 语句表 | (c) 时序图 |

图3-33 边沿脉冲指令使用举例

3. 使用说明

（1）边沿脉冲指令只有在检测信号的上升沿或者下降沿产生脉冲，且产生的脉冲宽度为一个扫描周期。

（2）边沿脉冲指令无操作数。

（九）逻辑堆栈操作指令

LD装载指令是从梯形图最左侧母线画起的，如果要生成一条分支的母线，则需要利用语句表的栈操作指令来描述。S7-200采用模拟栈结构，用来存放逻辑运算结果以及保存断点地址，所以其操作又称为逻辑栈操作。

1. 指令

LPS(Logic Push)：逻辑入栈指令（分支电路开始指令），其操作是将栈顶S0的内容进行复制，并将复制结果压入堆栈，栈底内容丢失。

LRD(Logic Read)：逻辑读栈指令，其操作是将堆栈中第二级（即S1）的值进行复制，并将复制结果放入栈顶S0中，除S0外，其他各层堆栈的值不变。

LPP(Logic Pop)：逻辑出栈指令（分支电路结束指令），其操作是将栈顶的内容弹出，将堆栈从第二级（即从S1）起串行上移一位。

2. 使用举例

使用举例见图3-34。

3. 使用说明

（1）由于受堆栈空间的限制（9层堆栈），LPS、LPP指令连续使用时应少于9次。

（2）LPS和LPP指令必须成对使用，它们之间可以使用LRD指令。

（3）LPS、LRD、LPP指令无操作数。

三、任务设计

请根据任务要求，进行PLC程序设计工作。设计过程中应遵循以下步骤：

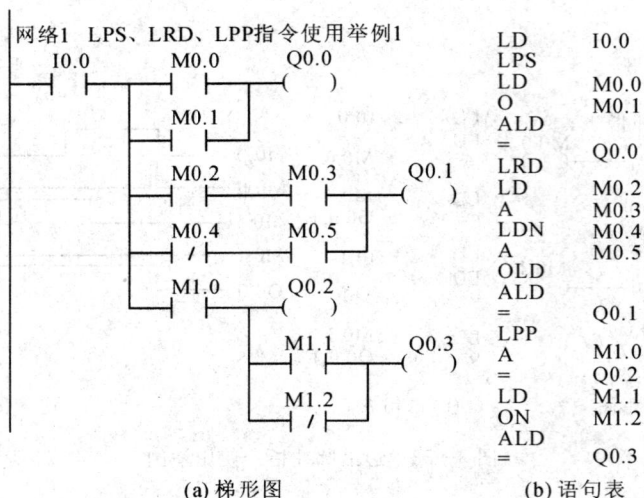

网络1 LPS、LRD、LPP指令使用举例1

| | (a) 梯形图 | | (b) 语句表 |

图 3-34 逻辑堆栈操作指令使用举例

(1) 明确控制要求，确定输入/输出信号。

(2) 进行 I/O 地址分配。

(3) 绘制外部硬件接线图。

(4) 编制梯形图程序。

四、任务实施

1. 训练器材

训练器材包括 PLC 实训设备、连接导线和彩灯模拟实验板。

2. 训练步骤

(1) 运行西门子 PLC 的 WIN STEP7 编程软件。

(2) 程序录入。

(3) 根据外部硬件接线图进行 PLC 外围电路的连接，包括 PLC 模块单元的供电和彩灯模拟实验板供电。

(4) 下载程序到 PLC 中，开启程序监控状态。

(5) 进行程序调试，观察发光二极管亮灭情况是否符合控制要求。

3. 注意事项

(1) 在断开电源的情况下进行 PLC 外围电路的连接，如连接 PLC 的输入接口线、连接 PLC 的输出接口线。

(2) 程序调试完毕拆除 PLC 的外围电路时，也要断开电源后进行。

(3) PLC 的状态开关位于"TERM"（终端）位置。

五、反馈评价

说说你的收获吧！并填写如表 3-10 所示的项目评价表。

表 3 – 10　项目 3.3 评价表

能力要求	主要内容	考核要求	评分标准	配分	小组评分	个人评分	教师评分
专业能力	程序设计	1．根据控制要求列出 PLC 输入输出元件地址分配表，设计外部硬件接线图； 2．设计 PLC 梯形图程序	1．PLC 输入输出地址遗漏或搞错，每处扣 6 分； 2．PLC 输入输出接线图设计不全或设计有错，每处扣 6 分； 3．梯形图表达不正确或画法不规范，每处扣 6 分； 4．接线图表达不正确或画法不规范，每处扣 6 分； 5．PLC 程序有错，每条扣 6 分	30			
	电路连接	正确进行实验台电路连接	1．电源连接不正确，每次扣 10 分； 2．根据输入输出地址进行信号连接，每错一处扣 3 分	20			
	程序输入及调试	1．熟练操作编程软件，正确地将编写的程序输入 PLC； 2．按照被控设备的动作要求调试程序	1．不能熟练操作编程软件，每次扣 5 分； 2．指令输入错误，每处扣 3 分； 3．调试步骤错误，每次扣 5 分； 4．缺少功能，每项扣 5 分	30			
	安全要求	1．安全文明生产； 2．有组织有纪律，守时诚信	1．违反安全文明生产规程，扣 5～10 分； 2．工位不整理或整理不到位，扣 2～3 分； 3．随意走动，无所事事，不刻苦钻研，扣 5～10 分； 4．未在规定时间内完成，每超出 10 分钟扣 2 分	倒扣			
职业能力	社会能力	1．能够合理地进行任务分配，较好地与小组成员进行交流； 2．能够自主学习，掌握知识点； 3．能够主动解决问题，在使用方法上创新	1．团队意识不强，酌情扣 3～5 分； 2．不能分工协作，酌情扣 3～5 分； 3．不能独立自主汲取新知识的，酌情扣 3～5 分； 4．不能解决问题，酌情扣 3～5 分	20			
分值比例				100	30%	10%	60%
合计							

六、巩固练习

完成如图 3-35 所示水塔水位的控制。

控制要求：用电动机抽水至储水塔，其动作如下：

（1）初始状态下，水塔和蓄水池均是空的，电动机 M＝OFF，水位传感器 S1＝S2＝S3＝S4＝OFF。

（2）按下启动按钮，电磁阀 Y1 打开，蓄水池开始蓄水，液面上升，当液面淹没到传感器 S3 时，S3＝ON，电磁阀 Y1 关闭，且抽水电动机 M 启动。

（3）电动机抽水至水塔，水塔水位上升，当水塔水位上升至传感器 S1 时，S1＝ON，抽水电动机停止抽水，即 M＝OFF。

（4）旋转手动排水电磁阀开始排水，当水塔水位低于传感器 S2 时，电动机重新启动（此时蓄水池水位不得低于传感器 S4，否则电动机不能启动），开始抽水。

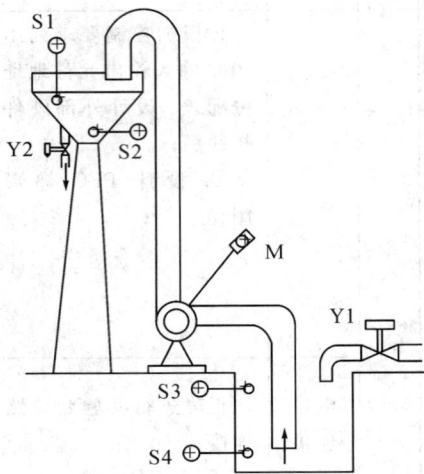

图 3-35　水塔水位控制示意图

（5）当蓄水池水位低于传感器 S4 时，电动机 M 停止抽水，且电磁阀 Y1 重新打开，蓄水池开始蓄水，若不按下停止按钮，水塔就会按照这种规律工作。

（6）按下停止按钮，随时停止电动机 M，且关闭阀门 Y1。

项目3.4　定时器、计数器指令应用训练

一、提出任务

利用定时器、计数器指令完成十字路口交通信号灯的控制。控制要求如下：

（1）有一个启动按钮和一个停止按钮。

（2）动作顺序如下：

东西红灯点亮 15 s 后熄灭，东西绿灯点亮 8 s，闪 3 s 后熄灭，黄灯亮 2 s 后熄灭；东西红灯点亮的同时，南北绿灯点亮 10 s，闪 3 s 后熄灭，黄灯点亮 2 s 后熄灭，南北红灯点亮 13 s。如此循环，直到按下停止按钮，灯全部熄灭。

二、相关知识点

（一）定时器指令

1. 定时器指令的基本概念

1）种类

定时器指令的种类有 TON、TONR 和 TOF。

2）分辨率与定时时间的计算

（1）单位时间的时间增量称为定时器的分辨率，即精度。S7-200 PLC 定时器有 3 个精度等级：1 ms、10 ms 和 100 ms。

（2）定时器定时时间 T 的计算：

$$T=PT \times S$$

式中：T 为实际定时时间；PT 为设定值；S 为分辨率。

例 3.4.1　TON 指令使用 T97（为 10 ms 的定时器），设定值为 100，则实际定时时间为

$$T=100 \times 10 = 1000 \text{ ms}$$

（3）定时器的设定值 PT：数据类型为 INT 型。

操作数可为：VW、IW、QW、MW、SW、SMW、LW、AIW、T、C、AC、＊VD、＊AC、＊LD 和常数，其中常数最为常用。

2. 定时器的编号

定时器的编号用定时器的名称和它的常数编号（最大为 255）来表示，即 T×××，如：T40。定时器的编号包含两方面的变量信息：定时器位和定时器当前值。

（1）定时器位：与其他继电器的输出相似。当定时器的当前值达到设定值 PT 时，定时器的触点动作。

（2）定时器当前值：存储定时器当前所累计的时间，它用 16 位符号整数来表示，最大计数值为 32 767。

定时器编号表见表 3-11。

表 3-11　定时器的定时精度及编号

定时器类型	分辨率	最大当前值	定时器编号
TONR	1 ms	32.767 s	T0，T64
	10 ms	327.67 s	T1～T4，MT65～T68
	100 ms	3276.7 s	T5～T31，T69～T95
TON，TOF	1 ms	32.767 s	T332，T96
	10 ms	327.67 s	T33～T36，T97～T100
	100 ms	3276.7 s	T37～T63，T101～T255

注意：TON 和 TOF 使用相同范围的定时器编号，所以在同一个 PLC 程序中决不能把同一个定时器号同时用做 TON 和 TOF。例如在程序中，不能既有接通延时（TON）定时器 T32，又有断开延时（TOF）定时器 T32。

3. 定时器指令格式

定时器指令格式见表 3-12。

表 3 - 12　定时器指令格式

格式＼名称	接通延时定时器	有记忆接通延时定时器	断开延时定时器
LAD	???? —IN TON ????—PT	???? —IN TONR ????—PT	???? —IN TOF ????—PT
STL	TON　T×××.PT	TONR　T×××.PT	TOF　T×××.PT

1) 接通延时定时器 TON(On-Delay Timer)

接通延时定时器用于单一时间间隔的定时。

(1) 上电周期或首次扫描时，定时器位为 OFF，当前值为 0。

(2) 输入端接通时，定时器位为 OFF，当前值从 0 开始计时，当前值达到设定值时，定时器位为 ON，当前值仍连续计数到 32 767。

(3) 输入端断开，定时器自动复位，即定时器位为 OFF，当前值为 0。

2) 记忆接通延时定时器 TONR(Retentive On-Delay Timer)

记忆接通延时定时器具有记忆功能，它用于对许多间隔的累计定时。

(1) 上电周期或首次扫描时，定时器位为 OFF，当前值保持在掉电前的值。

(2) 当输入端接通时，当前值从上次的保持值继续计时，当累计当前值达到设定值时，定时器位为 ON，当前值可继续计数到 32 767。

(3) TONR 定时器只能用复位指令 R 对其进行复位操作。TONR 复位后，定时器位为 OFF，当前值为 0。掌握好对 TONR 的复位及启动是使用好 TONR 指令的关键。

3) 断开延时定时器 TOF(Off-Delay Timer)

断开延时定时器用于断电后的单一间隔时间计时。

(1) 上电周期或首次扫描时，定时器位为 OFF，当前值为 0。

(2) 输入端接通时，定时器位为 ON，当前值为 0。当输入端由接通到断开时，定时器开始计时。当达到设定值时定时器位为 OFF，当前值等于设定值时，停止计时。

(3) 输入端再次由 OFF→ON 时，TOF 复位，这时 TOF 的位为 ON，当前值为 0。如果输入端再从 ON→OFF，则 TOF 可实现再次启动。

4. 使用举例

定时器指令使用举例见图 3 - 36。

5. 定时器的刷新方式和正确使用

1 ms、10 ms、100 ms 定时器的刷新方式是不同的，从而在使用方法上也有很大的不同，这和其他 PLC 相比是有很大区别的。

(1) 1 ms 定时器：由系统每隔 1 ms 刷新一次，与扫描周期及程序处理无关，它采用的是中断刷新方式。因此，当扫描周期大于 1 ms 时，在一个周期中可能被多次刷新。其当前值在一个扫描周期内不一定保持一致。

(2) 10 ms 定时器：由系统在每个扫描周期开始时自动刷新，由于每个扫描周期只刷新一次，故在一个扫描周期内定时器位和定时器的当前值保持不变。

网络1 定时器使用举例

(a) 梯形图

```
LD      I0.0
TON     T35,+4  //接通延时定时器
TONR    T2,+10  //有记忆接通延时定时器
TOF     T36,+3  //断电延时定时器
```

(b) 语句表

(c) 时序图

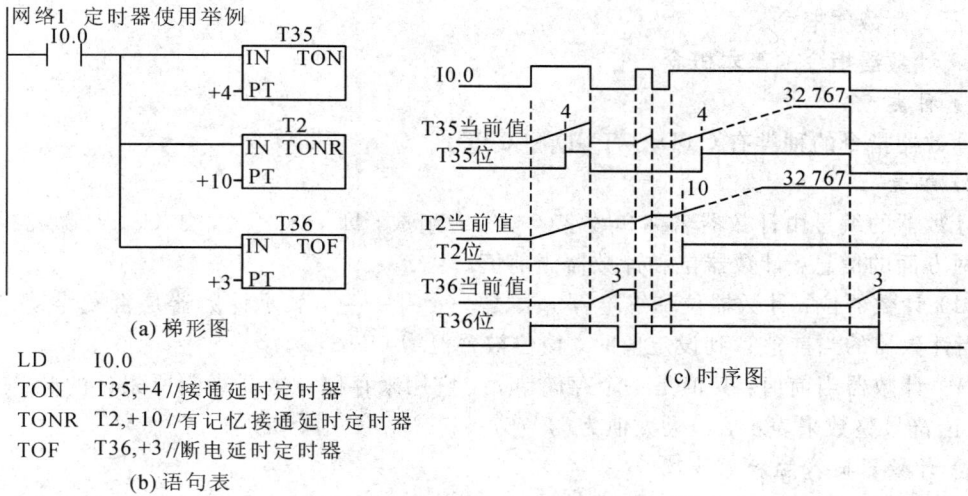

图 3 - 36 定时器指令使用举例

（3）100 ms 定时器：在定时器指令执行时被刷新，因此，如果 100 ms 定时器被激活后，如果不是每个扫描周期都执行定时器指令或在一个扫描周期内多次执行定时器指令，都会造成计时失准，所以在跳转指令和循环指令段中使用定时器时，要格外小心。100 ms 定时器仅用在定时器指令在每个扫描周期执行一次的程序中。

定时器的刷新方式和正确使用举例见图 3 - 37。

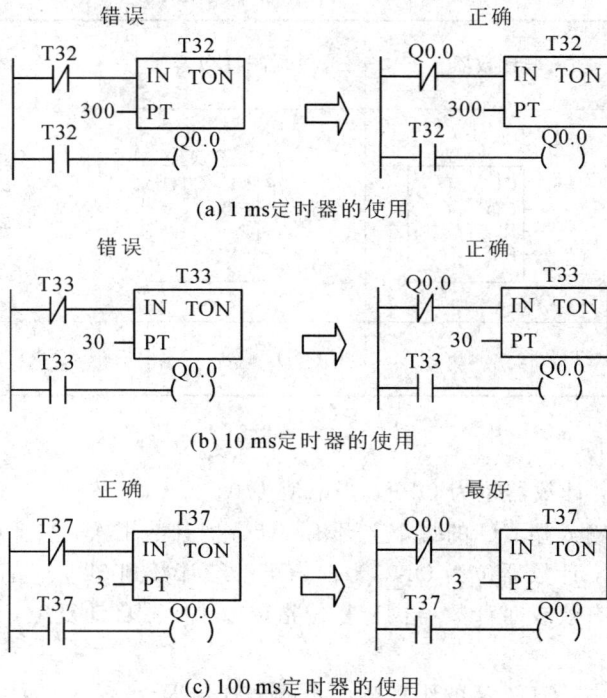

(a) 1 ms 定时器的使用

(b) 10 ms 定时器的使用

(c) 100 ms 定时器的使用

图 3 - 37 定时器正确使用举例

（二）计数器指令

1. 计数器指令的基本概念

1）种类

计数器指令的种类有 CTD、CTUD 和 CTD。

2）编号

计数器的编号由计数器名称和数字（0～255）组成，即 C×××，如 C6。计数器的编号包含两方面的信息：计数器位和计数器当前值。

（1）计数器位：计数器位和继电器一样是一个开关量，表示计数器是否发生动作的状态。当计数器的当前值达到设定值时，该位被置位为 ON。

（2）计数器当前值：其值是一个存储单元，它用来存储计数器当前所累计的脉冲个数，用 16 位符号整数来表示，最大数值为 32 767。

3）计数器输入端和操作数

设定值输入：数据类型为 INT 型。

寻址范围：VW、IW、QW、MW、SW、SMW、LW、AIW、T、C、AC、＊VD、＊AC、＊LD 和常数。一般情况下使用常数作为计数器的设定值。

2. 指令格式及其使用

1）指令格式

计数器指令格式见表 3-13。

表 3-13　计数器指令格式

格式＼名称	增计数器	增减计数器	减计数器
LAD	???? —CU CTUD —CD —R ????—PV	???? —CU CTUD —CD —R ????—PV	???? —CD CTD —LD ????—PV
STL	CTU C×××.PV	CTUD C×××.PV	CTD C×××.PV

2）增计数器 CTU

（1）首次扫描时，计数器位为 OFF，当前值为 0。

（2）在计数脉冲输入端 CU 的每个上升沿，计数器计数 1 次，当前值增加一个单位。当当前值达到设定值时，计数器位为 ON，当前值可继续计数到 32 767 后停止计数。

（3）复位输入端有效或对计数器执行复位指令，计数器自动复位，即计数器位为 OFF，当前值为 0。

注意：在语句表中，CU、R 的编程顺序不能出现错误。

图 3-38 为增计数器使用举例。

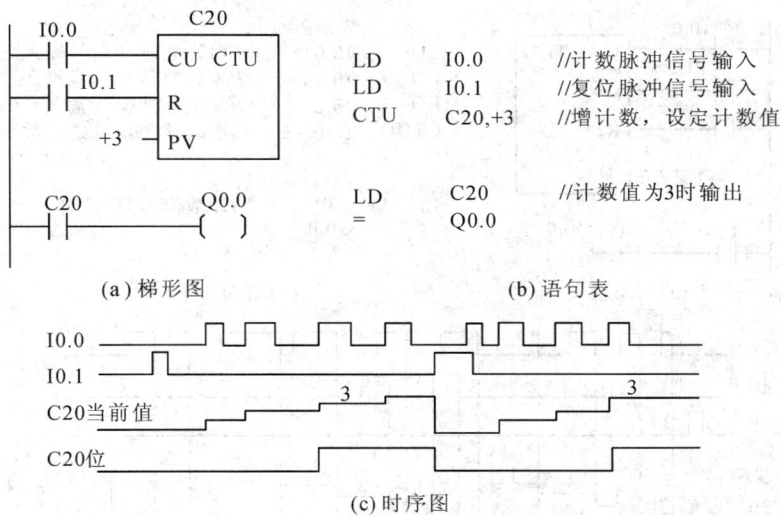

	LD	I0.0	//计数脉冲信号输入
	LD	I0.1	//复位脉冲信号输入
	CTU	C20,+3	//增计数，设定计数值
	LD	C20	//计数值为3时输出
	=	Q0.0	

(a) 梯形图　　　　　　　　　　　　　(b) 语句表

(c) 时序图

图 3-38　增计数器使用举例

3）增减计数器 CTUD

（1）增减计数器有两个计数脉冲输入端：CU 输入端用于递增计数，CD 输入端用于递减计数。

（2）首次扫描时，计数器位为 OFF，当前值为 0。CU 输入的每个上升沿，计数器当前值增加 1 个单位；CD 输入的每个上升沿，都使计数器当前值减小 1 个单位，当当前值达到设定值时，计数器位置位为 ON。

（3）增减计数器当前值计数到 32 767（最大值）后，下一个 CU 输入的上升沿将使当前值跳变为最小值（-32 768）；当当前值达到最小值-32 768 后，下一个 CD 输入的上升沿将使当前值跳变为最大值 32 767。

（4）复位输入端有效或使用复位指令对计数器执行复位操作后，计数器自动复位，即计数器位为 OFF，当前值为 0。

注意：在语句表中，CU、CD、R 的顺序不能出现错误。

图 3-39 为增减计数器使用举例。

4）减计数器 CTD

（1）首次扫描时，计数器位为 ON，当前值为预设定值 PV。

（2）对 CD 输入端的每个上升沿，计数器计数 1 次，当前值减少一个单位，当当前值减小到 0 时，计数器位置位为 ON。

（3）复位输入端有效或对计数器执行复位指令，计数器自动复位，即计数器位为 OFF，当前值复位为设定值。

注意：减计数器的复位端是 LD，而不是 R。在语句表中，CD、LD 的顺序不能出现错误。

图 3-40 为减计数器使用举例。

I0.0　C30
CU CTUD
I0.1
CD
I0.2
R
+5　PV

C30　Q0.0
（ ）

(a) 梯形图

```
LD      I0.0      //增计数脉冲信号输入
LD      I0.1      //减计数脉冲信号输入
LD      I0.2      //复位脉冲信号输入
CTUD    C30,+5    //增减计数，设定计数值

LD      C30       //计数值为5时输出
=       Q0.0
```

(b) 语句表

I0.0

I0.1

I0.2

C30当前值　1　2　3　4　5　4　3　4　3　4　5　6　7
C30位

(c) 时序图

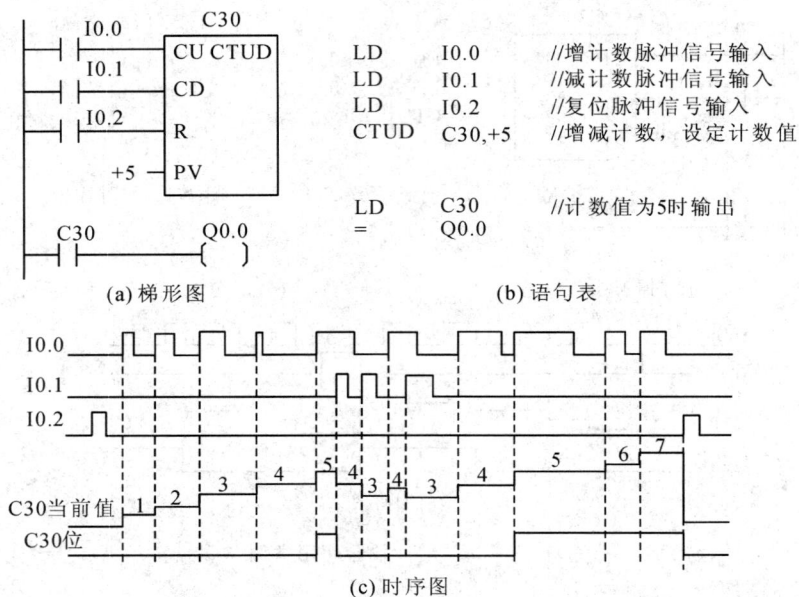

图 3-39　增减计数器使用举例

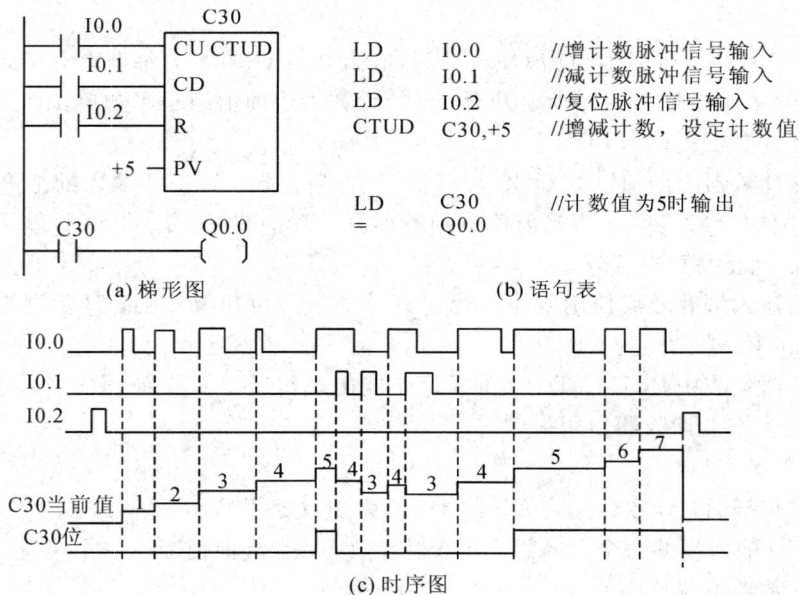

I0.0　C30
CU CTUD
I0.1
CD
I0.2
R
+5　PV

C30　Q0.0
（ ）

(a) 梯形图

```
LD      I0.0      //增计数脉冲信号输入
LD      I0.1      //减计数脉冲信号输入
LD      I0.2      //复位脉冲信号输入
CTUD    C30,+5    //增减计数，设定计数值

LD      C30       //计数值为5时输出
=       Q0.0
```

(b) 语句表

I0.0

I0.1

I0.2

C30当前值　1　2　3　4　5　4　3　4　3　4　5　6　7
C30位

(c) 时序图

图 3-40　减计数器使用举例

三、任务设计

请根据任务要求，进行任务 PLC 程序设计工作。设计过程中遵循以下步骤：

（1）明确控制要求，确定输入/输出信号。

（2）进行 I/O 地址分配。

（3）绘制外部硬件接线图。

（4）编制梯形图程序。

四、任务实施

1. 训练器材

训练器材包括 PLC 实训设备、连接导线和彩灯模拟实验板。

2. 训练步骤

（1）运行西门子 PLC 的 WIN STEP7 编程软件。

（2）程序录入。

（3）根据外部硬件接线图进行 PLC 外围电路的连接，包括 PLC 模块单元的供电和彩灯模拟实验板供电。

（4）下载程序到 PLC 中，开启程序监控状态。

（5）进行程序调试，观察发光二极管亮灭情况是否符合控制要求。

3. 注意事项

（1）在断开电源的情况下进行 PLC 外围电路的连接，如连接 PLC 的输入接口线、连接 PLC 的输出接口线。

（2）程序调试完毕拆除 PLC 的外围电路时，也要断开电源后进行。

（3）PLC 的状态开关位于"TERM"（终端）位置，由编程软件控制 PLC 的运行与停止。

五、反馈评价

说说你的收获吧！并填写如表 3 - 14 所示的评价表。

表 3 - 14　项目 3.4 评价表

能力要求	主要内容	考核要求	评分标准	配分	小组评分	个人评分	教师评分
专业能力	程序设计	1.根据控制要求列出 PLC 输入输出元件地址分配表，设计外部硬件接线图； 2.设计 PLC 梯形图程序	1.PLC 输入输出地址遗漏或搞错，每处扣 6 分； 2.PLC 输入输出接线图设计不全或设计有错，每处扣 6 分； 3.梯形图表达不正确或画法不规范，每处扣 6 分； 4.接线图表达不正确或画法不规范，每处扣 6 分； 5.PLC 程序有错，每条扣 6 分	30			
	电路连接	正确进行实验台电路连接	1.电源连接不正确，每次扣 10 分； 2.根据输入输出地址进行信号连接，每错一处扣 3 分	20			

能力要求	主要内容	考核要求	评分标准	配分	小组评分	个人评分	教师评分
专业能力	程序输入及调试	1. 熟练操作编程软件，正确地将编写程序输入 PLC； 2. 按照被控设备的动作要求调试程序	1. 不能熟练操作编程软件，每次扣 5 分； 2. 指令输入错误，每处扣 3 分； 3. 调试步骤错误，每次扣 5 分； 4. 缺少功能，每项扣 5 分	30			
	安全要求	1. 安全文明生产； 2. 有组织有纪律，守时诚信	1. 违反安全文明生产规程，扣 5～10 分； 2. 工位不整理或整理不到位，扣 2～3 分； 3. 随意走动，无所事事，不刻苦钻研，扣 5～10 分； 4. 未在规定时间内完成，每超出 10 分钟扣 2 分	倒扣			
职业能力	社会能力	1. 能够合理进行任务分配，较好地与小组成员进行交流； 2. 能够自主学习，掌握知识点； 3. 能够主动解决问题，对方法进行创新	1. 团队意识不强，酌情扣 3～5 分； 2. 不能分工协作，酌情扣 3～5 分； 3. 不能独立自主汲取新知识，酌情扣 3～5 分； 4. 不能解决问题，酌情扣 3～5 分	20			
分值比例				100	30%	10%	60%
合计							

六、巩固练习

利用定时器、计数器指令完成密码锁控制。

有一个密码锁，它有 8 个按键 SB1～SB8，其控制要求如下：

（1）SB7 为启动键，按下 SB7 才可以进行开锁作业。

（2）SB1、SB2、SB5 为可按压键。开锁条件为：SB1 按压次数为 5 次，SB2 按压次数为 3 次，SB5 按压次数为 2 次。如按上述规定按压，则 5s 后，密码锁自动打开。

（3）SB3、SB4 为不可按压键，一旦按压，报警器则发出报警，锁不能打开。

（4）SB6 为复位键，按下 SB6 键后，可重新进行开锁作业。如果按错键，则必须进行复位操作，所有的计数器都被复位。

（5）SB8 为停止键，按下 SB8 键，停止开锁作业。

（6）除了启动键以外，不考虑按键的顺序。

项目3.5　PLC顺序控制系统程序设计方法

一、提出任务

完成多种液体混合搅拌设备的PLC控制系统设计。

设有多种液体A、B和C在容器内按照一定的比例进行混合搅拌，其中，S1、S2、S3为液面传感器，当液面淹没时为ON；Y1、Y2、Y3、Y4为电磁阀；M为搅拌电动机。

1. 初始状态

容器是空的，Y1、Y2、Y3、Y4电磁阀均为关闭状态；S1、S2、S3为OFF状态；搅拌机为OFF状态。

2. 启动操作

按下启动按钮开始下列操作：

（1）Y1＝ON，液体A注入容器，当达到S3时，S3＝ON，使得Y1＝OFF，Y2＝ON，液体B注入容器。

（2）当液面达到S2时，S2＝ON，使得Y2＝OFF，Y3＝ON，液体C注入容器。

（3）当液面达到S1时，S1＝ON，Y3＝OFF，M＝ON，即关闭阀门Y3，电动机M启动后开始搅拌。

（4）电机经10 s搅拌均匀后，M＝OFF，停止搅动。

（5）停止搅拌后放出液体，Y4＝ON，液面下降，当液面低于S3时，再经15 s后容器放空，Y4＝OFF，完成一个操作周期。

（6）只要不按停止按钮则自动进入下一个操作周期。

3. 停止操作

按下停止按钮，系统在当前混合操作周期结束后，才停止操作，回到初始状态。

二、相关知识点

（一）PLC程序设计方法

1. PLC程序的经验设计

1）基本思路

在已有的典型梯形图的基础上，根据被控对象对控制的要求，通过多次反复调试和修改梯形图，增加中间编程元件和触点，以得到一个较为满意的程序。

2）基本特点

PLC程序的设计没有普遍的规律可以遵循，与设计所用的时间、设计的质量与编程者的经验有很大的关系。

3）适用场合

PLC程序的设计可用于逻辑关系较简单的梯形图程序设计。

4）基本步骤

（1）分析控制要求，选择控制原则。

（2）设计主令和检测元件，确定输入输出设备。

（3）设计执行元件的控制程序。

（4）检查、修改和完善程序。

2. 逻辑设计法

逻辑设计方法的基本含义是以逻辑组合的方法和形式设计电气控制系统。这种设计方法既有严密可循的规律性和明确可行的设计步骤，又具有简便、直观和十分规范的特点。布尔助记符程序设计语言常采用这类设计方法。PLC的早期应用就是替代继电器控制系统，因此用"0"、"1"两种取值的逻辑代数作为研究 PLC 应用程序的工具就是顺理成章的事了。从某种意义上说，PLC是"与"、"或"、"非"三种逻辑线路的组合体，而梯形图程序的基本形式也是"与"、"或"、"非"的逻辑组合。当一个逻辑函数用逻辑变量的基本运算式表示出来后，实现该逻辑函数功能的线路也随之确定，并进一步由梯形图直接写出对应的指令语句程序。

3. 顺序控制设计法

如果一个控制系统可以分解成几个独立的控制动作，且这些动作必须严格按照一定的先后次序执行才能保证生产过程的正常运行，也称为步进控制系统。

顺序控制设计法就是针对顺序控制系统的一种专门的设计方法。这种设计方法很容易被初学者接受，对于有经验的工程师，也会提高设计的效率，程序的调试、修改和阅读也很方便。PLC 的设计者们为顺序控制系统的程序编制提供了大量通用和专用的编程元件，开发了专门供编制顺序控制程序用的功能表图，使这种先进的设计方法成为当前 PLC 程序设计的主要方法。

（二）顺序功能图程序设计法

1. 顺控设计法的设计步骤

（1）步的划分：将系统的一个工作周期划分为若干个顺序相连的阶段，这些阶段称为步，并且用编程元件来代表各步。步是根据 PLC 输出状态的变化来划分的，在任何一步内，各输出状态不变，但是相邻步之间的输出状态是不同的。步也可根据被控对象工作状态的变化来划分，但被控对象工作状态的变化应该是由 PLC 输出状态变化引起的，否则就不能这样划分。

（2）转换条件的确定：使系统由当前步转入下一步的信号称为转换条件。转换条件可能是外部输入信号，如按钮、指令开关、限位开关的接通/断开等，也可能是 PLC 内部产生的信号，如定时器、计数器触点的接通/断开等，转换条件还可能是若干个信号的与、或、非逻辑组合。

（3）功能表图的绘制：根据以上分析和被控对象工作内容、步骤、顺序和控制要求画出功能表图。绘制功能表图是顺序控制设计法中最为关键的一步。功能表图又称为状态转移图，它是描述控制系统的控制过程、功能和特性的一种图形。功能表图不涉及所描述控制功能的具体技术，是一种通用的技术语言，可用于进一步设计和不同专业的人员之间进行技术交流。各个PLC厂家都开发了相应的功能表图，各国家也都制定了国家标准。我国1986年颁布了功能表图国家标准（GB6988.6—86），现行国家标准为GB/T 21654—2008。

（4）梯形图的编制：根据功能表图，按某种编程方式写出梯形图程序。如果PLC支持功能表图语言，则可直接使用该功能表图作为最终程序。

2. 功能表图的组成

功能表图主要由步、动作（命令）、有向连线、转换和转换条件组成，如图3-41所示。

1）步与动作

步：矩形框表示步，方框内是该步的编号。编程时一般用PLC内部编程元件来代表各步。

初始步：与系统的初始状态相对应的步称为初始步。初始步用双线方框表示，每一个功能表图至少应该有一个初始步。

动作：一个控制系统可以划分为被控系统和施控系统。对于被控系统，在某一步中要完成某些"动作"；对于施控系统，在某一步中则要向被控系统发出某些"命令"，这些动作或命令简称为动作。

动作的表示：用矩形框中的文字或符号表示，该矩形框应与相应的步的符号相连，如图3-42所示。

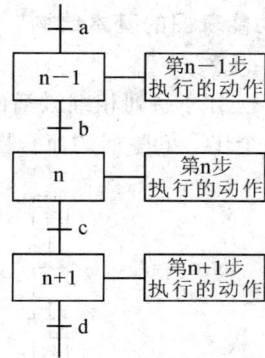

图3-41　功能表图

活动步：当系统正处于某一步时，该步处于活动状态，称该步为"活动步"。步处于活动时，相应的动作被执行。

保持型动作：若为保持型动作，则该步不活动时继续执行该动作。

非保持型动作：若为非保持型动作，则指该步不活动时，动作也停止执行。

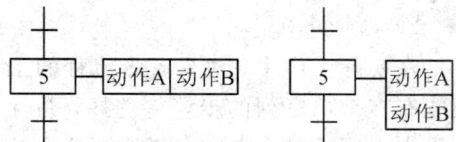

图3-42　与步对应的动作

说明：一般在功能表图中保持型的动作应该用文字或助记符标注，而非保持型动作不要标注。

2）有向连线、转换与转换条件

有向连线：功能表图中步的活动状态的顺序进展按有向连线规定的路线和方向进行。活动状态的进展方向习惯上是从上到下或从左至右，在这两个方向有向连线上的箭头可以省略。如果不是上述的方向，应在有向连线上用箭头注明进展方向。

转换：转换是用有向连线上与有向连线垂直的短线来表示的，转换将相邻两步分隔开。步的活动状态的进展是由转换的实现来完成的，并与控制过程的发展相对应。

转换条件：转换条件可以用文字语言、布尔代数表达式或图形符号标注在表示转换的短线旁边。

3）转换实现的基本规则

在功能表图中，步的活动状态的进展是由转换的实现来完成的。转换实现必须同时满足两个条件：

（1）该转换所有的前级步都是活动步。

（2）相应的转换条件得到满足。

转换的实现应完成两个操作：

（1）所有的后续步都变为活动步。

（2）所有的前级步都变为不活动步。

3．功能表图的基本结构

1）单序列

单序列由一系列相继激活的步组成，每一步的后面仅接有一个转换，每一个转换的后面只有一个步。单序列的流程图如图 3－43 所示。

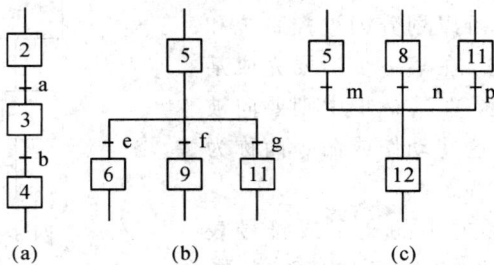

图 3－43　单序列流程图

2）选择序列

在实际生产中，对具有多流程的工作要进行流程选择或者分支选择，即在一个步后边可能有多个单序列的步等待选择，并且一次只能选择其中某一个序列。那条序列的转移条件最先得到满足，这条序列就被选中执行。选择序列的分支开始与合并用单横线表示。选择序列的流程图如图 3－44 所示。除此之外，跳转、循环结构都属于选择序列。

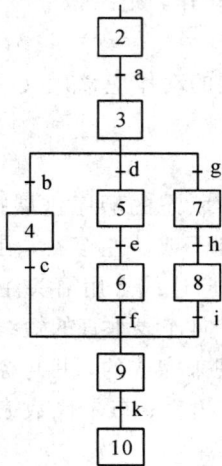

图 3－44　选择序列流程图

3）并行序列

并行序列的开始称为分支，当转换条件的实现导致几个序列同时激活时，这些序列称为并行序列。为了强调转换的同步实现，水平连线用双线表示。并行序列的结束称为合并，在表示同步的水平双线之下，只允许有一个转换符号。并行序列的流程图如图 3 - 45 所示。

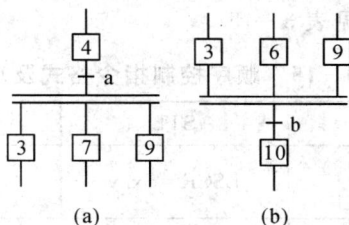

图 3 - 45　并行序列流程图

4）子步

某一步可以包含一系列子步和转换，通常这些序列表示整个系统的一个完整的子功能。

子步的使用使系统的设计者在总体设计时容易抓住系统的主要矛盾，用更加简洁的方式表示系统的整体功能和概貌，而不是一开始就陷入某些细节之中。子步中还可以包含更详细的子步，这使设计方法的逻辑性很强，可以减少设计中的错误，缩短总体设计和查错所需要的时间。子步的流程图如图 3 - 46 所示。

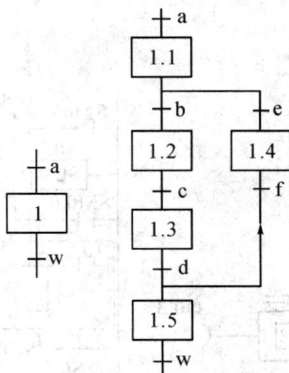

图 3 - 46　子步流程图

4. 绘制功能表图时应注意的问题

（1）两个步绝对不能直接相连，必须用一个转换将它们隔开。

（2）两个转换也不能直接相连，必须用一个步将它们隔开。

（3）功能表图中，初始步是必不可少的。

只有当某一步所有的前级步都是活动步时，该步才有可能变成活动步。PLC 开始进入 RUN 方式时各步均处于"0"状态，因此，必须要有初始化信号，将初始步预置为活动步，否则功能表图中永远不会出现活动步，系统将无法工作。

（三）顺序控制指令

流程图绘制好后，可以用基本逻辑指令进行程序编制，除此以外，S7-200 提供的顺序控制指令可以将功能图转换成梯形图程序。

1. 指令格式

顺序控制指令格式及功能见表 3-15。

表 3-15　顺序控制指令格式及功能

LAD	STL	功能
??.? — SCR	LSCR　Sx.y	步开始
??.? —(SCRT)	SCRT　Sx.y	步转移
—(SCRE)	SCRE	步结束

（1）顺序步开始指令（LSCR）：顺序控制继电器位 Sx.y＝1 时，该程序步执行。

（2）顺序步结束指令（SCRE）：SCRE 为顺序步结束指令，顺序步的处理程序在 LSCR 和 SCRE 之间。

（3）顺序步转移指令（SCRT）：使能输入有效时，将本顺序步的顺序控制继电器位Sx.y清零，下一步顺序控制继电器位置为 1。

2. 使用举例

顺序控制指令的使用举例见图 3-47。

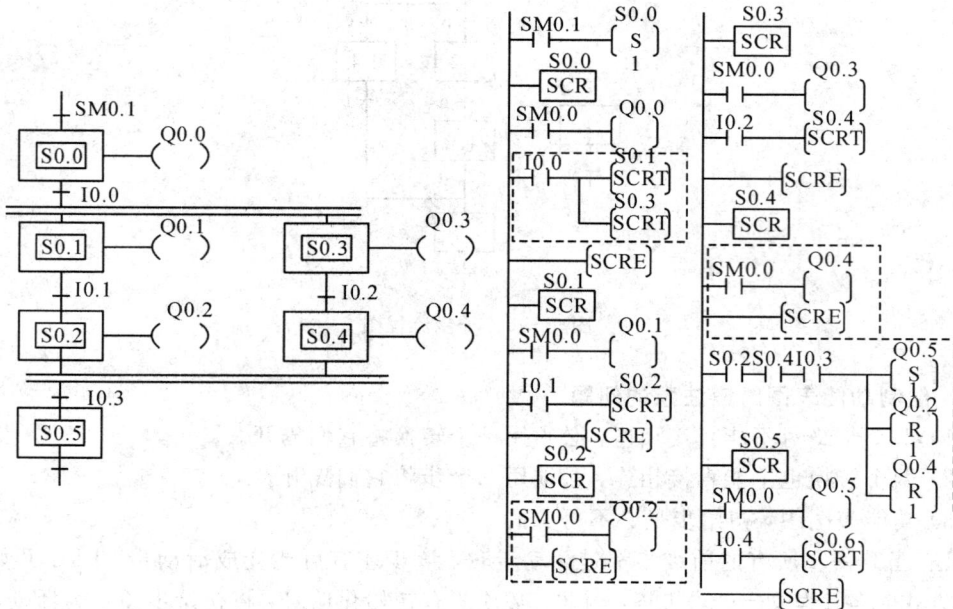

图 3-47　顺序控制指令使用举例

3. 使用说明

（1）顺序控制指令的操作数只能是 S。

（2）SCR 段能否执行取决于该状态器（S）是否被置位。

（3）不能把同一个 S 位用于不同的程序中。

（4）SCR 段中不允许使用跳转指令、循环指令和有条件结束指令。

（5）在状态转移发生后，当前 SCR 段所有动作元件一般均复位，除非使用置位指令。

（6）顺序功能图中的状态器的编号可以不按顺序编排。

（7）同一功能图中不允许有双线圈输出。

三、任务设计

请根据任务要求，进行 PLC 程序设计工作。设计过程中应遵循以下步骤：

（1）明确控制要求，确定输入/输出信号。

（2）进行 I/O 地址分配。

（3）绘制外部硬件接线图。

（4）编制梯形图程序。

四、任务实施

1. 训练器材

训练器材包括 PLC 实训设备、连接导线和彩灯模拟实验板。

2. 训练步骤

（1）运行西门子 PLC 的 WIN STEP7 编程软件。

（2）程序录入。

（3）根据外部硬件接线图进行 PLC 外围电路的连接，包括 PLC 模块单元的供电和彩灯模拟实验板供电。

（4）下载程序到 PLC 中，开启程序监控状态。

（5）进行程序调试，观察发光二极管亮灭情况是否符合控制要求。

3. 注意事项

（1）在断开电源的情况下进行 PLC 外围电路的连接，如连接 PLC 的输入接口线、连接 PLC 的输出接口线。

（2）程序调试完毕拆除 PLC 的外围电路时，也要断开电源后进行。

（3）PLC 的状态开关位于"TERM"（终端）位置，由编程软件控制 PLC 的运行与停止。

五、反馈评价

说说你的收获吧！并填写如表 3-16 所示的评价表。

表 3-16　项目 3.5 评价表

能力要求	主要内容	考核要求	评分标准	配分	小组评分	个人评分	教师评分
专业能力	程序设计	1.根据控制要求列出PLC输入输出元件地址分配表,设计外部硬件接线图; 2.设计 PLC 梯形图程序	1.PLC输入输出地址遗漏或搞错,每处扣 6 分; 2.PLC输入输出接线图设计不全或设计有错,每处扣 6 分; 3.梯形图表达不正确或画法不规范,每处扣 6 分; 4.接线图表达不正确或画法不规范,每处扣 6 分; 5.PLC程序有错,每条扣 6 分	30			
	电路连接	正确进行实验台电路连接	1.电源连接不正确,每次扣 10 分; 2.根据输入输出地址进行信号连接,每错一处扣 3 分	20			
	程序输入及调试	1.熟练操作编程软件,正确地将编写程序输入PLC; 2.按照被控设备的动作要求调试程序	1.不能熟练操作编程软件,每次扣5 分; 2.指令输入错误,每处扣 3 分; 3.调试步骤错误,每次扣 5 分; 4.缺少功能,每项扣 5 分	30			
	安全要求	1.安全文明生产; 2.有组织有纪律,守时诚信	1.违反安全文明生产规程,扣 5～10 分; 2.工位不整理或整理不到位,扣2～3分; 3.随意走动,无所事事,不刻苦钻研,扣 5～10 分; 4.未在规定时间内完成,每超出 10分钟扣 2 分	倒扣			
职业能力	社会能力	1.能够合理进行任务分配,较好地与小组成员进行交流; 2.能够自主学习,掌握知识点; 3.能够主动解决问题,对方法进行创新	1.团队意识不强,酌情扣 3～5 分; 2.不能分工协作,酌情扣 3～5 分; 3.不能独立自主汲取新知识,酌情扣3～5 分; 4.不能解决问题,酌情扣 3～5 分	20			
分值比例				100	30%	10%	60%
合计							

六、巩固练习

图 3-48 所示为某机械手的工作示意图，该机械手的任务是将工件从工作台 A 搬往工作台 B。机械手的初始位置在原位，按下启动按钮后，机械手将依次完成：下降→夹紧→上升→右移→下降→放松→上升→左移八个动作，实现机械手一个周期的动作。试设计该机械手的 PLC 控制系统。

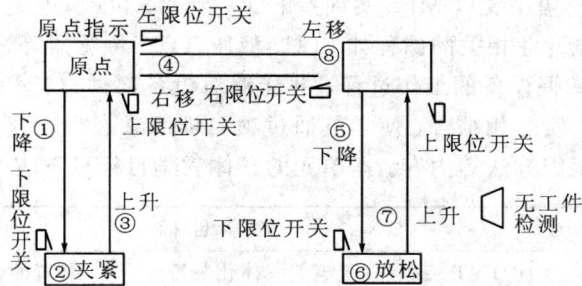

图 3-48　某机械手的工作示意图

单元4 自动生产线安装与调试

自动生产线装调模块主要以 MPS 实训室的 TVT-2000G 机电气一体化装置以及 MPS 装置为载体，可将机电专业相关的课程如 PLC、液压气动、传感器等知识进行融合。通过完成五个"工作任务"来掌握设备的工作过程，并能够对设备部件进行相应的装调。在项目设计时，力求做到理论与实际相结合，使学员通过项目训练掌握自动化生产线所应用技术的相关知识、了解教学组织方法等内容。本单元的具体教学目标见下表。

序　号	教 学 目 标
1	了解 TVT-2000G 机电气一体化装置和 MPS 装置的使用
2	掌握 TVT-2000G 机电气一体化装置的接线方法
3	掌握步进电机控制方法
4	掌握机电设备装调方法与技巧

项目4.1　认识自动生产线装置

一、提出任务

认识 MPS 实训室的装置，对装置进行线路连接。

二、相关知识点

（一）TVT-2000G 机电气一体化培训系统简介

TVT-2000G 是一套融合实验、实训及综合开发的新型培训系统，该系统采用工业元器件，所有传感器、执行器接口开放，系统内部含有网络接口，可组成 PLC 网络，是包含 PLC、传感器、变频器、变频调速、步进电机、气动等技术的综合应用培训系统。

1. 系统组成

该系统的结构方框图如图 4-1 所示，主要由控制单元、材料分拣小系统、平面仓储小系统和接口单元组成。

控制单元由电源模块和 2 台 PLC 组成。电源单元选用开关电源，主要作用是为系统提供直流 24 V 的电源。系统选用 2 台 PLC 主要是用于分别控制平面仓储小系统和材料分拣小系统，然后通过 PLC 网络实现 PLC 之间的相互通讯，完成系统的统一动作。PLC 之间的网络根据 PLC 的机型特点，可分别选用 PPI、PC-LINK、C-Net 等网络方式。

材料分拣小系统由传送带、传感器组、变频器、交流电机、旋转编码器、井式出料塔、气动推料机构等组成。其中变频器、旋转编码器、交流电机与 PLC 组成带位置反馈的速度

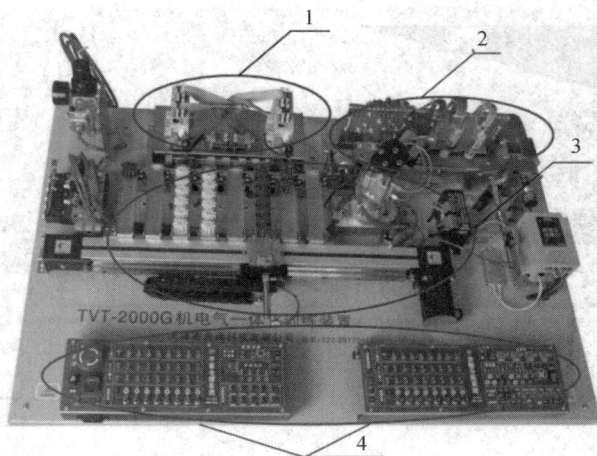

1—控制单元；2—材料分拣小系统；3—平面仓储小系统；4—接口单元

图 4-1 TVT-2000G 装置组成图

控制系统。传感器组由电容传感器、电感传感器、颜色传感器和光电传感器组成，可以识别货物的颜色、材质、数量等属性。

平面仓储小系统由步进电机及其驱动器、气动机械手、平面库、直线导轨、气动入库机构等组成。通过控制气动入库机构在直线导轨上的位移，使不同货物进入到不同的仓位。

接口单元采用开放式结构，系统所有控制线和信号线均通过导线引到面板上来，因此在实验时，只需要在面板上接线即可。

2. 系统接线

1）电源引线的连接

在接口单元板上每一侧都有电源输出端，如图 4-2 所示。当系统需要 DC 电源供电时，只需要从最近的电源输出端引出电源线。

注意：图 4-2 中的四个电源输出正端已经内部短接，四个电源输出负端也已经内部短接。如果电源输出电压不正常，请先检查外部供电电源是否正常，然后再检查保险丝是否损坏，检查完毕如果都正常，请查看开关电源是否正确。

2）PLC 的输入输出接线

PLC 的输入输出端子在接线之前，应将其对应的 COM 端口与电源相关的端子进行连接。具体连接方式如下：PLC 输入端的 COM 接电源输出正端，PLC 输出端的 COM 接电源输出的负端，如图 4-3 所示。连接完 PLC 的 COM 端以后，根据系统的 I/O 接线图将对应的输入输出端子与各执行器或检测器件进行连接，如图 4-4 所示。

3）外围设备的接线

（1）传感器的接线。在该系统中，涉及的传感器从功能上分为电感传感器、电容传感器、颜色传感器、光电传感器、行程开关、电磁传感器等。从接线方式上分为两种：一种是三线式，另一种是二线式。电感传感器、电容传感器、颜色传感器、光电传感器和电磁传感器采用三线式接线方式。行程开关采用二线式接线方式。三线式传感器分为电源线和信号线，其中电源线为两根，分别接 24 V 直流电源的正负端子，信号线根据 I/O 分配表与 PLC

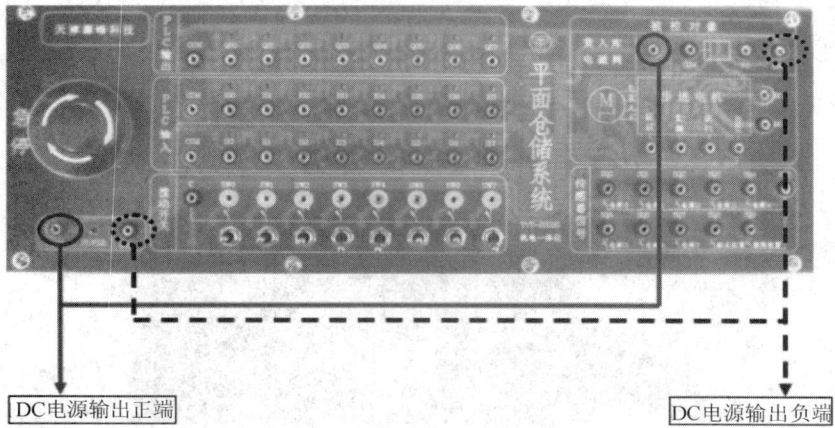

(a) 平面仓储系统

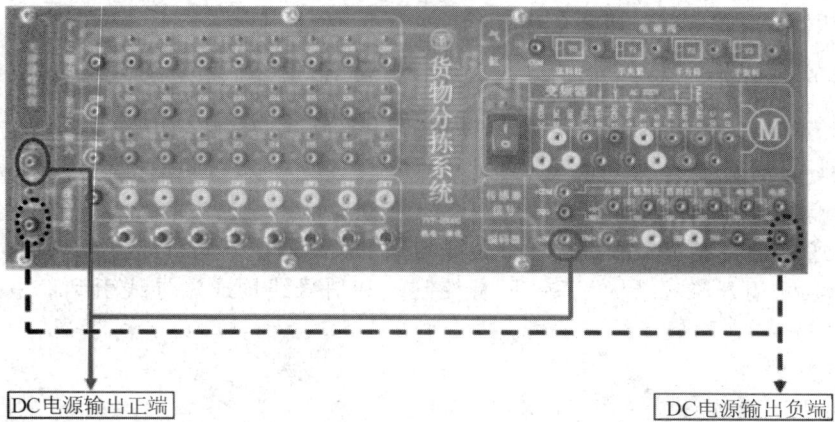

(b) 货物分拣系统

图 4 - 2　电源位置图

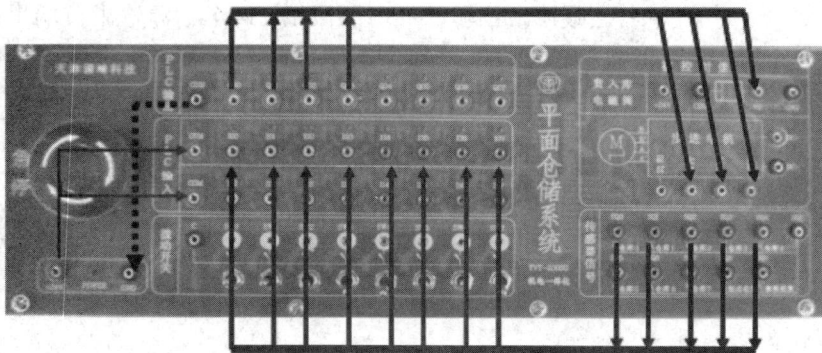

图 4 - 3　PLC 公共端连接示意图

的输入端进行连接（关于与 PLC 之间的连接可参见 PLC 的输入输出接线方式）。二线式传**感器分为信号线和公共线，公共线接 24 V 直流电源的负端子，信号线根据 I/O 分配表与**PLC 的输入端进行连接，具体的接线方式如图 4 - 5 所示。

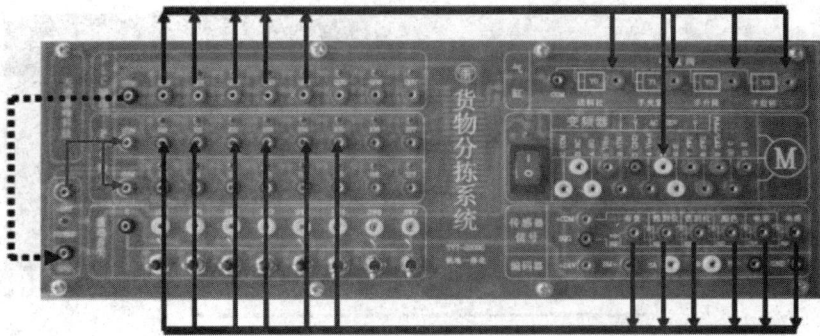

图 4-4 I/O信号连接示意图

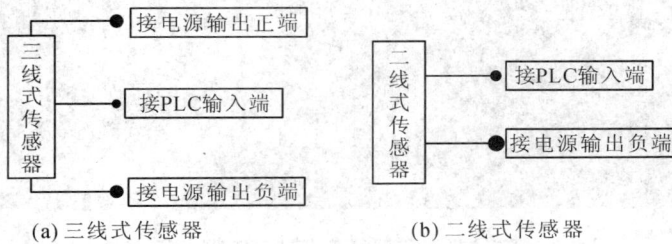

(a) 三线式传感器   (b) 二线式传感器

图 4-5 传感器接线方式示意图

在系统设计时，为了节省接线，将三线式传感器的电源线都短接在一起，因此在使用过程中可以预先将传感器的电源线与电源输出端进行连接（参见电源引线的连接）。同时将二线式传感器的公共线也短接在一起，然后与电源输出负端进行连接。下面以电磁传感器为例说明三线式传感器的连接。电磁传感器的信号与PLC的输入端I0.0进行连接。以行程开关为例说明二线式传感器的接线方式。行程开关的信号与PLC的输入端I1.0进行连接，其接线示意图如图4-6所示。

（2）电磁阀的接线。该系统中气缸采用电磁阀进行控制，当电磁阀未触发时，气缸处于原始位置；当电磁阀得电触发后，气缸运行到工作点。

电磁阀在接线方式上采用二线式接线，一端为控制信号线，一端为公共端。在设计时，为了节省布线，将相近电磁阀的公共端进行短接（如控制气动机械手的三个气缸以及推料气缸的公共端是短接在一起的）。电磁阀的控制信号线来自于PLC的输入端，公共线与电源输出的负端进行连接。

下面以直线导轨上面的推料气缸的接线方式为例来说明电磁阀的接线，电磁阀的控制信号线为Q0.0，具体的连接见图4-7。

（3）步进电机的接线。步进电机的控制采用了PLC的脉冲输出功能，对于西门子CPU 226来说，只有数字量输出点Q0.0和Q0.1输出高速脉冲列和脉冲宽度可调的波形。因此对于步进电机的接线方式来说，脉冲端CP只能与Q0.0或Q0.1连接。为了接线方便，一般将Q0.2作为步进电机的方向控制。步进电机的公共端接电源输出的正端。步进电机为有源器件，因此在控制之前，需要外接24 V直流电源。对于脱机电平，当输入低电平信号

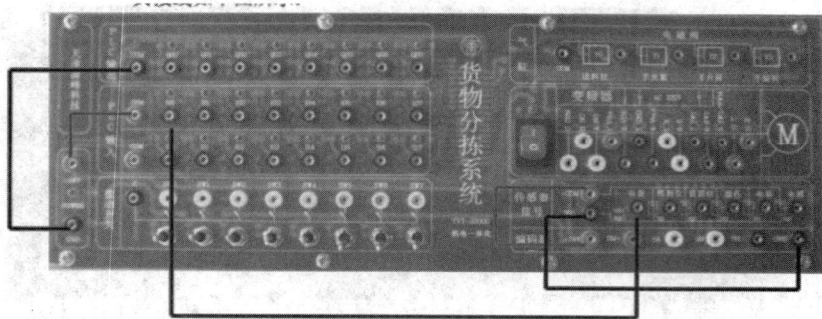

(a) 货物分拣系统

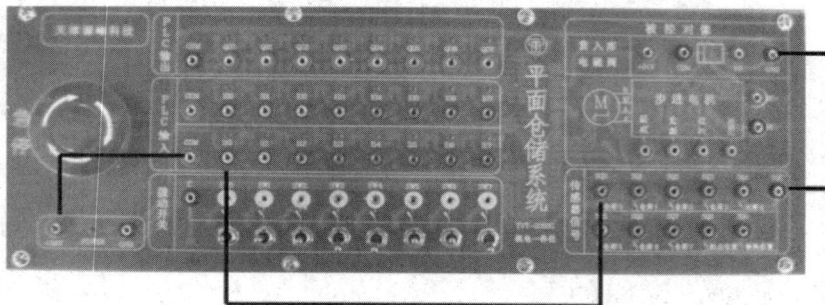

(b) 平面仓储系统

图 4 - 6　传感器接线示意图

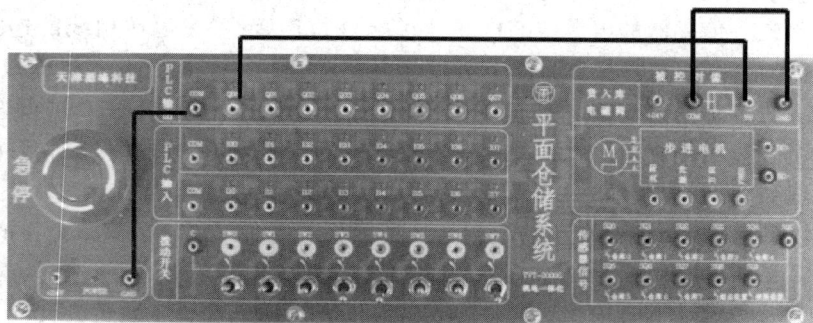

图 4 - 7　气缸接线示意图

时,电机处于无扭矩状态,这是为了保护电机运行,在正常情况下,可以不需要接此信号。步进电机控制的接线如图 4 - 8 所示。

(4) 变频器的接线。PLC 可以控制变频器的启动、停止及速度调整,其各个端子的说明如图 4 - 9 所示。

在上述各个端子当中,“3”号端是各个信号的公共端,例如:为了实现电机的运行停止操作,需要将 PLC 的控制端与“5”号端相连接,另外还需要将 PLC 输出的公共端(即电源输出的负端)与“3”号端相连接。

根据上述接线说明,下面以控制变频器启动停止及正反转为例来讲解接线的操作。假设变频器的启动信号为 Q0.3,正反转的切换信号为 Q0.4,则其接线图如图 4 - 10 所示。

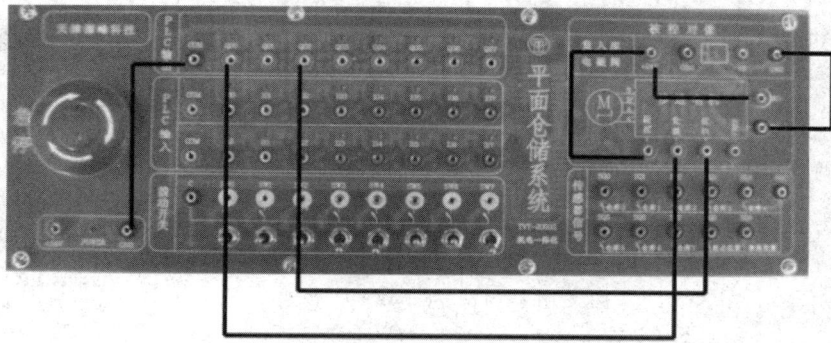

图 4 - 8　步进电机接线示意图

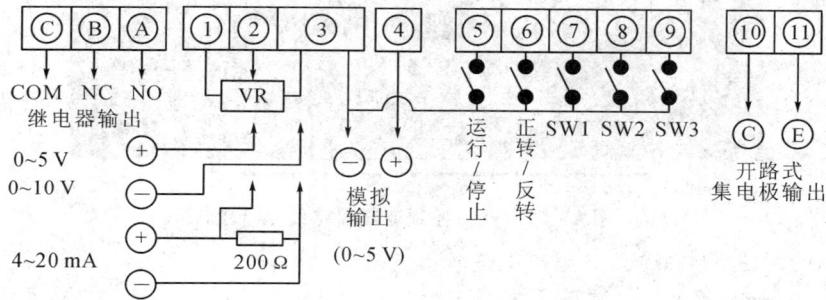

图 4 - 9　变频器端子说明图

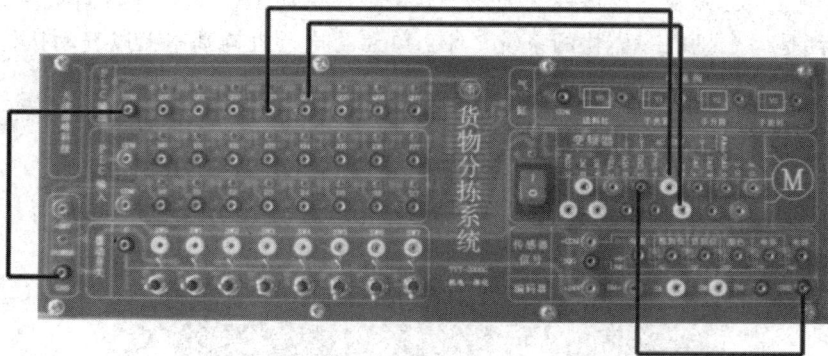

图 4 - 10　变频器启停接线示意图

（5）调试开关的接线。为了实验方便，在每个接口板的右下方都设有调试开关区，在手动调试时作为输入信号使用，也可作为 PLC 的模拟输入信号。开关的接线方式为二线式，其中一根为信号线，另一根为公共端。信号线与 PLC 的输入端连接，公共端与电源输出的负端进行短接。信号线与变频器的输入端连接时，公共端与电源输出的正端进行短接。在设计实验单元板时，为了节省布线，将所有开关的公共端短接在一起。以一个开关的接线为例，假设开关的信号线为 I0.1，则其实际接线图如图 4 - 11 所示。

当用开关控制变频器进行启动停止控制时，其实际接线图如图 4 - 12 所示。

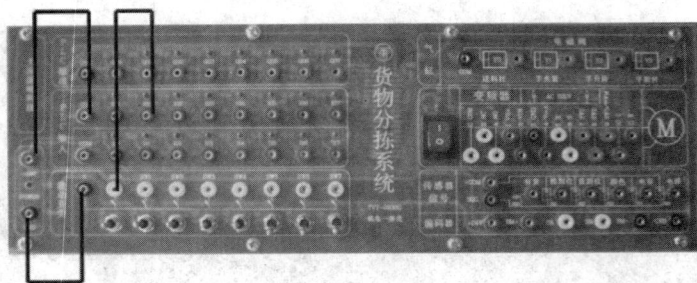

图 4 - 11　开关接线示意图

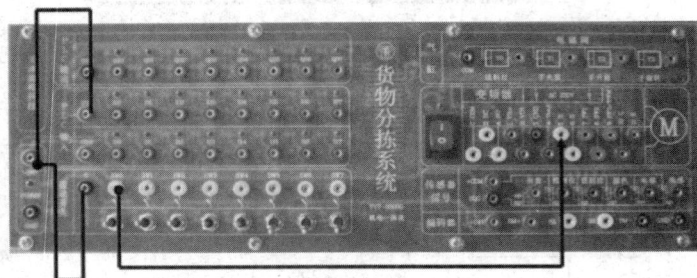

图 4 - 12　开关控制变频器接线示意图

（二）MPS 自动生产线实训考核装备认识

1. MPS 的基本组成

自动生产线实训考核装备由上料检测站、搬运站、加工站、安装搬运站、安装站和分类站六个单元组成。其外观如图 4 - 13 所示。其中，每一个工作单元都可自成一个独立的系统，同时也都是一个机电一体化的系统。各个单元的执行机构基本上以气动执行机构为主，是传统机电一体化技术与现代企业广泛应用的气动技术相结合的结果。

图 4 - 13　MPS 设备整体图

在 MPS 设备上应用了多种类型的传感器，分别用于判断物体的运动位置、物体通过的状态和物体的颜色等。传感器技术是机电一体化技术中的关键技术之一，是现代工业实现高度自动化的前提之一。

2. MPS 的基本功能

MPS 各工作站的分布俯视图如图 4 - 14 所示。

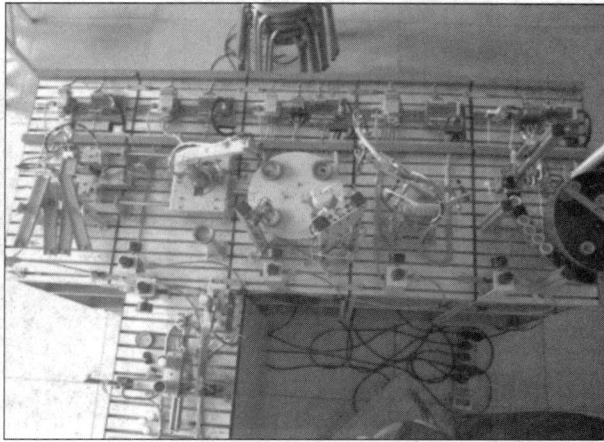

图 4-14 MPS 设备俯视图

各个工作站的基本功能如下：

（1）供料检测站的基本功能：供料单元是 MPS 中的起始单元，在整个系统中，起着向系统中的其他单元提供原料和分辨颜色的作用。具体的功能是：按照需要将放置在转盘中的待加工工件（原料）自动地推出到物料台上，以便搬运站的机械手将其抓取，搬运到加工站。如图 4-15 所示为供料单元实物的全貌。

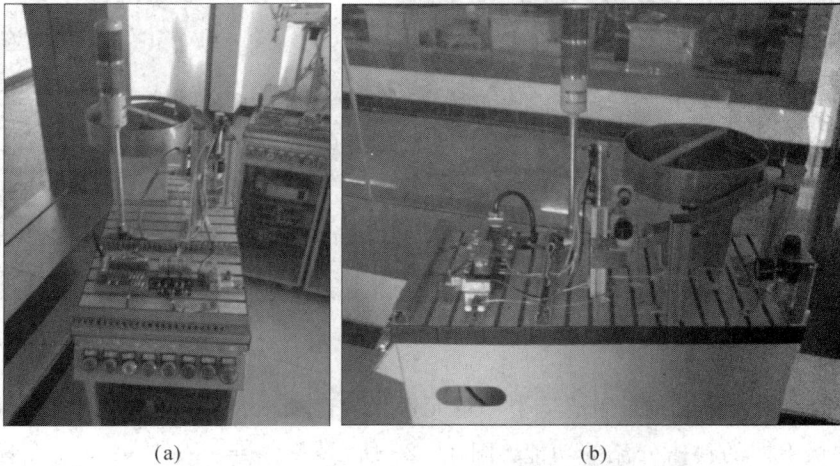

（a）　　　　　　　　　　　　　　　　（b）

图 4-15　供料单元实物的全貌

（2）搬运站的基本功能：搬运站是将供料检测站物料台上的原料搬运至加工站。图 4-16 所示为搬运站实物的全貌。

（3）加工站的基本功能：把该单元物料台上的工件（工件由搬运站的抓取机械手装置送来）送到钻孔机构下面，完成一次钻孔加工动作，然后再送到检测机构下面，检测是否合格，最后送到下一位置，待安装搬运站抓取机械手装置取出。图 4-17 所示为加工站实物的全貌。

（4）安装搬运站的基本功能：将该加工站的已加工物料送至安装位置，待安装完毕后将其搬运至分拣站。安装搬运站实物图见图 4-18。

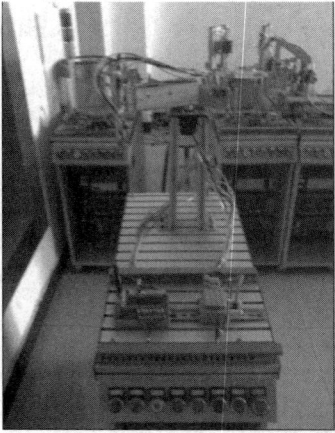

图 4-16　搬运站实物的全貌　　图 4-17　加工站实物的全貌　　图 4-18　安装搬运站实物的全貌

　　（5）安装站的基本功能：完成将该单元料仓内的黑色或白色小圆柱工件通过吸盘嵌入到已加工的工件中的装配过程。安装站总装实物图见图 4-19。

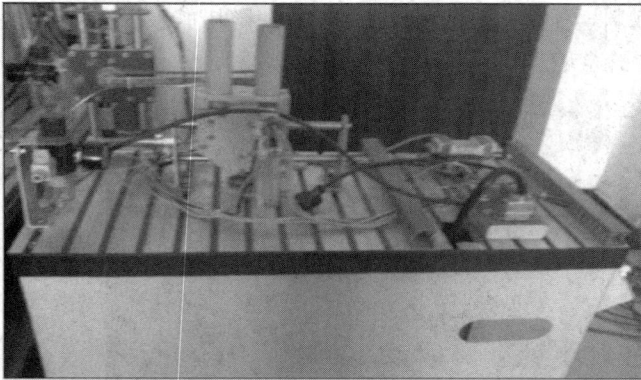

图 4-19　安装站总装实物图　　　　　　　图 4-20　分拣站实物的全貌

　　（6）分拣站的基本功能：完成将上一单元送来的已加工、装配的工件进行分拣，使不同颜色的工件从不同的料槽分流的功能。图 4-20 所示为分拣站实物的全貌。

3. 系统整体控制工作任务描述

　　自动生产线的工作目标是：将供料单元料仓内的工件送往加工单元的物料台，加工完成后，把加工好的工件送往装配单元的装配台，然后把装配单元料仓内的白色和黑色两种不同颜色的小圆柱零件嵌入到装配台上的工件中，完成装配后的成品送往分拣单元分拣输出。已完成加工和装配工作的工件如图 4-21 所示。

　　自动生产线的控制要求如下：

图 4-21　已完成加工和装配的工件

（1）所有站点都进行上电之后，首先执行复位操作，按下第一站（主站）或触摸屏复位，所有站点进行复位。当所有站点复位之后，开始灯闪烁，按下开始按钮（主站）或触摸屏开始工作，所有站点进入运行状态。

（2）供料站转盘电机启动，利用摩擦力将转盘内的原料通过滑道滑向物料台，当物料台的传感器检测到有货物时，物料台上升，到位之后颜色传感器检测颜色并记录，此时向搬运站发出上料完成信息。当收到物料取走信息后重新供料。

（3）搬运站得到信息执行动作：手臂伸出→下降→手爪夹紧抓取工件（向供料站发出物料取走的信息）→上升→手臂缩回→右转；这时如果第三站发出无料信息，执行放置动作，放置顺序是：手臂伸出→下降→手爪放松放下工件（向加工站发出物料放下的信息）→上升→手臂缩回→左转。

（4）加工站收到物料放下的信息，并且检测到物料盘内有料后执行转盘转动，使物料传到冲压机构下面，当转盘停止后，定位气缸伸出固定原料，冲压气缸下降，钻孔电机转动，当冲压机构到达下限位时，恢复到原位，同时钻孔电机停止运行，定位气缸回到原位。当下一次收到物料放下信息并检测到有料时，新的料块传到冲压机构下面，刚刚钻过孔的原料运行至检测下面，再次运行之后，运行至待夹走位置。

（5）当加工站运行三次将物料运送至安装加工站下面，向安装搬运站发出信息时，抓取机械手装置从加工站出料台抓取工件，抓取的顺序是：手臂下降→手爪夹紧抓取工件（向加工站发出已夹走、允许运行的信息，此时倘若第三站满足运行条件方可运行）→上升→右转→手臂下降→手爪放松放下工件→上升（向安装站发出物料到位的信息）；待收到完成安装信息之后：手臂下降→手爪夹紧抓取工件→上升→右转→手臂下降→手爪放松放下工件（向分拣站发出已放下的信息）→复位。

（6）当安装站收到信息之后，首先机械手臂上升抬起，然后推料气缸推料，机械手臂下降然后吸料，推料气缸复位，机械手臂上升抬起，到位之后断气放料（向安装搬运站发出已安装完毕的信号），机械手臂回位，同时料仓换位（并且发出上一个料块是哪个料仓的信息）。

（7）分拣站收到安装搬运站已放下的信息之后，根据供料站已记录的信息和安装站提供的料仓信息进行比较并放入相应的料仓：当物料为黑（大）黑（小）时，送入右下料仓；当物料为黑（大）白（小）时，送入左下料仓；当物料为白（大）黑（小）时，送入右上料仓；当物料为白（大）白（小）时，送入左上料仓。完成放料任务之后回到初始位置并且向安装搬运站发出已复位的信息。

三、任务设计

本次任务为阅读任务，通过收集、整理、提炼完成相关内容的填写，进一步了解设备。

四、任务实施

1. 装置性能的认识

任务：按照已经连接好的装置，通电、通气演示。根据装置运行情况，总结该装置完成的主要功能，并以小组为单位进行讨论和总结。

2. 装置主要硬件的分析

该装置是一个典型的机电一体化装置。一个较完善的机电控制系统应包括以下几个基本要素：机械本体、动力部分、测试传感部分、执行机构、驱动部分、控制及信息处理单元及接口，各要素和环节之间通过接口相互联系。

任务：结合背景知识，分析本装置中的主要硬件类型。

本装置中：

(1) 控制装置：_____；

(2) 测试传感装置：_____；

(3) 执行机构：_____；

(4) 机械本体：_____；

(5) 驱动部分：_____；

(6) 动力装置：_____。

3. 了解安全注意事项

操作过程中的安全注意事项如下：

(1) 在电源断开的情况下接线。

(2) 确认设备的电源类型，按照要求连接电源。

(3) 接线端子要接实、接牢。

(4) 不能用湿手触摸电气设备。

(5) 变频器一定要在盖上端子盖以后才能接通输入电源。

(6) 设备中有些电器设备通电后会发热，请注意防止烫伤。

(7) 设备运行过程中，要远离机械手等活动部件，以防撞伤等。

(8) 培训过程中应按照指导教师的要求完成培训任务，不要私自更改设备中的接线，特别是涉及交流电部分的接线。

(9) 实训中的工具、导线等要收拾整齐。特别是在装置通电、通气的状态下，应保持装置上无杂物。

五、反馈评价

说说你的收获吧！

项目 4.2　传送带的转动控制

一、提出任务

能够熟练使用松下 VF0 超小型变频器。会通过面板或 PLC 调整变频器的输出频率和控制电机的启动、停止、正/反转。

二、相关知识点

1. 变频器面板介绍

面板功能如图 4-22 所示。

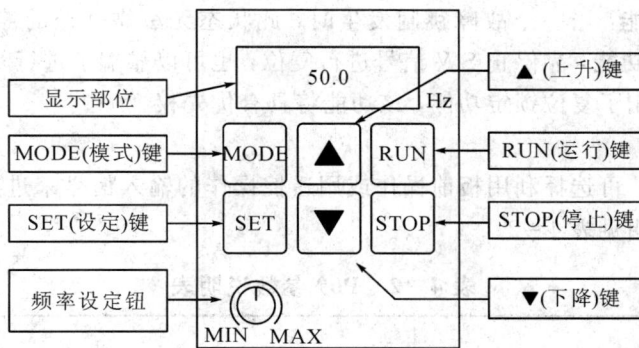

显示部位	显示输出频率、电流、线速度、异常内容、设定功能时的数据及其参数No
RUN(运行)键	使变频器运行的键
STOP(停止)键	使变频器运行停止的键
MODE(模式)键	切换"输出频率·电流显示""频率设定·监控""旋转方向设定""功能设定"等各种模式以及将数据显示切换为模式显示所用的键
SET(设定)键	切换模式和数据显示以及存储数据所用键。在"输出频率·电流显示模式"下，进行频率显示和电流显示的切换
▲UP(上升)键	改变数据或输出频率以及利用操作板使其正转运行时，用于设定正转方向
▼DOWN(下降)键	改变数据或输出频率以及利用操作板使其反转运行时，用于设定反转方向

图 4-22 变频器面板介绍

2. 基本功能说明

为了完全掌握变频器，请熟悉以下各参数的功能与使用。

1) P08

选择运行指令：用于选择用操作板（面板操作）或用外控操作的输入信号来进行运行或停止、正转或反转，具体参数说明见表 4-1。

表 4-1 P08 参数说明表

设定数据	面板外控	操作板复位功能	操作方法·控制端子连接图
0	面板	有	运行：RUN；停止：STOP；正转/反转：用 dr 模式设定
1			正转运行：▲RUN；反转运行：▼RUN；停止：STOP
2	外控	无	共用端子　ON：运行/OFF：停止
4		有	ON：反转/OFF：正转
3	外控	无	共用端子　ON：正转运行/OFF：停止
5		有	ON：反转运行/OFF：停止

操作板复位功能：当一个故障跳闸发生时，此状态无法靠外控的停止信号进行复位，可以用控制板上的功能，靠停止 SW 信号进行复位，也可以靠端子进行复位。

注意：如果使用了复位锁定功能，该功能将具有优先权。

2）P09

频率设定信号：可选择利用板前操作或用遥控操作的输入信号来进行频率设定信号的操作。具体参数说明见表 4-2。

表 4-2　P09 参数说明表

设定数据	面板外控	设定信号内容	操作方法·控制端子连接图
0	面板	电位器设定（操作板）	频率设定钮　Max：最大频率（请参照 P03，15） Min：最低频率（或零电位停止）
1		数字设定（操作板）	用 MODE、▲、▼、SET 键，利用"Fr 模式"进行设定
2	外控	电位器	端子 No.1、2、3（将电位器的中心引线接到 2 上）
3		0～5 V（电压信号）	端子 No.2、3（2：＋、3：－）
4		0～10 V（电压信号）	端子 No.2、3（2：＋、3：－）
5		4～20 mA（电流信号）	端子 No.2、3（2：＋、3：－），在 2～3 之间连接 200 Ω

3）SW1·SW2·SW3 功能选择（参数 P19、P20、P21）

（1）选择 SW1·2·3（控制电路端子 NO.7、8、9）的控制功能见表 4-3。

表 4-3　SW1·2·3 控制功能选择表

设定功能的 SW		SW1（端子 No.7）	SW2（端子 No.8）	SW3（端子 No.9）
设定参数 No.		P19	P20	P21
设定数据	0	多速 SW1 输入	多速 SW2 输入	多速 SW3 输入
	1	输入复位	输入复位	输入复位
	2	输入复位锁定	输入复位锁定	输入复位锁定
	3	输入点动选择	输入点动选择	输入点动选择
	4	输入外部异常停止	输入外部异常停止	输入外部异常停止
	5	输入惯性停止	输入惯性停止	输入惯性停止
	6	输入频率信号切换	输入频率信号切换	输入频率信号切换
	7	输入第二特性选择	输入第二特性选择	输入第二特性选择
	8	—	—	频率设定▲▼

（2）多速 SW 功能。将 SW 功能设定为多速功能时的 SW 输入组合动作如表 4-4 所示。

表 4 - 4　多速端子输入状态

SW1 （端子 No.7）	SW2 （端子 No.8）	SW3 （端子 No.9）	运行频率
OFF	OFF	OFF	第 1 速
ON	OFF	OFF	第 2 速
OFF	ON	OFF	第 3 速
ON	ON	OFF	第 4 速
OFF	OFF	ON	第 5 速
ON	OFF	ON	第 6 速
OFF	ON	ON	第 7 速
ON	ON	ON	第 8 速

注：① 第 1 速为用参数 P09 所设定的频率设定信号的指令值；

　　② 第 2～8 速为用参数 P32～38 所设定的频率。

三、任务设计

结合实验装置，进行变频器的认识与操作。

四、任务实施

1. 认识装置中的变频器

任务：查找变频器铭牌，并填写如表 4 - 5 所示的参数规格表。

表 4 - 5　变频器的参数规格表

型　号	使用电动机	额定输出电流	额定输出容量	电源容量

2. 变频器与电机、PLC 的连接

任务：根据背景知识的要求，连接并观察变频器和电机、PLC 的连接方式。

3. 利用面板控制变频器

任务：分别利用变频器上的按钮和旋转电位器实现频率调整和启动、停止等。分别以下面两种情况进行操作：

(1) 面板操作，电位器改变频率(P09＝0，P08＝0/1)；

(2) 面板操作，数字改变频率(P09＝1，P08＝0/1)。

操作练习 1：利用面板操作，电位器改变频率。

P08＝0，P09＝0 时：频率由电位器调整，RUN(运行)，STOP(停止)，按 MODE、SET，出现 L-F 或 L-R，再按 SET 确定。

操作练习 2：利用面板操作，电位器改变频率。

P08＝1，P09＝0 时：频率由电位器调整，▲＋RUN(正转)，▼＋RUN(反转)，STOP(停止)。

操作练习 3：面板操作，数字改变频率(P09＝1，P08＝0)。

运行中按 MODE、SET、▲ 或 ▼ 来改变频率。

运行方式改变同操作练习1。

操作练习4： 面板操作，数字改变频率（P09＝1，P08＝1）。

运行中按 MODE、SET、▲ 或 ▼ 来改变频率。

运行方式改变同操作练习2。

4. PLC 控制变频器的启动停止

任务： 按动启动按钮，变频器延迟 2 s 运行，正转运行 10 s，然后反转运行 10 s 后停止。

填写如表 4-6 所示的 I/O 分配表。

表 4-6 I/O 分配表

输入接口			输出接口		
PLC 端	单元板接口	注 释	PLC 端	单元板接口	注 释

设计的梯形图程序如图 4-23 所示。

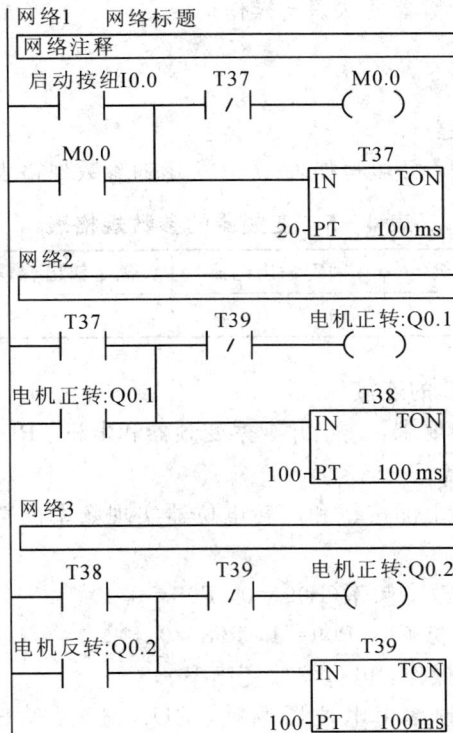

图 4-23 梯形图程序

五、反馈评价

说说你的收获吧！并填写如表 4-7 所示的评价表。

表 4 - 7　项目 4.2 评价表

能力要求	主要内容	考核要求	评分标准	配分	小组评分	个人评分	教师评分
专业能力	程序设计	1.根据控制要求列出PLC 输入输出元件地址分配表，设计外部硬件接线图； 2. 设计 PLC 梯形图程序	1.PLC 输入输出地址遗漏或搞错，每处扣 6 分； 2.PLC 输入输出接线图设计不全或设计有错，每处扣 6 分； 3.梯形图表达不正确或画法不规范，每处扣 6 分； 4.接线图表达不正确或画法不规范，每处扣 6 分； 5.PLC 程序有错，每条扣 6 分	30			
	电路连接及参数设定	1.正确进行实验台电路连接； 2.正确进行变频器参数设置	1.电源连接不正确，每次扣 10 分； 2.根据输入输出地址进行信号连接，每错一处扣 3 分； 3.变频器参数设置不合理，扣 5 分	20			
	程序输入及调试	1.熟练操作编程软件，正确地将编写程序输入 PLC； 2.按照被控设备的动作要求调试程序	1.不能熟练操作编程软件，每次扣 5 分； 2.指令输入错误，每处扣 3 分； 3.调试步骤错误，每次扣 5 分； 4.缺少功能，每项扣 5 分	30			
	安全要求	1.安全文明生产； 2.有组织有纪律，守时诚信	1.违反安全文明生产规程，扣 5~10 分； 2.工位不整理或整理不到位，扣 2~3 分； 3.随意走动，无所事事，不刻苦钻研，扣 5~10 分； 4.未在规定时间内完成，每超出 10 分钟扣 2 分	倒扣			
职业能力	社会能力	1.能够合理进行任务分配，较好地与小组成员进行交流； 2.能够自主学习，掌握知识点； 3.能够主动解决问题，对方法进行创新	1.团队意识不强，酌情扣 3~5 分； 2.不能分工协作，酌情扣 3~5 分； 3.不能独立自主汲取新知识，酌情扣 3~5 分； 4.不能解决问题，酌情扣 3~5 分	20			
分值比例				100	30%	10%	60%
合计							

一、提出任务

控制步进电机的运动。

二、相关知识点

（一）步进电机控制的基本知识

1. 步进电机的运动控制

步进电机是生产机械上常用的一种运动部件，它具有结构简单、控制方便、定位准确、成本低廉等优点，因而应用十分广泛。目前世界上主要的 PLC 厂家生产的 PLC 均有专门的步进电机控制指令，可以很方便地和步进电机构成运动控制系统。

步进电机和生产机械的连接有很多种，常见的一种是步进电机和丝杠连接，将步进电机的旋转运动转变成工作台面的直线运动。在这种应用中，关系运动直接后果的参数有以下几个：

N——PLC 发出的控制脉冲的个数；

n——步进电机驱动器的脉冲细分数（如果步进电机驱动器有脉冲细分驱动）；

θ——步进电机的布距角，即步进电机每收到一个脉冲变化，轴所转过的角度；

d——丝杠的螺纹距，它决定了丝杠每转过一圈，工作台面前进的距离。

根据以上几个参数，可以得到以下结果：

PLC 发出的脉冲个数到达步进电机上，脉冲实际的有效数应为 N/n。

步进电机每转过一圈，需要的脉冲个数为 $360/\theta$。

则 PLC 发出 N 个脉冲，工作台面移动的距离为

$$L = \frac{Nd\theta}{360°n}$$

PLC 要和步进电机配合实现运动控制，还需要在 PLC 内部进行一系列设定，或者是编制一定的程序。不同的 PLC 类型所要编制的程序不同，控制字也不同，参考其说明书就可以知道这种差异。另外，步进电机是要用高速脉冲来进行控制的，所以 PLC 必须是可以输出高速脉冲的晶体管输出形式，不可以使用继电器输出形式的 PLC 来控制步进电机。

2. 步进电机驱动器

步进电机驱动器接线示意图见图 4-24。

3. 步进电机驱动器细分数和电机相电流的设定

要了解"细分"，先要理解"步距角"这个概念，它表示控制系统每发出一个步进脉冲信号，电机所转动的角度。SH 系列驱动器是靠驱动器上的拨位开关来设定细分数的，只需根据面板上的提示设定即可。在系统频率允许的情况下，尽量选用高细分数。

对于两相步进电机，细分后电机的步距角等于电机的整步步距角除以细分数，例如细

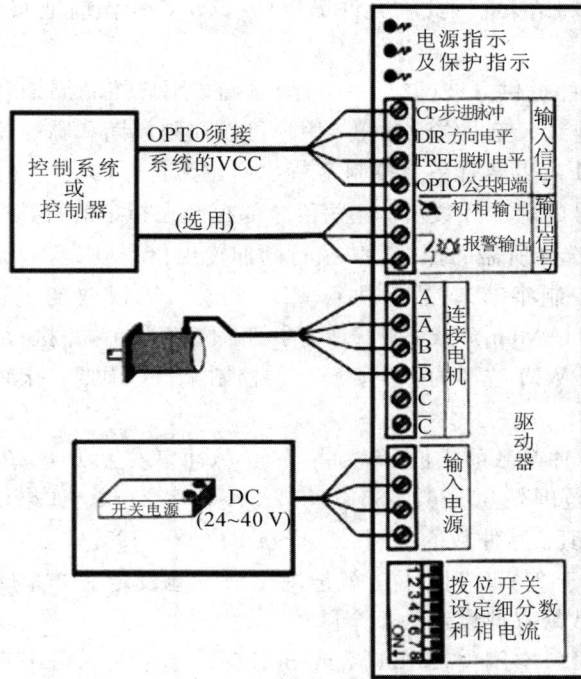

图 4-24　步进电机驱动器接线示意图

分数设定为 40、驱动步距角为 0.9°/1.8° 的电机，其细分步距角为 1.8÷40＝0.045。可以看出，步进电机通过细分驱动器的驱动，其步距角变小了，如驱动器工作在 40 细分状态时，其步距角只为电机固有步距角的十分之一，也就是说，当驱动器工作在不细分的整步状态驱动上例的电机时，控制系统每发出一个步进脉冲，电机转动 1.8°；而用细分驱动器工作在 40 细分状态时，电机只转动了 0.045°，这就是细分的基本概念。细分功能完全是由驱动器靠精确控制电机的相电流所产生的，与电机无关。

（二）脉冲输出指令说明

脉冲输出指令（PLC）检测为脉冲输出（Q0.0 或 Q0.1）设置的特殊存储器位，然后激活由特殊存储器位定义的脉冲操作。

操作数：Q 常数（0 或 1）。

数据类型：字。

脉冲输出范围：Q0.0～Q0.1。

脉冲输出指令形式如图 4-25 所示。

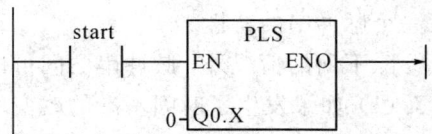

图 4-25　脉冲输出指令示意图

S7-200 的 CPU 有两个 PTO/PWM 发生器产生高速脉冲串和脉冲宽度可调的波形。一个发生器分配在数字输出 Q0.0，另一个分配在数字输出 Q0.1。

PTO/PWM 发生器和寄存器共同使用 Q0.0 和 Q0.1。当 Q0.0 或 Q0.1 设定为 PTO 或 PWM 功能时，PTO/PWM 发生器控制输出，在输出点禁止使用通用功能。映像寄存器的状态、输出强置或立即输出指令的执行都不影响输出波形。当不使用 PTO/PWM 发生器时，输出由映像寄存器控制。映像寄存器决定输出波形的初始和结束状态，以高电平或低电平产生波形的起始和结束。因此在允许 PTO 或 PWM 操作前把 Q0.0 和 Q0.1 的映像寄存器设定为 0。

脉冲串(PTO)功能提供方波(50%占空比)输出,用户控制周期和脉冲数。脉冲宽度调制(PWM)功能提供连续、变占空比输出,用户可以控制周期和脉冲宽度。

每个 PTO/PWM 发生器有一个控制字节,16 位无符号的周期时间值和脉宽值各一个,还有一个 32 位无符号的脉冲计数值。这些值全部存储在指定的特殊存储器中,一旦设置这些特殊内存位的值,选择所需的操作后,执行脉冲输出指令(PLS)即启动操作。修改特殊寄存器(SM)区(包括控制字节),然后执行 PLC 指令,可以改变 PTO 或 PWM 特性。把 PTO/PWM 控制字节(SM66.7 或 SM77.7)的允许位置为 0,并执行 PLC 指令,可以在任何时候禁止 PTO 或 PWM 波形的产生。所有的控制字节、周期、脉冲宽度和脉冲数的缺省值都是 0。

PTO 提供指定脉冲个数的方波(50%占空比)脉冲串发生功能。周期可以用微秒或毫秒为单位指定。周期的范围是 50～65 535 μs,或 2～65 535 ms。如果设定的周期是奇数,会引起占空比的一些失真。脉冲数的范围是:1～4 294 967 295。

如果周期时间少于 2 个时间单位,就把周期缺省地设定为 2 个时间单位。如果指定脉冲数为 0,就把脉冲数缺省地设定为 1 个脉冲。

状态字节中的 PTO 空闲位(SM66.7 或 SM76.7)用来指示可编程序脉冲串的完成。另外,根据脉冲串的完成调用中断程序。如果使用多段操作,根据包络表 C—的完成调用中断程序。

PTO 功能允许脉冲串排队。当激活的脉冲串完成时,立即开始新脉冲的输出。这保证了顺序输出脉冲串的连续性。

有两种方法可以完成管线,单段管线和多段管线。

1. 单段管线

在单段管线中,需要为下一个脉冲串更新特殊寄存器。一旦启动了起始 PTO 段,就必须立即按照第二个波形的要求改变特殊寄存器,并再次执行 PLS 指令。第二个脉冲串的属性在管线一直保持到第一个脉冲串发送完成。在管线中一次只能存入一个入口,一旦第一个脉冲串发送完成,接着输出第二个波形,管线可以用于新的脉冲串。重复这个过程设定下一个脉冲串的特性。

除下面的情况外,脉冲串之间可以进行平滑转换:

(1) 如果发生了时间基准的改变。

(2) 如果在利用 PLS 指令捕捉到新脉冲串前启动的脉冲串已经完成。当管线满时,如果试图装入管线,状态寄存器中的 PTO 溢出位(SM66.6 或 SM76.6)将置位。当 PLC 进入 RUN 状态时,这个初始位化为 0。如果要检测序列的溢出,必须在检测到溢出后手动清除这个位。

2. 多段管线

在多段管线中,CPU 自动从 V 存储器区的包络表中读出每个脉冲串段的特性。在该模式下,仅使用特殊寄存器区的控制字节和状态字节。选择多段操作,必须装入包络表 C—的起始 V 存储器区的偏移地址(SMW168 或 SMW178)。时间基准可以选择微秒或者毫秒,但是，在包络表 C－中所示的周期值必须使用一个基准，而且当包络执行时不能改变。多段操作可以用 PLS 指令启动。

每段的长度是 8 个字节，由 16 位周期、16 位周期增量值和 32 位脉冲计数值组成。

包络表 C－的格式如表 4－8 所示。多段 PTO 操作的另一个特点是按照每个脉冲的个数自动增减周期的能力。在周期增量区输入一个正值将增加周期，输入一个负值将减小周期，输入 0 值将不改变周期。

如果在许多脉冲后指定的周期增量值导致非法周期值，会产生一个算术溢出错误，同时停止 PTO 功能，PLC 的输出变为由映像寄存器控制。另外，在状态字节中的增量计算错误位（SM66.4 或 SM76.4）被置为 1。

如果要人为地终止一个正在进行中的 PTO 包络，只需要把状态字节中的用户终止位（SM66.5 或 SM76.5）置为 1。

当 PTO 包络执行时，当前启动的段数目保存在 SMB166（或 SMB176）中。

表 4－8 多段 PTO 操作的包络表格式

从包络表开始的字节偏移	包络段数	描　　述
0		段数（1～255）：数 0 产生一个非致命性错误，将不产生 PTO 输出
1		初始周期（2～65 535 时间基准单位）
3	♯1	每个脉冲的周期增量（有符号值）（－32 768～32 767 时间基准单位）
5		脉冲数（1～4 294 967 295）
9		初始周期（2～65 535 时间基准单位）
11	♯2	每个脉冲的周期增量（有符号值）（－32 768～32 767 时间基准单位）
13		脉冲数（1～4 294 967 295）
⋮	⋮	⋮

3. 计算包络表值

PTO 发生器的多段管线能力在许多应用中非常有用，尤其在步进电机的控制中。图 4－26 中的例子说明了如何生成包络表值，按要求产生输出波形加速电机、恒速运行，然后减速电机。

对于图 4－26 中的例子，假定需要 4000 个脉冲达到要求的电机转动数，启动和结束频率是 2000 Hz，最大脉冲频率是 10 KHz。由于包络表 C－中的值是用周期表示的，而不是用频率表示的，需要把给定的频率值转换成周期值。所以，启动和结束的周

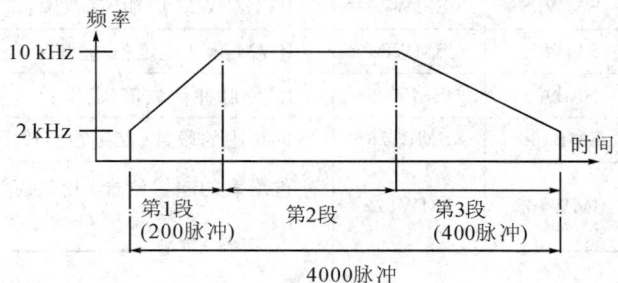

图 4－26 步进电机工作过程实例

期是 500 μs，最大频率对应的周期是 100 μs。在输出包络的加速部分，要求在 200 个脉冲左右达到最大脉冲频率，也假定包络的减速部分，在 400 个脉冲内完成。

在该例中，使用一个简单的公式计算 PTO/PWM 发生器用来调整每个脉冲周期所使

用的周期增量值：

$$给定段的周期增量 = \frac{T_{EC} - T_{IC}}{QT_{EC}}$$

式中：T_{EC}——该段结束周期时间；

T_{IC}——该段初始化周期时间；

Q——该段的脉冲数量。

（三）PTO/PWM 控制寄存器

表 4 - 9 是控制 PTO/PWM 操作的寄存器。对 PTO/PWM0 使用 SMB67，对 PTO/PWM1 使用 SMB77。

表 4 - 9　控制 PTO/PWM 操作的寄存器

Q0.0	Q0.1	状 态 字 节
SM66.4	SM76.4	PTO 包络由于增量计算错误而终止：0＝无错误；1＝终止
SM66.5	SM76.5	PTO 包络由于用户命令而终止：0＝无错误；1＝终止
SM66.6	SM76.6	PTO 管线上溢/下溢：0＝无上溢；1＝上溢/下溢
SM66.7	SM76.7	PTO 空闲：0＝执行中；1＝PTO 空闲
Q0.0	Q0.1	控制字节
SM67.0	SM77.0	PTO/PWM 更新周期值：0＝不更新；1＝更新周期值
SM67.1	SM77.1	PWM 更新脉冲宽度值：0＝不更新；1＝脉冲宽度值
SM67.2	SM77.2	PTO 更新脉冲数：0＝不更新；1＝更新脉冲数
SM67.3	SM77.3	PTO/PWM 时间基准选择：0＝1μs/时基；1＝1ms/时基
SM67.4	SM77.4	PWM 更新方法：0＝异步更新；1＝同步更新
SM67.5	SM77.5	PTO 操作：0＝单段操作；1＝多段操作
SM67.6	SM77.6	PTO/PWM 模式选择：0＝选择 PTO；1＝选择 PWM
SM67.7	SM77.7	PTO/PWM 允许：0＝禁止 PTO/PWM；1＝允许 PTO/PWM
Q0.0	Q0.1	其他 PTO/PWM 寄存器
SMW68	SMW78	PTO/PWM 周期值（范围：2～65 535）
SMW70	SMW80	PWM 脉冲宽度值（范围：0～65 535）
SMD72	SMD82	PTO 脉冲计数值（范围：1～4 294 967 295）
SMB166	SMB176	进行中的段数（仅用在多段 PTO 操作中）
SMW168	SMW178	包络表的起始位置，用从 V0 开始的字节偏移表示（仅用在多段 PTO 操作中）

（四）PTO/PWM 初始化和操作顺序

PTO/PWM 初始化操作时假定 S7 - 200 已置成 RUN 模式，因此初次扫描存储器位为真（SM0.1＝1）。如果不是这种情况，或 PTO/PWM 必须重新初始化，则可以用一个条件（不一定是初次扫描存储器位）来调用初始化程序。

为了初始化 PTO，请遵循如下步骤：

（1）用初次扫描存储器位（SM0.1）复位输出为 0，并调用执行初始化操作的子程序。由于采用这样的子程序，后续扫描不会再调用这个子程序，从而减少了扫描时间，也提供了一个结构优化的程序。

（2）初始化子程序中，把 16♯85 送入 SMB67，使 PTO 以微秒为增量单位（或 16♯A8，使 PTO 以毫秒为增量单位）。用这些值设置控制字节的目的是允许 PTO/PWM 功能，选择 PTO 操作，选择以微秒或毫秒为增量单位，设置更新脉冲计数和周期值。

（3）向 SMW168（字）写入包络表 C－的起始 V 存储器偏移值。

（4）在包络表中设定段数，确保段数区（表的第一个字节）正确。

（5）可选步骤。如果想在一个脉冲串输出（PTO）完成时立刻执行一个相关功能，则可以编程，使脉冲串输出完成中断事件（事件号 19）调用一个中断子程序，并执行全局中断允许指令。

（6）退出子程序。

（五）示例程序

1．主程序

主程序：首次扫描，复位映像寄存器位，并调用子程序 0，主程序示例图见图 4－27。

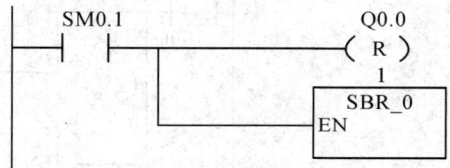

图 4－27　主程序示例图

2．子程序 0

子程序示例图见图 4－28。

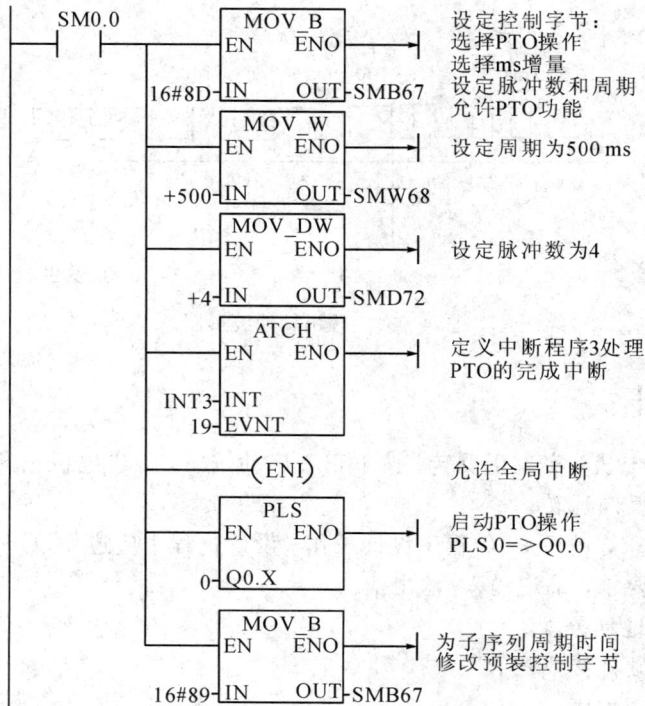

图 4－28　子程序示例图

3. 中断程序

中断程序示例图见图 4-29。其输出脉冲波形图见图 4-30。

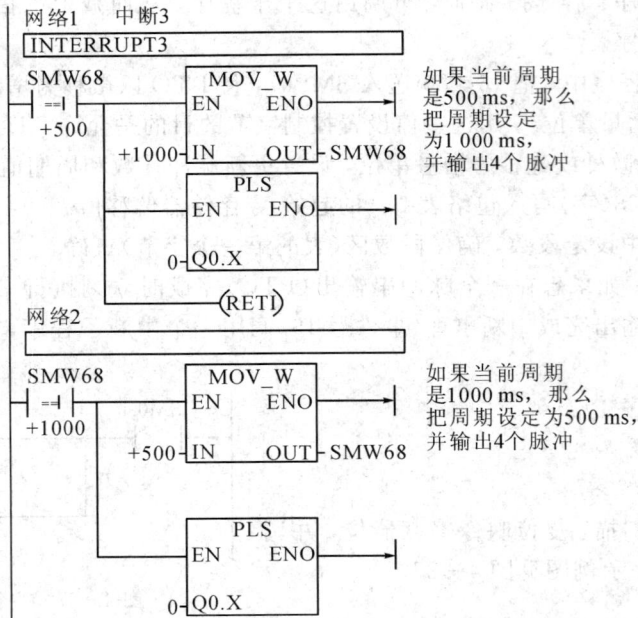

图 4-29 中断程序示例图

网络1 中断3
INTERRUPT3

SMW68 ==I +500

MOV_W
EN ENO
+1000-IN OUT-SMW68

PLS
EN ENO
0-Q0.X

(RETI)

如果当前周期是500 ms，那么把周期设定为1 000 ms，并输出4个脉冲

网络2

SMW68 ==I +1000

MOV_W
EN ENO
+500-IN OUT-SMW68

PLS
EN ENO
0-Q0.X

如果当前周期是1000 ms，那么把周期设定为500 ms，并输出4个脉冲

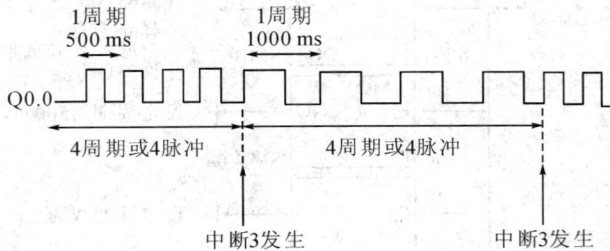

图 4-30 输出脉冲波形图

三、任务设计

手动控制步进电机，实现正反转。按下正转启动按钮，步进电机正向运转，按下反转启动按钮，步进电机反向运转。

请根据任务要求，进行 PLC 程序设计工作。设计过程中应遵循以下步骤：

（1）明确控制要求，确定输入/输出信。

（2）进行 I/O 地址分配。

（3）绘制外部硬件接线图。

（4）编制梯形图程序。

四、任务实施

1. 训练器材

训练器材包括 PLC 实训设备和连接导线。

2. 训练步骤

(1) 运行西门子 PLC 的 WIN STEP7 编程软件。

(2) 程序录入。

(3) 根据外部硬件接线图进行 PLC 外围电路的连接。

(4) 下载程序到 PLC 中,开启程序监控状态。

(5) 进行程序调试,观察步进电机运行情况是否符合控制要求。

3. 注意事项

(1) 在断开电源的情况下进行 PLC 外围电路的连接,如连接 PLC 的输入接口线、连接 PLC 的输出接口线。

(2) 程序调试完毕拆除 PLC 的外围电路时,也要断开电源后进行。

(3) PLC 的状态开关位于"TERM"(终端)位置。

五、反馈评价

说说你的收获吧!并填写如表 4-10 所示的评价表。

表 4-10 项目 4.3 评价表

能力要求	主要内容	考核要求	评分标准	配分	小组评分	个人评分	教师评分
专业能力	程序设计	1. 根据控制要求列出 PLC 输入输出元件地址分配表,设计外部硬件接线图; 2. 设计 PLC 梯形图程序	1. PLC 输入输出地址遗漏或搞错,每处扣 6 分; 2. PLC 输入输出接线图设计不全或设计有错,每处扣 6 分; 3. 梯形图表达不正确或画法不规范,每处扣 6 分; 4. 接线图表达不正确或画法不规范,每处扣 6 分; 5. PLC 程序有错,每条扣 6 分	30			
	电路连接	正确进行实验台电路连接	1. 电源连接不正确,每次扣 10 分; 2. 根据输入输出地址进行信号连接,每错一处扣 3 分	20			
	程序输入及调试	1. 熟练操作编程软件,正确地将编写程序输入 PLC; 2. 按照被控设备的动作要求调试程序	1. 不能熟练操作编程软件,每次扣 5 分; 2. 指令输入错误,每处扣 3 分; 3. 调试步骤错误,每次扣 5 分; 4. 缺少功能,每项扣 5 分	30			

能力要求	主要内容	考核要求	评分标准	配分	小组评分	个人评分	教师评分
专业能力	安全要求	1.安全文明生产； 2.有组织有纪律，守时诚信	1.违反安全文明生产规程，扣5～10分； 2.工位不整理或整理不到位，扣2～3分； 3.随意走动，无所事事，不刻苦钻研，扣5～10分； 4.未在规定时间内完成，每超出10分钟扣2分	倒扣			
职业能力	社会能力	1.能够合理进行任务分配，较好地与小组成员进行交流； 2.能够自主学习，掌握知识点； 3.能够主动解决问题，对方法进行创新	1.团队意识不强，酌情扣3～5分； 2.不能分工协作，酌情扣3～5分； 3.不能独立自主汲取新知识，酌情扣3～5分； 4.不能解决问题，酌情扣3～5分	20			
分值比例				100	30%	10%	60%
合计							

项目4.4　供料单元控制系统

一、提出任务

进行供料单元控制系统的装调。

二、相关知识点

供料检测站的主要结构包括转盘电机、工件推出滑道、支撑架、阀组、端子排组件、PLC、按钮、走线槽和柜子等。其中，转盘储存工件原料，并在需要时将料仓滑道最下层的工件推出到出料台上，这部分主要由转盘、上料气缸、磁感应接近开关、漫射式光电传感器和颜色传感器组成。该部分的工作原理是：工件平行分布于料仓中，上料缸处于料仓滑道底层。在需要将工件推出到上料台上时，首先使转盘电机转动，通过摩擦力推动上层物料，从而把最下层工件推到上料台上。在上料气缸返回并从料仓底部升起后，将工件取走，就自动下降，为下一次推出工件做好准备。上料台上下两层位置分别安装一个漫射式光电开关和颜色分辨传感器。它们的功能是检测上料台中有无料块。若该部分机构内没有工件，漫射式光电接近开关均处于常态；若有料则向PLC发出信号。颜色分辨传感器可以分辨原料的颜色，用于分拣站进行分拣工作。

三、任务设计

完成供料检测站机械本体的安装、气动回路的搭接和调整、电路接线，以及整体运行PLC程序的设计调试任务。

四、任务实施

（一）供料单元的安装

1. 目标

将供料单元拆开成组件和零件的形式，然后再组装成原样，安装内容包括机械部分的装配、气路的连接和调整、电气接线。

2. 安装步骤和方法

1）机械部分的安装

依次进行料盘支架、料盘、物料台提升支架、物料台、提升气缸的安装。

2）气路的连接和调试

气路的连接步骤：从汇流排开始，按照图4-31所示的气动控制回路原理图连接电磁阀和气缸。连接时注意气管走向应按序排布，均匀美观，不能交叉、打折；气管要在快速接头中插紧，不能够有漏气现象。

气路的调试包括：

（1）用电磁阀上的手动换向加锁钮验证顶料气缸和推料气缸的初始位置和动作位置是否正确。

（2）调整气缸节流阀以控制活塞杆的往复运动速度，伸出速度以不推倒工件为准。

3）电气接线

电气接线包括在工作单元装置侧完成各传感器、电磁阀、电源端子等引线到装置侧接线端口之间的接线，在PLC侧进行电源连接、I/O点接线等。

接线时应注意，装置侧接线端口中，输入信号端子的上层端子（+24 V）只能作为传感器的正电源端，切勿用于电磁阀等执行元件的负载。电磁阀等执行元件的正电源端和0 V端应连接到输出信号端子下层端子的相应端子上。装置侧接线完成后，应用扎带绑扎，力求整齐美观。

PLC侧的接线包括电源接线、PLC的I/O点和PLC侧接线端口之间的连线、PLC的I/O点与按钮指示灯模块的端子之间的连线。具体接线要求与工作任务有关。

电气接线的工艺应符合国家职业标准的规定，例如，导线连接到端子时，采用压紧端子压接方法；连接线须有符合规定的标号；每一端子连接的导线不超过两根；等等。

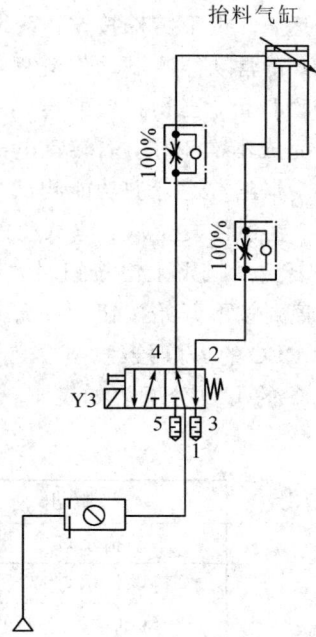

图4-31 供料站气动控制回路原理图

（二）供料单元的 PLC 控制系统

1. 工作任务

（1）供料检测站在通电后，按下上电按钮，复位指示灯以 1 Hz 的频率闪烁，按下复位按钮，执行复位操作，使抓取机械手装置回到原点位置。复位完成之后，开始指示灯以 1 Hz 的频率闪烁。按下开始按钮，手动状态下，特殊指示灯以 1 Hz 的频率闪烁，自动状态下直接开始运行。按下特殊按钮，系统开始运行。

（2）正常功能测试动作流程如下：转盘电机启动，利用摩擦力将转盘内的原料通过滑道滑向物料台，当物料台的传感器检测到有货物时，物料台上升，特殊指示灯闪烁，按下特殊按钮完成本次工作，若转盘电机转动 20 s 后，传感器仍然未检测到有货物，则报警灯报警。

（3）非正常运行的功能测试：若在工作过程中按下急停按钮 QS 或停止，则系统立即停止运行。在急停复位后，应从急停前的断点开始继续运行。在急停状态，红色停止灯亮，直到急停复位后按下上电按钮时，其他灯恢复常亮。在停止状态，红色停止灯亮，绿色开始灯闪烁，直到按下开始按钮，系统恢复正常状态。

2. PLC 的 I/O 接线

PLC 的 I/O 分配表如表 4-11 所示。

表 4-11　I/O 分配表

输　出　信　号		输　入　信　号	
手动指示灯	Q1.3	停止按钮	I1.5
特殊指示灯	Q1.2	自动按钮	I1.3
气缸缩回	Q0.3	联网按钮	I1.4
报警灯	Q0.1	气缸下传感器	I0.3
转盘电机	Q0.0	有货传感器	I0.0
停止指示灯	Q1.5	特殊按钮	I1.2
单站指示灯	Q1.4	开始按钮	I1.0
开始指示灯	Q1.0	气缸上传感器	I0.2
复位指示灯	Q1.1	上电按钮	I1.6
—	—	白色传感器	I0.1
—	—	复位按钮	I1.1

3. 调试与运行

调试与运行的步骤如下：

（1）调整气动部分，检查气路是否正确，气压是否合理，气缸的动作速度是否合理。

（2）检查磁性开关的安装位置是否正确，磁性开关工作是否正常。

（3）检查 I/O 接线是否正确。

（4）检查光电传感器安装是否合理，灵敏度是否合适，保证检测的可靠性。

（5）放入工件，运行程序并观察加工单元动作是否满足任务要求。

（6）调试各种可能出现的情况，比如在任何情况下都有可能加入工件，系统都能可靠工作。

（7）优化程序。

五、反馈评价

说说你的收获吧！并填写如表 4 - 12 所示的评价表。

表 4 - 12 项目 4.4 评价表

能力要求	主要内容	考核要求	评分标准	配分	小组评分	个人评分	教师评分
专业能力	机械装调	正确进行机械部件的装调	1. 部件安装不到位，每处扣 3~5 分； 2. 工具使用不规范，每处扣 3~5 分	20			
	电路连接	正确进行电路连接	1. 元件安装松动，扣 2 分； 2. 损坏一处，扣 4 分； 3. 反圈、压皮、松动，每处扣 2 分； 4. 错、漏编号，每处扣 1 分	20			
	气路连接	正确进行气路搭接	1. 气路漏气，扣 2 分； 2. 气路压力调整不正确，扣 2 分； 3. 气动元件不能正确安装，扣 5 分	10			
	程序输入及调试	1. 熟练操作编程软件，正确地将编写程序输入 PLC； 2. 按照被控设备的动作要求调试程序	1. 不能熟练操作编程软件，每次扣 5 分； 2. 指令输入错误，每处扣 3 分； 3. 调试步骤错误，每次扣 5 分； 4. 缺少功能，每项扣 5 分	30			
	安全要求	1. 安全文明生产； 2. 有组织有纪律，守时诚信	1. 违反安全文明生产规程，扣 5~10 分； 2. 工位不整理或整理不到位，扣 2~3 分； 3. 随意走动，无所事事，不刻苦钻研，扣 5~10 分； 4. 未在规定时间内完成，每超出 10 分钟扣 2 分	倒扣			
职业能力	社会能力	1. 能够合理进行任务分配，较好地与小组成员进行交流； 2. 能够自主学习，掌握知识点； 3. 能够主动解决问题，对方法进行创新	1. 团队意识不强，酌情扣 3~5 分； 2. 不能分工协作，酌情扣 3~5 分； 3. 不能独立自主汲取新知识，酌情扣 3~5 分； 4. 不能解决问题，酌情扣 3~5 分	20			
分值比例				100	30%	10%	60%
合计							

一、提出任务

进行搬运站控制系统的装调。

二、相关知识点

搬运单元的工艺功能是：驱动其抓取机械手装置精确定位到指定单元的物料台，在物料台上抓取工件，把抓取到的工件输送到指定地点然后放下的功能。

搬运单元由抓取机械手装置、PLC 模块和接线端口以及按钮/指示灯模块等部件组成。

抓取机械手装置是一个能实现三自由度运动（即升降、伸缩、气动手指夹紧/松开和沿垂直轴旋转的四维运动）的工作单元，该装置整体安装在搬运站上，在 PLC 的控制下往复运动，定位到其他各工作单元的物料台，然后完成抓取和放下工件的功能。

三、任务设计

完成搬运站机械本体的安装、气动回路的搭接和调整、电路接线，以及整体运行 plc 程序的设计调试任务。

四、任务实施

（一）搬运单元的安装

1. 目标

将搬运单元拆开成组件和零件的形式，然后再组装成原样，安装内容包括机械部分的装配、气路的连接和调整、电气接线。

2. 安装步骤和方法

1）机械部分的安装

依次进行搬运站支架、摆动气缸、伸缩气缸、提升气缸的机械安装。

2）气路的连接和调试

连接步骤：从汇流板开始，按图 4-32 所示的气动控制回路原理图连接电磁阀和气缸。连接时注意气管走向应按序排布，均匀美观，不能交叉、打折；气管要在快速接头中插紧，不能有漏气现象。

气动控制回路的具体构成如下：

（1）气动手爪（手爪气缸）：用于在各个工作站物料台上抓取/放下工件，由一个二位五通双向电控阀控制。

（2）伸缩气缸（水平气缸）：用于驱动手臂伸出缩回，由一个二位五通双向电控阀控制。

（3）回转气缸（旋转气缸）：用于驱动手臂正反向 160° 旋转，由一个二位五通双向电控阀控制。

（4）提升气缸（垂直气缸）：用于驱动整个机械手提升与下降，由一个二位五通单向电控阀控制。

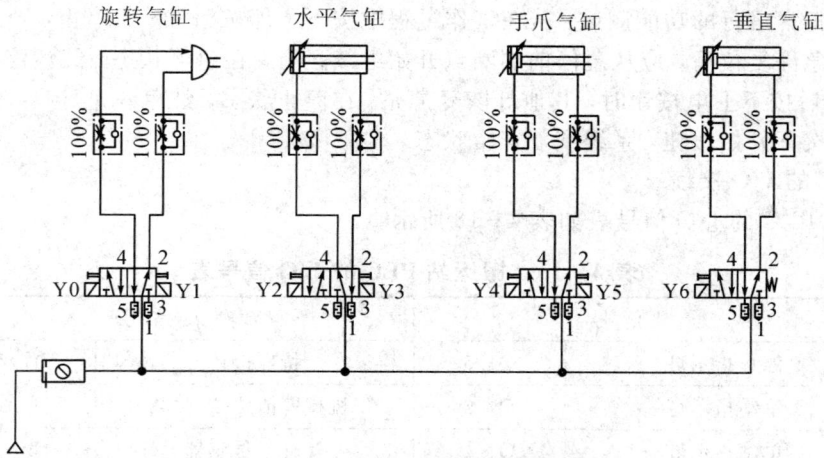

图 4-32 搬运站气动控制回路原理图

气路调试包括：

（1）用电磁阀上的手动换向加锁钮验证各气缸的初始位置和动作位置是否正确。

（2）调整气缸节流阀以控制活塞杆的往复运动速度，伸出速度以不推倒工件为准。

3）电气接线

电气接线包括，在工作单元装置侧完成各传感器、电磁阀、电源端子等引线到装置侧接线端口之间的接线；在 PLC 侧进行电源连接、I/O 点接线等。

接线时应注意，装置侧接线端口中，输入信号端子的上层端子（+24 V）只能作为传感器的正电源端，切勿用于电磁阀等执行元件的负载。电磁阀等执行元件的正电源端和 0 V 端应连接到输出信号端子下层端子的相应端子上。装置侧接线完成后，应用扎带绑扎，力求整齐美观。

PLC 侧的接线包括电源接线、PLC 的 I/O 点和 PLC 侧接线端口之间的连线、PLC 的 I/O 点与按钮指示灯模块的端子之间的连线。具体接线要求与工作任务有关。

电气接线的工艺应符合国家职业标准的规定，例如，导线连接到端子时，采用压紧端子压接方法；连接线须有符合规定的标号；每一端子连接的导线不超过两根；等等。

（二）搬运站 PLC 控制系统设计

1. 任务要求

搬运站单站运行的目标是测试设备传送工件的功能，要求其他各工作单元已经就位，并且在供料单元的出料台上放置了工件。具体测试要求如下：

（1）搬运站在通电后，按下上电按钮，复位指示灯以 1 Hz 的频率闪烁，按下复位按钮，执行复位操作，使抓取机械手装置回到原点位置。复位完成之后，开始指示灯以 1 Hz 的频率闪烁。按下开始按钮，手动状态下，特殊指示灯以 1 Hz 的频率闪烁，自动状态下直接开始运行。按下特殊按钮，系统开始运行。

（2）正常功能测试动作流程如下：抓取机械手装置从供料站出料台抓取工件，抓取的顺序是：手臂伸出→下降→手爪夹紧抓取工件→上升→手臂缩回→右转；这时如果为手动状态，特殊指示灯闪烁，按下特殊按钮执行放置动作，放置顺序是：手臂伸出→下降→手爪放松放下工件→上升→手臂缩回→左转。

（3）非正常运行的功能测试：若在工作过程中按下急停按钮 QS 或停止，则系统立即停止运行。在急停复位后，应从急停前的断点开始继续运行。在急停状态，红色停止灯亮，直到急停复位后按下上电按钮时，其他灯恢复常亮。在停止状态，红色停止灯亮，绿色开始灯闪烁，直到按下开始按钮，系统恢复正常状态。

2. PLC 的 I/O 接线

搬运站 PLC 的 I/O 信号表如表 4-13 所示。

表 4-13　搬运站 PLC 的 I/O 信号表

输　出　信　号		输　入　信　号	
停止指示灯	Q1.5	特殊按钮	I1.2
手动指示灯	Q1.3	机械臂前位传感器	I0.3
单站指示灯	Q1.4	气缸下传感器	I0.6
特殊指示灯	Q1.2	机械臂左位传感器	I0.1
开始指示灯	Q1.0	自动按钮	I1.3
复位指示灯	Q1.1	联网按钮	I1.4
加紧	Q0.5	机械臂右位传感器	I0.0
松开	Q0.4	机械臂后位传感器	I0.2
下降	Q0.6	放松传感器	I0.4
缩回	Q0.2	气缸上传感器	I0.5
伸出	Q0.3	复位按钮	I1.1
左转	Q0.1	上电按钮	I1.6
右转	Q0.0	开始按钮	I1.0
—	—	停止按钮	I1.5

3. 调试与运行

调试与运行的步骤如下：

（1）调整气动部分，检查气路是否正确，气压是否合理，气缸的动作速度是否合理。

（2）检查磁性开关的安装位置是否到位，磁性开关工作是否正常。

（3）检查 I/O 接线是否正确。

（4）检查光电传感器安装是否合理，灵敏度是否合适，保证检测的可靠性。

（5）放入工件，运行程序并观察加工单元动作是否满足任务要求。

（6）调试各种可能出现的情况，比如在任何情况下都有可能加入工件，系统都能可靠工作。

（7）优化程序。

五、反馈评价

说说你的收获吧！并填写如表 4-14 所示的评价表。

表 4−14　项目 4.5 评价表

能力要求	主要内容	考核要求	评分标准	配分	小组评分	个人评分	教师评分
专业能力	机械装调	正确进行机械部件的装调	1. 部件安装不到位，每处扣 3～5 分； 2. 工具使用不规范，每处扣 3～5 分	20			
	电路连接	正确进行电路连接	1. 元件安装松动，扣 2 分； 2. 损坏一处，扣 4 分； 3. 反圈、压皮、松动，每处扣 2 分； 4. 错、漏编号，每处扣 1 分	20			
	气路连接	正确进行气路搭接	1. 气路漏气，扣 2 分； 2. 气路压力调整不正确，扣 2 分； 3. 气动元件不能正确安装，扣 5 分	10			
	程序输入及调试	1. 熟练操作编程软件，正确地将编写程序输入 PLC； 2. 按照被控设备的动作要求调试程序	1. 不能熟练操作编程软件，每次扣 5 分； 2. 指令输入错误，每处扣 3 分； 3. 调试步骤错误，每次扣 5 分； 4. 缺少功能，每项扣 5 分	30			
	安全要求	1. 安全文明生产； 2. 有组织有纪律，守时诚信	1. 违反安全文明生产规程，扣 5～10 分； 2. 工位不整理或整理不到位，扣 2～3 分； 3. 随意走动，无所事事，不刻苦钻研，扣 5～10 分； 4. 未在规定时间内完成，每超出 10 分钟，扣 2 分	倒扣			
职业能力	社会能力	1. 能够合理进行任务分配，较好地与小组成员进行交流； 2. 能够自主学习，掌握知识点； 3. 能够主动解决问题，对方法进行创新	1. 团队意识不强，酌情扣 3～5 分； 2. 不能分工协作，酌情扣 3～5 分； 3. 不能独立自主汲取新知识，酌情扣 3～5 分； 4. 不能解决问题，酌情扣 3～5 分	20			
分值比例				100	30%	10%	60%
合计							

单元 5　机电设备故障诊断与维修

机电设备故障诊断与维修模块主要以 CA6140 型卧式车床为载体，重点培养学员的识图能力、装配能力、常见机电设备故障诊断与维修能力。通过完成三个"工作任务"，掌握常见机电设备的机械结构组成，训练学员机械部分拆装、调整、修理等技能。本单元的具体教学目标见下表。

序　号	教 学 目 标
1	了解 CA6140 型卧式车床的组成、传动路线、结构及应用
2	掌握 CA6140 型卧式车床刀架部件的拆装和修理
3	掌握 CA6140 型卧式车床尾座部件的拆装和修理
4	掌握 CA6140 型卧式车床主轴箱部件的拆装和修理

项目 5.1　CA6140 型卧式车床刀架部件的拆装与修理

一、提出任务

能熟练识读 CA6140 型卧式车床的装配图，提高装配和调试技能，掌握操作工艺和方法，培养学生对机构设备故障的分析和排除能力。掌握 CA6140 型卧式车床刀架部件的拆装、调整和修理工艺以及相关技术要求。

二、相关知识点

（一）CA6140 型卧式车床概述

1. 车床型号的含义

CA6140 型卧式车床型号的含义如图 5-1 所示。

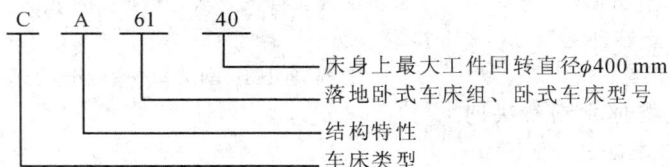

$$C \quad A \quad 61 \quad 40$$

　　　　　　　　　　　床身上最大工件回转直径 $\phi400$ mm
　　　　　　　　　　落地卧式车床组、卧式车床型号
　　　　　　　　结构特性
　　　　　　车床类型

图 5-1　CA6140 型卧式车床型号的含义

2. CA6140 型卧式车床

卧式车床又叫普通车床，简称车床，是一种应用比较广泛的机床。在一般的机械制造企业中，车床约占金属切削机床总台数的 20%～35%。其中 CA6140 型卧式车床是我国自行设计、质量较好的车床，其传动和结构比较典型。

1）车削运动的分析

为了加工各种回转表面，卧式车床必须具备以下三种运动：

（1）主运动：即工件的旋转运动，它的作用是使刀具与工件作相对运动，以完成切削工作。主运动是实现切削的最基本的运动，其特点是速度最高、消耗功率最多。

（2）进给运动：它使工件上新的金属层不断地进入切削，以便切削出整个加工表面，包括刀具的纵向进给和横向进给运动。刀具的纵向进给运动是指刀具沿平行于工件中心线的纵向移动，如车外圆、车螺纹等。刀具的横向进给运动是指刀具沿垂直于工件中心线的横向运动，多用于车端面及切断等。

（3）辅助运动：除了主运动和进给运动以外，卧式车床还应有辅助运动，也叫切入运动。它使工件达到所需的尺寸，通常切入运动的方向与进给运动的方向垂直，例如车外圆时，切入运动由刀具间歇地作横向运动来实现。普通车床的切入运动通常由操作者沿横向或纵向手摇移动刀架来实现，在 CA6140 型卧式车床上还有刀架纵向和横向的快速移动。

2）卧式车床的组成

CA6140 型卧式车床的主要部件有以下几种：

（1）刀架部件（床鞍部件）：用于装夹车刀，并使其作纵向、横向或斜向运动。它由床鞍、中拖板和小拖板等几层组成，装在床身的刀架导轨上，并可沿此导轨纵向移动。

（2）尾架（尾座）：尾架主要用后顶尖支承较长工件，也可以安装钻头、铰刀等孔加工刀具，进行孔加工。它装在床身的尾架导轨上，并可沿此导轨纵向调整位置。

（3）进给箱（走刀箱）：进给箱是进给传动系统的变速机构，主要功能是改变被加工螺纹的螺距或机动进给的进给量，它固定在床身的左前侧。

（4）溜板箱：靠光杠、丝杠和进给箱联系，把进给箱传来的运动传给刀架，使刀架实现纵向进给、横向进给、快速移动或车削螺纹。它固定在刀架部件的底部，可带动刀架一起作纵向移动，并装有各种操纵手柄及按钮，使操作者工作时可以方便地操纵机床。

（5）床身：床身是车床的基本支承件，在床身上安装着车床的各个部件，并使它们在工作时保持准确的相互位置。

（6）床脚：前床脚和后床脚与床身相连，构成整个机床的基础。

（二）刀架的基本知识

刀架的外形如图 5-2 所示。刀架部件主要包括转盘、小滑板和方刀架等，其结构如图 5-3 所示。刀架部件的作用是夹持刀具，实现刀具的转位、换刀、刀具的短距离调整及短距离斜向手动进给等运动。刀架部件的主要损伤形式为小滑板及转盘导轨的磨损和方刀架定位支承面及刀具夹持部分的损伤等，转盘回转面的磨损并不多见。

1. 刀架部件修理的主要内容

刀架部件修理中，应注意刀架移动导轨（上刀架底板导轨）的直线性和刀架回转时的定位精度。刀架移动的直线性和在垂直平面内与主轴中心线的平行度会影响圆锥体母线的直线性，使加工出的锥孔呈抛物线状。

刀架部件修理的主要内容是恢复方刀架移动的几何精度，恢复方刀架转位时的重复定位精度和刀具装夹时的可靠性和准确性。为达到这些要求，必须对转盘、小滑板、方刀架等

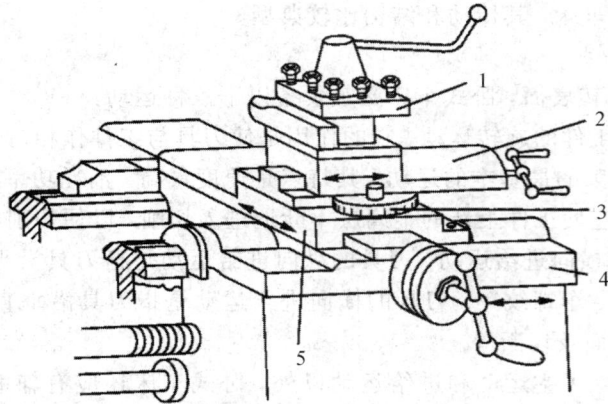

1—刀架座；2—上刀架底板；3—刀架转盘；4—溜板；5—刀架下滑座

图 5-2　刀架外形图

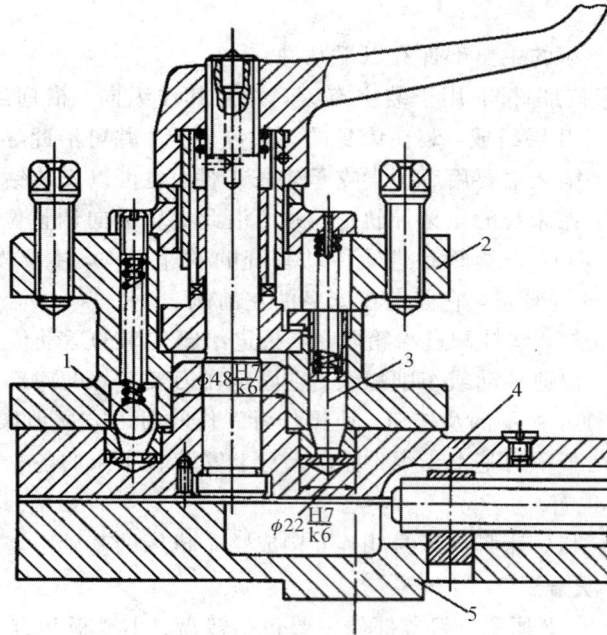

1—钢球；2—刀架座；3—定位销；4—小滑板；5—转盘

图 5-3　刀架部件结构

零件的主要工作面进行修复，如图 5-4 所示。

（1）小滑板修理的内容为：修复刀架座定位销 φ48mm（如图 5-3 所示）的配合面，可通过镶套或涂镀的方法恢复它与方刀架定位中心孔的配合精度。刮削小滑板燕尾导轨面 2、6，如图 5-4(a)所示，保证导轨面的直线度与丝杠孔的平行度。更换小滑板上的刀架转位定位销锥套（如图 5-3 所示），保证它与小滑板安装孔 φ22 mm 之间的配合精度。

（2）转盘修理的内容为：刮削燕尾导轨面 3、4、5，如图 5-4(b)所示，保证各导轨面的直线度和导轨相互之间的平行度。

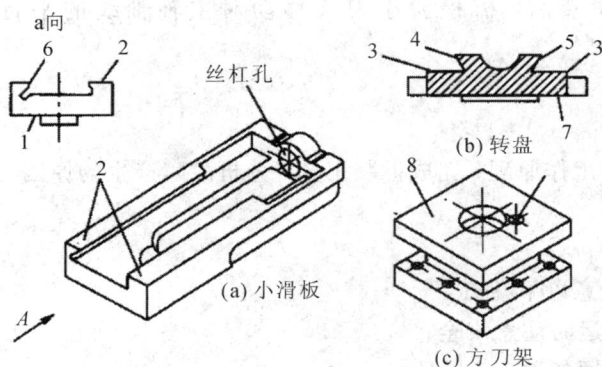

1、7、8—接触面；2、3、4、5、6—燕尾导轨面

图 5-4　刀架部件主要零件修理示意图

小滑板与转盘间的燕尾导轨的刮研方法及顺序，与中滑板和床鞍之间的燕尾导轨的刮研相同。

（3）方刀架修理的内容为：配刮方刀架与小滑板间的接触面 8、1，如图 5-4(a)和图 5-4(c)所示，配作方刀架上的定位销与小滑板上镶嵌的定位销锥套孔的接触精度，修复刀架夹紧螺纹孔。

2. 刀架部件修理的要求

刀架部件修理时应达到以下要求：

（1）小滑板 $\phi48$ mm 定位销轴与刀架座孔配合公差带为 H7/k6(见图 5-3)。

（2）小滑板上四个转位定位销锥套与孔的配合公差带为 $\phi22$H7/k6(见图 5-3)。

（3）转动方刀架，用锥销定位时定位误差不大于 0.01～0.02 mm。

（4）转盘导轨面 3 的平面度误差不大于 0.02 mm，导轨面 4 的直线度误差不大于 0.01 mm，导轨面 3 对转盘表面 7 的平行度误差不大于 0.03 mm。

（5）小滑板与转盘导轨面接触精度不少于 10～12 点/25 mm×25 mm。

（6）方刀架与小滑板接触精度不少于 8～10 点/25 mm×25 mm。

3. 刀架部件的拼装

刀架部件的拼装主要包括小滑板与转盘的拼装和方刀架与小滑板的拼装。

（1）方刀架与小滑板的拼装，是在修复好各相关零件及恢复零件接触面间的配合关系后，按图 5-3 的装配关系逐一安装。装配后需检验方刀架的转位精度。

（2）小滑板与转盘的拼装，需在配刮好两者间的燕尾导轨接触面之后，配刮塞铁、安装丝杠螺母机构。塞铁的配刮方法及要求与中滑板和床鞍的塞铁配刮方法相同。塞铁装调的要求为：将塞铁调整适当，上刀架底部的移动应无轻、重现象，即使拉出刀架中部的一半长度也不应有松动情况。下面着重讨论小滑板上丝杠螺母机构的安装。

当小滑板及转盘间的燕尾导轨经过刮削修整后，两者间的尺寸链关系发生了变化。在小滑板上安装的丝杠轴线相对于在转盘上安装的螺母轴线产生了偏移，因此两者无法正常安装。在小滑板与转盘拼装时，需设法消除丝杠与螺母轴线之间的偏移量。目前，修整丝杠螺母偏移量通常采用设置偏心螺母法和设置丝杠偏心套法这两种方法。

小滑板与转盘拼装后，需检验小刀架移动对主轴轴线的平行度，要求其数值小于0.04 mm。

三、任务设计

熟悉机械部件的工作原理，完成拆装工艺，分析故障产生的原因与维修内容。

四、任务实施

任务实施中应注意以下几点：

（1）刀架部件搬运时注意安全。

（2）合理规范使用各种工、量具。

（3）拆卸方法规范合理，防止损坏零件。

（4）拆卸下的零件摆放整齐、规范，长轴类零件和塞铁必须垂直吊置，防止弯曲变形。

（5）装配时注意加润滑油、润滑脂，并做好清洁工作。

（6）装配前，各零件必须去毛倒刺，以防伤手。

（7）做好安全防护工作。

五、反馈评价

说说你的收获吧！并填写如表 5-1 所示的评价表。

表 5-1　项目 5.1 评价表

任务名称	CA6140 型卧式车床刀架部件的拆装与修理	组员		学员自评
知识目标	1. CA6140 型卧式车床刀架的主要结构； 2. CA6140 型卧式车床刀架的工作原理； 3. CA6140 型卧式车床刀架故障的原因分析； 4. CA6140 型卧式车床刀架的故障的修理			
能力目标	1. 熟练使用拆装工具； 2. 掌握 CA6140 型卧式车床刀架的修理			
职业行为	培养学员严肃认真、科学务实的工作态度，安全文明生产，具有良好的职业道德，吃苦耐劳的工作作风			
综合评价				

项目 5.2　CA6140 型卧式车床尾座部件的拆装与修理

一、提出任务

能熟练识读 CA6140 型卧式车床的装配图，提高装配和调试技能，掌握操作工艺和方法，培养学生对机构设备故障的分析、排除能力。掌握 CA6140 型卧式车床尾座部件的拆装、调整和修理工艺以及相关技术要求。

二、相关知识点

（一）基本知识

CA6140 型卧式车床的尾座部件如图 5-5 所示，主要由尾座垫板、尾座体、顶尖套筒、尾座丝杠、丝杠螺母等组成。尾座部件的作用是支承零件完成加工或夹持刀具夹上的零件。要求尾座顶尖套筒移动灵便，在承受切削载荷时定位可靠。

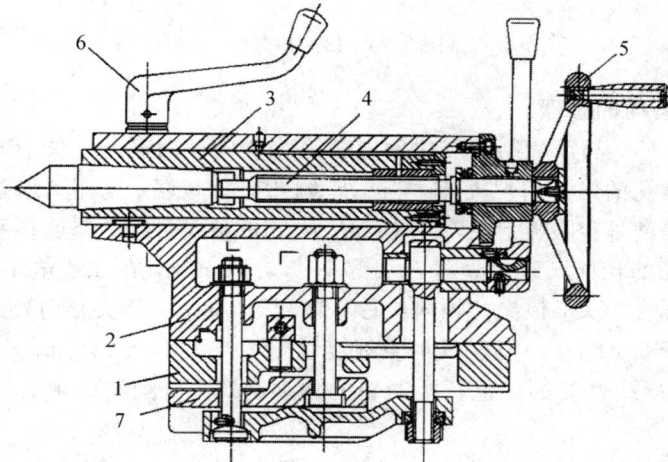

1—尾座垫板；2—尾座体；3—顶尖套筒；4—丝杠；
5—手轮；6—锁紧机构；7—压紧机构

图 5-5　尾座部件装配图

（二）尾座部件的修理

尾座部件的主要失效形式是尾座体孔及顶尖套筒的磨损、尾座底板导轨面的磨损、尾座丝杠及螺母的磨损等。这些零件的失效将使车床车削零件时产生圆柱度误差，在大修时应当根据各零件磨损的程度，采取不同的修理方案。

1. 尾座体孔的修理

由于顶尖套筒承受径向载荷并经常在夹紧状态下工作，容易引起尾座体孔的磨损与变形，使尾座体孔口呈椭圆形及喇叭形。在修复时，一般都是先修复尾座体孔的精度，然后根据该孔修复后的实际尺寸配制顶尖套筒。尾座体孔磨损较轻时，可用研磨的方法进行修正；若尾座体孔磨损严重，应在修镗后再进行研磨修正，修磨余量要严格控制在最小范围，避免影响尾座的刚度。

对于磨损量小于 0.03 mm 或已镗孔的尾座孔，可用研磨棒研磨修复；当磨损量大于 0.05 mm 时，用可调式研磨棒修复；当磨损量为 0.1 mm 左右时，可通过珩磨法修复。修复后，应按尾座孔的实际尺寸配制尾座套筒，以保证配合间隙要求。

在研磨尾座体孔时可用专用可调研磨棒(如图5-6所示),并将尾座体孔口向上竖立放置进行研磨,以防止研磨棒的重力影响研磨精度。

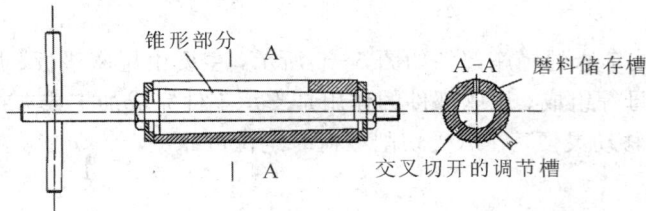

图5-6　研磨棒结构

2. 尾座顶尖套筒的修理

尾座体孔修磨后,必须配制相应的顶尖套筒才能保证两者间的配合精度。顶尖套筒的配制可根据尾座体孔的修复情况而定,当尾座体孔磨损较轻,采用研磨法修复时,顶尖套筒可采用原件经修磨外径及锥孔后整体镀铬,然后再精磨外圆。修磨锥孔时,要求锥孔轴线对顶尖套筒外径的径向圆跳动误差在端部小于 0.01 mm,在 300 mm 处小于 0.02 mm;锥孔修复后安装标准顶尖,顶尖的轴向位移不应超过 5 mm。顶尖套筒外圆柱面的圆度及圆柱度误差不应大于 0.01 mm,其轴线的直线度误差不应大于 0.02 mm。当尾座体孔磨损严重,经镗削修复后,按修复的孔重新配制新的顶尖套筒,所配制的顶尖套筒的精度要求与上述要求相同。

3. 尾座垫板导轨的修复

尾座垫板导轨的磨损直接影响尾座顶尖套筒轴线与主轴轴线高度方向的尺寸链,使车床加工轴类零件时圆柱度超差。床身导轨的修磨也使这项误差变大。修复车床主轴轴线与尾座顶尖套筒轴线高度方向尺寸链的方法有两种:一是修刮主轴箱底面,将主轴轴线高度尺寸作为修配环,因主轴箱重量大难以翻转,修刮十分困难,这种方法较少采用。二是增加尾座垫板高度,即把尾座垫板厚度尺寸作为修配环,这种方法简单易行,并可多次使用。在生产实际中,一般在尾座垫板底面粘贴一层铸铁板或聚四氟乙烯胶带,然后与床身导轨配刮。

4. 尾座部件与床身导轨的拼装

在刮研尾座底板导轨时,除了补偿高度尺寸外,还要检验尾座安装后顶尖套筒锥孔轴线对床身导轨的平行度(如图5-7所示)和对溜板移动的平行度(如图5-8所示)等。尾座与床身导轨拼装后应达到下列要求:

(1)主轴锥孔轴线和尾座顶尖套筒锥孔轴线对床身导轨的等高度误差不大于 0.06 mm,只允许尾座端高起,测量方法如图5-9所示。

(2)溜板移动对尾座顶尖套筒伸出方向的平行度误差,在 100 mm 实际测量长度上,上母线不大于 0.03 mm,侧母线不大于 0.01 mm。

(3)溜板移动对尾座顶尖套筒锥孔轴线的平行度误差,在 100 mm 实际测量长度上,上母线和侧母线都不大于 0.03 mm。

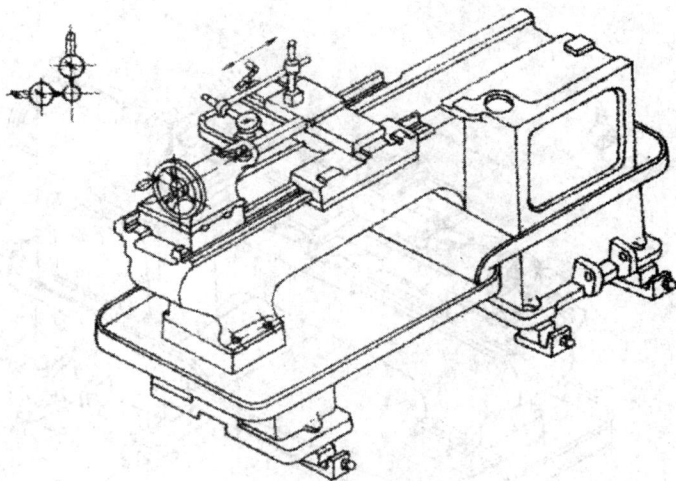

图 5-7 顶尖套筒锥孔轴线对床身导轨的平行度测量

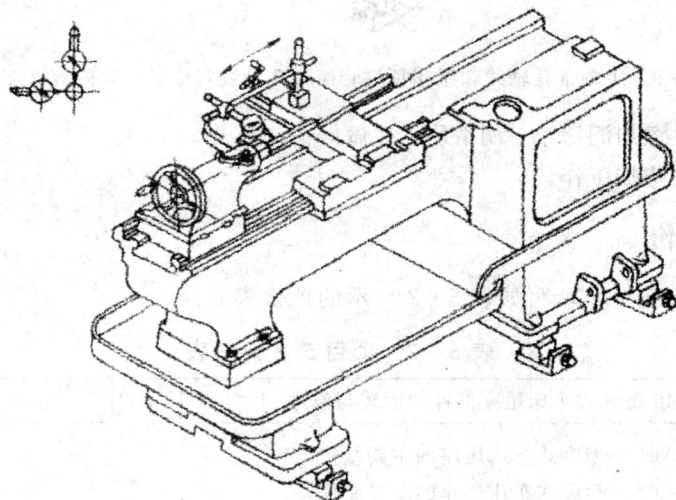

图 5-8 顶尖套筒锥孔轴线对溜板移动的平行度测量

三、任务设计

熟悉机床拆装部分的工作原理，完成拆装工艺，分析故障产生的原因与维修内容。

四、任务实施

任务实施过程中应注意以下几点：

（1）尾座部件吊装必须安全牢靠。

（2）合理规范地使用各种工、量具。

（3）拆卸方法规范合理，防止损坏零件。

（4）拆卸下的零件摆放整齐、规范，长轴类零件必须垂直吊置。

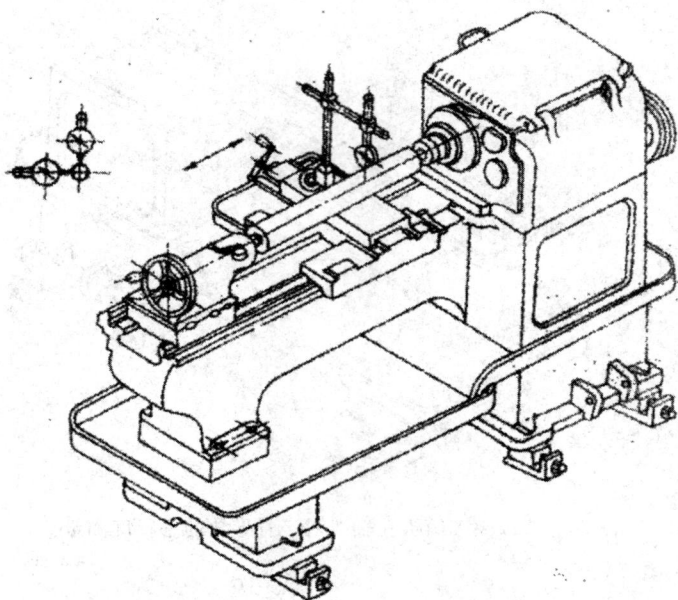

图 5-9 主轴锥孔轴线和尾座顶尖套筒锥孔轴线对床身导轨的等高度测量

（5）装配时注意加润滑油、润滑脂，并做好清洁工作。

（6）做好安全防护工作。

五、反馈评价

说说你的收获吧！并填写如表 5-2 所示的评价表。

表 5-2 项目 5.2 评价表

任务名称	CA6140 型卧式车床尾座部件的拆装与修理	组员		学员自评
知识目标	1. CA6140 型卧式车床尾座的主要结构； 2. CA6140 型卧式车床尾座的工作原理； 3. CA6140 型卧式车床尾座故障的原因分析； 4. CA6140 型卧式车床尾座的故障修理			
能力目标	1. 熟练使用拆装工具； 2. 掌握 CA6140 型卧式车床尾座体孔的修理； 3. 掌握 CA6140 型卧式车床尾座顶尖套筒的修理； 4. 掌握 CA6140 型卧式车床尾座垫板导轨的修复			
职业行为	培养学员严肃认真、科学务实的工作态度，安全文明生产，具有良好的职业道德，吃苦耐劳的工作作风			
综合评价				

项目 5.3 CA6140 型卧式车床主轴箱部件的拆装与修理

一、提出任务

能熟练识读 CA6140 型卧式车床的装配图，提高装配和调试技能，掌握操作工艺和方法，培养学生对机械设备故障的分析、排除能力。掌握 CA6140 型卧式车床主轴箱中主轴轴组和摩擦离合器轴组的拆装、修理和调整工艺以及相关的技术要求。

二、相关知识点

（一）传动系统

1. 传动链和传动系统图

车床为完成工作任务要实现两种运动——主体运动和进给运动。主体运动是以电动机为动力，通过一系列传动零件的各种传动联系，使主轴旋转并得到不同的转速。进给运动则是由主轴开始，通过各种传动联系，使刀架产生进给运动。

从电动机到主轴或从主轴到刀架的这种传动联系称为传动链。由电动机到主轴的传动链（即实现主体运动的传动链）称为主传动链，由主轴到刀架的传动链（即实现进给运动的传动链）称为进给传动链，机床各传动链的综合就组成了整台机床的传动系统。

用来表示机床传动系统的简图称为机床传动系统图。图 5 - 10 是 CA6140 型卧式车床的传动系统图，它用一些简单的符号代表各个传动零件，表示机床传动关系，图中的数字

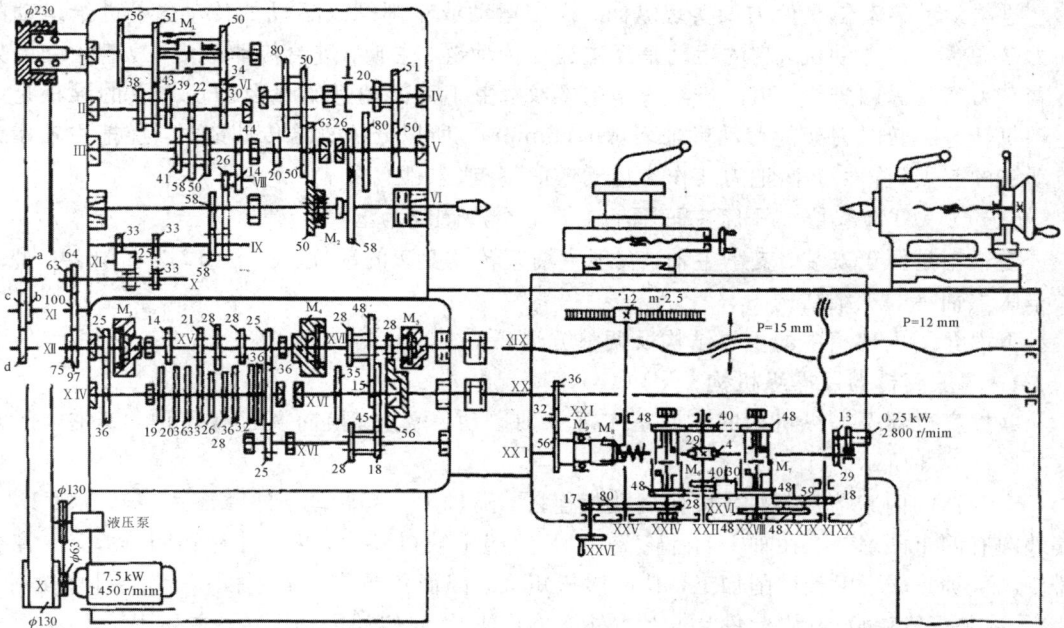

图 5 - 10 CA6140 型卧式车床传动系统图（图中数字为齿轮数）

代表齿轮数。一般将机床传动系统图绘成平面展开图，把一个立体传动结构绘在一个平面内。对于展开后失去联系的传动副，用括号(或虚线)连接起来，以表示它们的传动关系。

2. CA6140 型卧式车床传动系统的分析

1) 主体运动传动系统

(1) 运动分析：主体运动是将电动机转动传给主轴，同时完成主轴启动、停止、换向和调速。

(2) 传动路线：为便于说明及了解机床的传动路线，通常用传动结构式(即传动路线用数字表示的表达式)来表示机床的传动路线。

CA6140 型卧式车床的主运动传动结构式如图 5-11 所示。

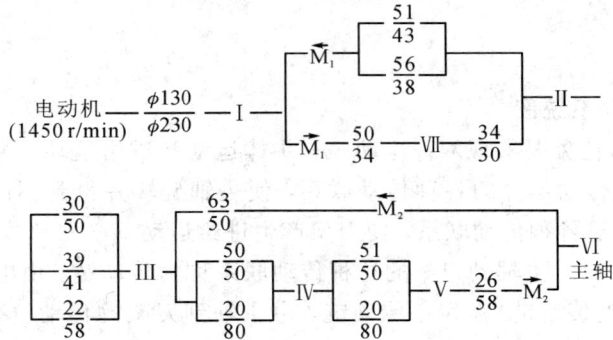

图 5-11　CA6140 型卧式车床主运动传动结构式

2) 进给运动传动链

进给运动传动链是使刀架实现纵向、横向运动或车削螺纹运动的传动链。进给运动的动力来源也是主电动机，它的运动是经主运动传动链、主轴、进给传动链传至刀架，使刀架带着车刀实现纵向进给、横向进给或车削螺纹。由于刀架的进给量及加工螺纹的导程是以主轴每转过一转时刀架的移动量来表示的(mm/r)，所以分析进给传动链时，应把主轴作为传动链的起点(首件)，而把刀架作为传动链的终点(末件)。

(二) CA6140 型卧式车床主轴箱的主要结构及调整方法

主轴箱是用于安装、支承主轴，实现主轴旋转及变速的部件。图 5-12 为 CA6140 型卧式车床主轴箱的三维结构图。

下面介绍主轴箱中的主要结构及调整方法。

1. 摩擦离合器及操纵机构

摩擦离合器及操纵机构的作用是实现主轴启动、停止、换向及过载保护，其结构示意图如图 5-13 所示。

离合器的内摩擦片与轴 I 以花键孔相连接，随轴 I 一起转动。外摩擦片空套在轴 I 上，其外圆有四个凸缘，卡在轴 I 上齿轮 7 和 14 的四个缺口槽中，内、外片相间排叠。左离合器传动主轴正转，用于切削加工，其传递扭矩大，因而片数多(内摩擦片 9 片，外摩擦片 8 片)；右离合器片数少(内摩擦片 5 片，外摩擦片 4 片)，传动主轴反转，主要用于退刀。

当操纵杠手柄处于停车位置时，滑套处在中间位置，左、右两边摩擦片均未压紧，主轴不转。当操纵杠手柄向上抬起时，经操纵杠及连杆向前移动，扇形齿轮顺时针转动，使齿条

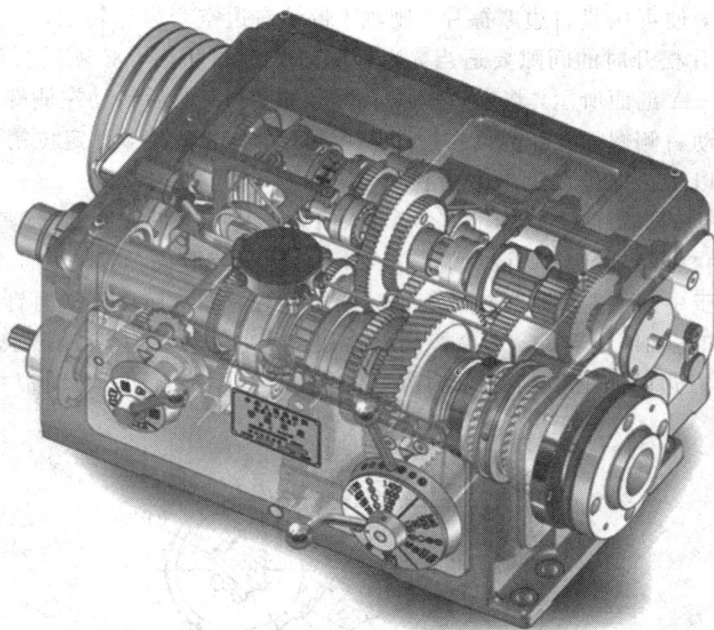

图 5-12 CA6140 型卧式车床主轴箱展开图

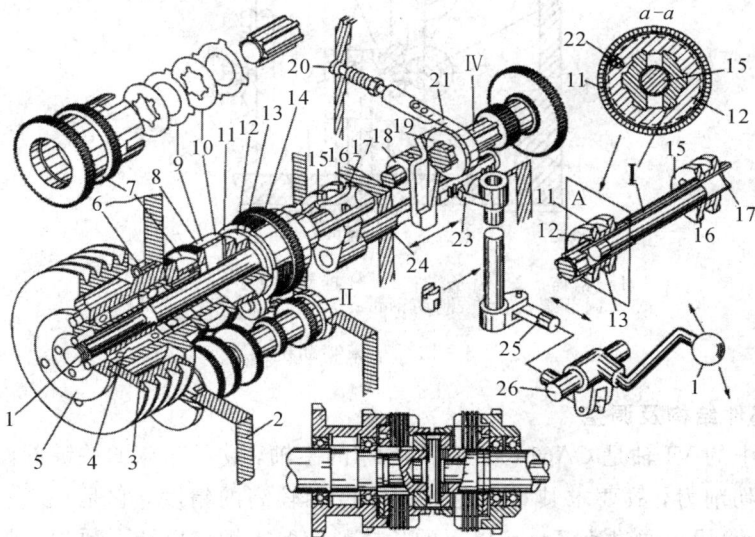

1—操纵杠手柄；2—箱体；3—皮带轮；4—轴承；5—盖板；6—法兰盘；7、14—齿轮；
8—挡板；9—外摩擦片；10—内摩擦片；11—螺母；12—滑套；13—销；15—拉杆；
16—滑环；17—摆杆；18—杠杆；19—制动盘；20—调节螺钉；21—制动带；
22—定位销；23—扇形齿轮；24—齿条轴；25—连杆；26—操纵杠

图 5-13 卡式摩擦离合器及操纵机构

轴右移，经拨叉带动滑环右移，压迫轴Ⅰ上摆杆绕支点销摆动，下端则拨动拉杆右移，再由拉杆上销带动滑套和螺母左移，从而将左边的内、外摩擦片压紧，轴Ⅰ的转动通过内外片摩擦力带动空套齿轮转动，使主轴实现正转。同理，若操纵杠手柄向下压时，使滑环左移，经摆杆使拉杠右移，便可压紧右边摩擦片，则轴Ⅰ带动右边空套齿轮转动，使主轴实现反转。

离合器摩擦片松开时的间隙要适当，当间隙过大或过小时，必须进行调整。调整方法如图 5-13 中 A-A 剖面所示，将定位销压入螺母的缺口，然后转动左侧螺母，可调整左侧摩擦片间隙，转动右侧螺母，可调整右边摩擦片间隙。调整完毕，让定位销自动弹出，重新卡住螺母缺口，以防止螺母在工作中松脱。

为了缩短辅助时间，使主轴能迅速停车，轴Ⅳ上装有钢带式制动器（其结构如图 5-14 所示）。制动器由杠杆、制动盘、调节螺钉及弹簧、制动带组成。当操纵杠手柄使离合器脱开时，齿条轴处于中间位置，此时轴凸起部分恰好顶住杠杆，使杠杆逆时针转动，将制动带拉紧，使轴Ⅳ和主轴停止转动。若摩擦离合器接合，主轴转动时，杠杆则处于齿条轴中间凸起部分左边或右边的凹槽中，使制动带放松，主轴不再被制动。制动带的制动力可由螺母进行调节。

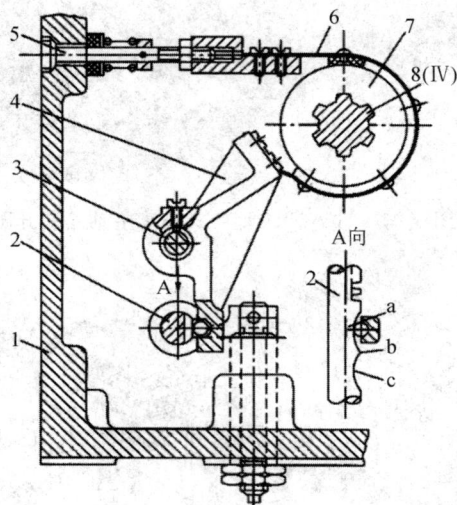

1—箱体；2—齿条轴；3—杠杆支承轴；4—杠杆；
5—调节螺钉；6—制动钢带；7—制动轮；8—花键轴

图 5-14　车床制动机构

2. 主轴部件结构及调整

图 5-11 中的 Ⅵ 轴是 CA6140 型卧式车床的主轴，它是车床的关键部件之一，在工作时承受很大的切削力，故要求其具有足够的刚度和较高的精度，它是一个空心的阶台轴，其内孔（$\phi48$ mm）用于通过 $\phi47$ mm 以下的长棒料或穿入钢棒以卸下顶尖，也可用于装置气动、电动或液动夹紧机构。主轴前端的锥孔为莫氏 6 号锥度，用于安装前顶尖和心轴，具有自锁作用，可借助于锥面配合的摩擦力直接带动心轴和工件转动。后端 1:20 锥孔是加工主轴工艺基准面。主轴前端采用短锥连接盘式结构，用于安装卡盘或拨盘，由主轴端面上的圆形拨块传递扭矩。

CA6140 型卧式车床的主轴有前、中、后三个支承（如图 5-15 所示），保证主轴有较好的刚性。前支承由两种滚动轴承组成，前面是 D 级 3182121 型圆锥孔双列向心短圆柱滚子轴承，用于承受径向力，这种轴承具有刚性好、精度高、尺寸小和承载能力大等优点。另外采用两个 D 级 8120 型推力球轴承，用于承受正反两个方向的轴向力。后支承采用一个 E 级 3182115 型圆锥孔双列向心短圆柱滚子轴承，中间支承是 E 级 32216 型单列向心短圆柱滚子轴承。将推力轴承安装在前支承中，离加工部位距离较近，中、后支承只承受径向力，而在轴向可以游动。当主轴由于长时间运转发热膨胀时，可以允许向后微量伸长，以减少主轴弯曲变形，使主轴在重负荷下保持足够刚度。

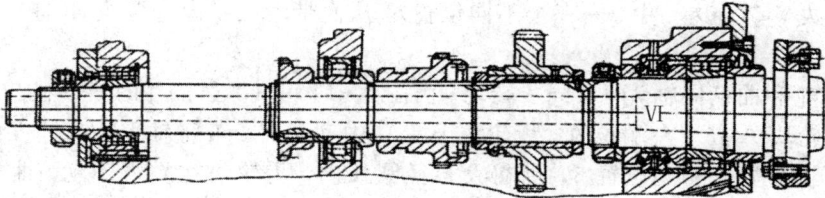

图 5-15　CA6140 型卧式车床主轴部件

　　主轴支承对主轴的旋转精度及刚度影响极大，轴承中的间隙直接影响机床的加工精度，主轴轴承应在无间隙（或少量过盈）条件下运转，因此，主轴轴承的间隙应定期进行调整。调整的具体方法是：松开主轴前端双列轴承右侧螺母，拧紧主轴前端推力球轴承左侧的螺母。因双列轴承的内圈是锥度为 1:12 的薄壁锥孔，由于推力球轴承左侧螺母的推力，使双列轴承内圈右移胀大，减少径向间隙，同时也控制了主轴的轴向窜动。这种结构一般只调整前轴承，当只调整前轴承却达不到要求时，可以对后轴承进行同样的调整，中间轴承间隙不调整。该主轴的精度要求为径向跳动和轴向窜动均不超过 0.01 mm。

3. 主轴变速操纵机构

　　主轴箱中共有 7 个齿轮滑块，其中有 5 个用于改变主轴的转速。这些滑块的移动是由操纵机构来完成的，下面重点介绍 Ⅱ 轴和 Ⅲ 轴上两个滑块的操纵机构。图 5-16 为该机构的示意图，左、右两个啮合位置主要用来控制 Ⅱ 轴的双联齿轮，Ⅲ 轴上的三联齿轮滑块则由左、中、右三个位置来进行控制。通过这两个齿轮滑块不同位置的组合，可使 Ⅲ 轴得到 6 种不同的转速。

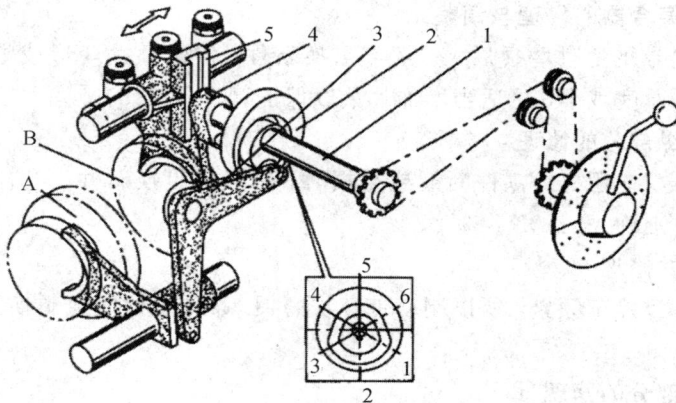

1—凸轮轴；2—盘状凸轮；3—杠杆；4—曲柄；5—拨叉；
A—Ⅱ轴上二联齿轮滑块；B—Ⅲ轴上三联齿轮滑块

图 5-16　Ⅱ、Ⅲ轴上滑移齿轮操纵机构

手柄通过传动比为1:1的链传动带动凸轮轴1和手柄同步转动，凸轮轴上装有盘状凸轮2和曲柄4。凸轮端面上有一条封闭的曲线槽，它由两段不同半径的圆弧和两条过渡直线组成。凸轮按照图5-16所标的1~6的6个变速位置，通过杠杆操纵Ⅱ轴上的二联齿轮滑块A。当杠杆的滚子处于凸轮曲线的大半径时，二联齿轮A在左端位置；杠杆滚子若处在小半径时，A则移到右端位置。曲柄上圆柱销的滚子装在拨叉的长槽中。当曲柄随轴Ⅰ转动时，可拨动拨叉5(有左、中、右三个不同位置)，从而带动三联齿轮滑块B(有三个不同的啮合位置)。

由于凸轮和曲柄同轴，两者同步转动。由图5-17可知，当杠杆的滚子在凸轮曲线的位置2时，齿轮块A处于左端位置，齿轮块B处在中间位置。若将轴Ⅰ逆时针方向转过60°，杠杆的滚子由位置2移到位置3，仍在大半径圆弧内，齿轮块在左端不动；曲柄转过60°，则使齿轮块B移到右端位置。由此依次转动凸轮轴至各个变速位置，就可使齿轮块A和B的轴向位置实现6种不同的组合，使Ⅲ轴获得6种不同转速。

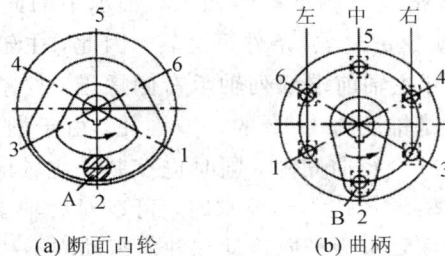

(a) 断面凸轮   (b) 曲柄

图 5-17 操纵原理图

（三）主轴箱的修理

1. 主轴的修理

当主轴内锥孔径向圆跳动在允差范围内，仅表面有轻微磨损时，可用研磨棒进行研磨修复；若精度超差时，则应在精密磨床上进行精磨修复。

2. 片式摩擦离合器的修理与调整

片式摩擦离合器的零件磨损后，一般需更换新件。但摩擦片变形或划伤时，可校平后磨削修复，修磨后厚度减小，可适当增加片数以保证调节余量。

3. 主轴箱操纵部分的修理

操纵部分的拨叉、摆杆等零件断裂或磨损时，一般需更换新件。组装后应保证操纵部分动作灵敏，定位准确。

4. 制动装置的修理

由于车床启动、停车频繁，所以制动带容易磨损、断裂，此时应更换新件并进行调整，使主轴能迅速停车。

5. 机械传动部分的修理

主轴箱机械传动部分的修理主要是Ｖ带轮、固定齿轮、滑移齿轮等的修理。组装后对啮合齿轮轴向错位的要求是：

固定齿轮：

齿轮轮缘宽度 B≤15　　　　　允许错位 1/15B

齿轮轮缘宽度 B＝15～30　　　允许错位 1/20B

齿轮轮缘宽度 B＞30　　　　　允许错位 1/30B

滑移齿轮：

齿轮轮缘宽度 B≤15　　　　　允许错位 1/4B

齿轮轮缘宽度 B＝15～30　　　允许错位 1/5B

齿轮轮缘宽度 B＞30　　　　　允许错位 1/6B

6．润滑装置的修理

CA6140 型卧式车床采用转子油泵集中供油强制循环的润滑方式，如图 5 - 18 所示。这种润滑方式具有润滑充分、润滑油温升小等优点。在修理时需清洗或更换滤油器，检修液压泵供油状态，检查各润滑油管的供油情况，更换润滑油。

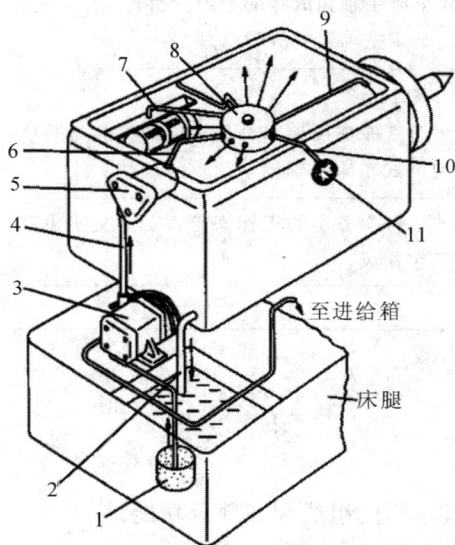

1—网式滤油器；2—回油管；3—油泵；4、6、7、9、10—油管；
5—滤油器；8—分油器；11—油标

图 5 - 18　主轴箱润滑系统

三、任务设计

熟悉机床拆装部的工作原理，完成拆装工艺，分析故障产生的原因与维修内容。

四、任务实施

任务实施过程中应注意以下几点：

（1）主轴箱吊装必须安全牢靠。

（2）合理规范地使用各种工、量具。

（3）摩擦离合器轴组在拆卸下后必须规范安放，防止轴弯曲变形、摩擦片碎裂等。

（4）零件堆放整齐、规范。

（5）装配时注意加润滑油，并做好清洁工作。

（6）做好安全防护工作。

五、反馈评价

说说你的收获吧！并填写如表 5-3 所示的评价表。

表 5-3　项目 5.3 评价表

任务名称	CA6140 型卧式车床主轴箱部件的拆装与修理	组员		学员自评
知识目标	1. CA6140 型卧式车床的基本知识； 2. CA6140 型卧式车床的结构知识； 3. CA6140 型卧式车床主运动的传动结构； 4. CA6140 型卧式车床主轴箱故障的原因分析； 5. CA6140 型卧式车床主轴箱的故障修理			
能力目标	1. 熟练使用拆装工具； 2. 掌握 CA6140 型卧式车床摩擦离合器轴组的拆装与调整； 3. 掌握 CA6140 型卧式车床主轴轴承间隙的调整			
职业行为	培养学员严肃认真、科学务实的工作态度，安全文明生产，具有良好的职业道德，吃苦耐劳的工作作风			
综合评价				

习　　题

1. 简述 CA6140 型卧式车床的组成和各部分功能。

2. 刀架部件的常见故障有哪些？如何处理？

3. 尾座部件的常见故障有哪些？如何处理？

4. 主轴如何调整？刹车系统如何调整？

单元6 机器人技术的应用

机器人技术是信息技术中前沿和尖端的领域，集计算机技术、通信技术、电气控制和传感技术于一身，是开展机电一体化技术教学的非常理想的载体和教学内容，也是培养学员科技素养和创造精神的重要组成部分。

本单元从机器人的应用及关节设计、机器人的功能设计、机器人的控制系统三方面开展教学。通过对机器人的机械设计、机械拆装、控制板电路搭接和软件调试，提高学员的创新能力和动手能力，同时提供了运用当代先进技术和先进思想方法进行设计、制作，以指导学生解决实际问题的载体。本单元的具体学习目标如下表所述。

序　号	教　学　目　标
1	机器人应具备的要素
2	机器人的分类与组成
3	机器人的关节特点
4	机器人各部分的设计方法
5	机器人机构简图绘制方法
6	机器人控制系统的组成
7	机器人控制程序的编写方法
8	机器人的调试

项目6.1　机器人的应用及关节设计

一、提出任务

图6-1所示为ABB机器人的外形图，以该机器人为基础，了解机器人的组成及特点。

二、相关知识点

1. 机器人的三大特征

（1）拟人功能。机器人是模仿人或动物肢体动作的机器，能像人那样使用工具。因此，数控机床和汽车不是机器人。

（2）可编程。机器人具有智力或感觉与识别能力，

图6-1　M5OTOMAN SV3机器人

可随工作环境变化的需要而再编程。一般的电动玩具没有感觉和识别能力，不能再编程，因此不能称为真正的机器人。

（3）通用性。一般机器人在执行不同作业任务时，具有较好的通用性。比如，通过更换机器人末端操作器（end effector，也称手部，如手爪、工具等）便可执行不同的任务。

2. 机器人的分类

按机器人关节连接布置的形式，机器人可分为串联机器人和并联机器人两类。

1）串联机器人

串联机器人的杆件和关节是采用串联方式进行连接（开链式）的，并联机器人的杆件和关节是采用并联方式进行连接（闭链式）的。本书所涉及的内容主要是串联机器人。

2）并联机器人

并联机器人是指运动平台和基座间至少由两根活动连杆连接，具有 2 个或 2 个以上自由度闭环机构的机器人。

并联机器人的并联布置类型可分为 Stewart 平台型和 Stewart 变异结构型两种。1965年，英国高级工程师 Stewart 提出了用于飞行模拟器的 6 自由度并联机构 Stewart 平台（见图 6-2），推动了对并联机构的研究。Stewart 机构可作为 6 自由度的闭链操作臂，运动平台（上平台）的位置和姿态由 6 个直线油缸的行程长度决定，油缸的一端与基座（下平台）由 2 自由度的万向联轴器（虎克铰）相连，另一端（连杆）由 3 自由度的球-套关节（球铰）与运动平台相连。

1978年，澳大利亚著名机构学教授 Hunt 提出把 6 自由度的 Stewart 平台机构作为机器人机构以来，并联机器人技术得到了进一步推广与应用。图 6-3 为 Adept 公司的 6-DOF 并联机器人。目前，并联机器人技术与机床结构技术结合的产物——并联机床（parallel machine tool）已成为新型机床研究的热点之一。

并联机器人具有刚度高、精度高、响应速度快、结构简单等特点，其不足之处在于工作空间小和控制复杂。并联机器人广泛用于产品包装、飞行员训练模拟及外科手术设备的精确定位。

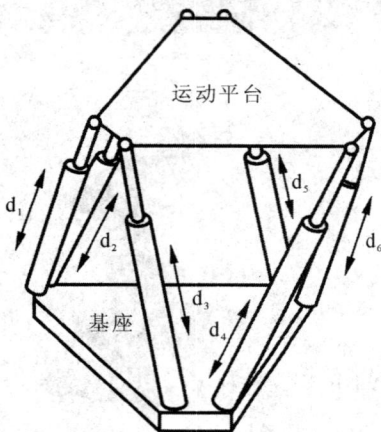

图 6-2 Stewart 平台

图 6-3 6-DOF 并联机器人

3. 工业机器人的关节设置

通常将机身、臂部、手腕和末端操作器（如手爪）称为机器人的操作臂，它由一系列的连杆通过关节顺序相串联而成。关节决定两相邻连杆副之间的连接关系，也称为运动副。机器人最常用的两种关节是移动关节（prismatic joint）和旋转关节（revolute joint），通常用 P 表示移动关节，用 R 表示转动关节。

刚体在三维空间中有 6 个自由度，显然，机器人要完成任一空间作业，也需要 6 个自由度。机器人的运动由臂部和手腕的运动组合而成。通常臂部有 3 个关节，用于改变手腕参考点的位置，称为定位机构；手腕部分也有 3 个关节，通常这 3 个关节的轴线相互垂直相交，用来改变末端操作器的姿态，称为定向机构。整个操作臂可以看成是由定位机构连接定向机构而构成的。

工业机器人操作臂的关节常为单自由度主动运动副，即每一个关节均由一个驱动器驱动。

4. 不同坐标形式的机器人

机器人臂部 3 个关节的种类决定了操作臂工作空间的形式。按照臂部关节沿坐标轴的运动形式，即按 P 和 R 的不同组合，可将机器人分为直角坐标型、圆柱坐标型、球（极）坐标型、关节坐标型和 SCARA 型五种类型。机器人的结构形式由用途决定，即由所完成工作的性质选取。下面介绍前四种类型的机器人。

1）直角坐标型机器人

直角坐标型机器人（cartesian coordinates robot）的外形与数控镗铣床和三坐标测量机相似，如图 6-4(a)所示，其 3 个关节都是移动关节（3P），关节轴线相互垂直，相当于笛卡儿坐标系的 X 轴、Y 轴和 Z 轴。其优点是刚度好，多做成大型龙门式或框架式结构，位置精度高、运动学求解简单、控制无耦合；但其结构较庞大、动作范围小、灵活性差且占地面积较大。因其稳定性好，适用于大负载搬送。

2）圆柱坐标型机器人

圆柱坐标型机器人（cylindrical coordinates robot）具有 2 个移动关节（2P）和 1 个转动关节（1R），工作范围为圆柱形状，如图 6-4(b)所示。其特点是：位置精度高、运动直观、控制简单，结构简单、占地面积小、价廉，因此应用广泛，但其不能抓取靠近立柱或地面上的物体。Versatran 机器人是该类机器人的典型代表。

3）球（极）坐标型机器人

球（极）坐标型机器人（polar coordinates robot）具有 1 个移动关节（1P）和 2 个转动关节（2R），工作范围为球缺形状，如图 6-4(c)所示。Unimate 机器人是该类机器人的典型代表。其优点是结构紧凑、动作灵活、占地面积小，但其结构复杂、定位精度低、运动直观性差。

4）关节坐标型机器人

关节坐标型机器人（articulated robot）由立柱、大臂和小臂组成。其具有拟人的机械结构，即大臂与立柱构成肩关节，大臂与小臂构成肘关节。具有 3 个转动关节（3R），可进一步分为 1 个转动关节和 2 个俯仰关节，工作范围为球缺形状，如图 6-4(d)所示。该类机器人的特点是工作范围大、动作灵活、能抓取靠近机身的物体，但运动直观性差，要得到高定位精度较困难。由于该类机器人灵活性高，其应用最广泛。PUMA 机器人是该类机器人的典型代表。

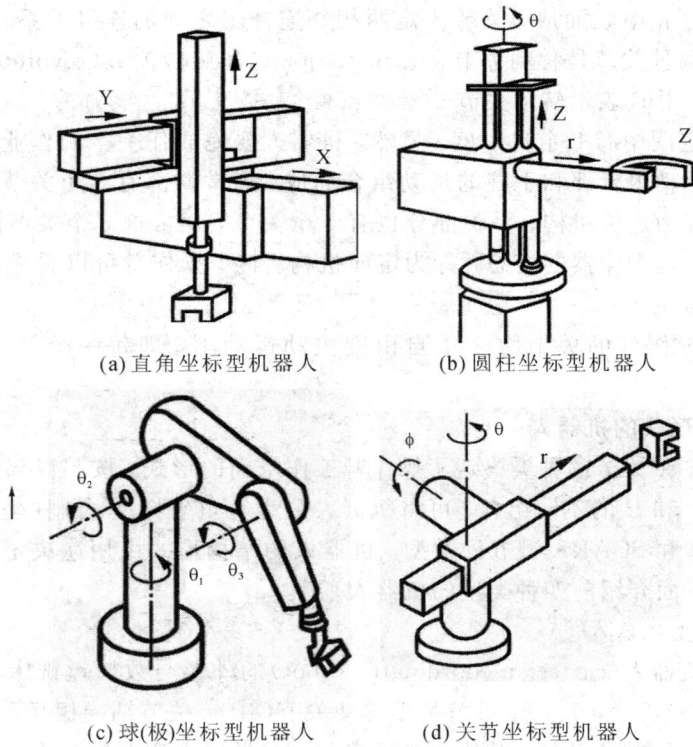

(a) 直角坐标型机器人　　　　　(b) 圆柱坐标型机器人

(c) 球(极)坐标型机器人　　　　　(d) 关节坐标型机器人

图 6-4　四种坐标形式的机器人

5. 工业机器人系统的组成

机器人系统是由机器人和作业对象及环境共同构成的，其中包括机器人机械系统、驱动系统、控制系统和感知系统四大部分。

1) 机械系统

工业机器人的机械系统包括机身、臂部、手腕、末端操作器和行走机构等部分，每一部分都有若干个自由度，构成一个多自由度的机械系统。此外，有的机器人还具备行走机构（mobile mechanism）。若机器人具备行走机构，则构成行走机器人；若机器人不具备行走及腰转机构，则构成单机器人臂（single robot arm）。末端操作器是直接装在手腕上的一个重要部件，它可以是两手指或多手指的手爪，也可以是喷漆枪、焊枪等作业工具。工业机器人的机械系统的作用相当于人的身体（骨髓、手、臂、腿等）。

2) 驱动系统

驱动系统主要指驱动机械系统动作的驱动装置。根据驱动源的不同，驱动系统可分为电气、液压、气压三种以及把它们结合起来应用的综合系统。该部分的作用相当于人的肌肉。

（1）电气驱动系统在工业机器人中应用得最普遍，可分为步进电动机、直流伺服电动机和交流伺服电动机三种驱动形式。早期多采用步进电动机驱动，后来发展了直流伺服电动机，现在交流伺服电动机驱动也开始被广泛应用。上述驱动单元有的用于直接驱动机构运动；有的通过谐波减速器减速后驱动机构运动，其结构简单紧凑。

（2）液压驱动系统运动平稳，且负载能力大，对于重载搬运和零件加工的机器人，采用液压驱动比较合理。但液压驱动存在管道复杂、清洁困难等缺点，因此限制了它在装配作业中的应用。

无论电气还是液压驱动的机器人，其手爪的开合都采用气动形式。

（3）气压驱动机器人结构简单、动作迅速、价格低廉，但由于空气具有可压缩性，其工作速度稳定性差。但是，空气的可压缩性可使手爪在抓取或卡紧物体时的顺应性提高，防止受力过大而造成被抓物体或手爪本身的破坏。气压系统压力一般为 0.7 MPa，因而抓取力小，只有几十牛到几百牛大小。

3）控制系统

控制系统的任务是根据机器人的作业指令程序及从传感器反馈回来的信号，控制机器人的执行机构，使其完成规定的运动和功能。

如果机器人不具备信息反馈特征，则该控制系统称为开环控制系统；如果机器人具备信息反馈特征，则该控制系统称为闭环控制系统。该部分主要由计算机硬件和控制软件组成。软件主要由人与机器人进行联系的人机交互系统和控制算法等组成。该部分的作用相当于人的大脑。

4）感知系统

感知系统由内部传感器和外部传感器组成，其作用是获取机器人内部和外部环境信息，并把这些信息反馈给控制系统。内部状态传感器用于检测各关节的位置、速度等变量，为闭环伺服控制系统提供反馈信息。外部状态传感器用于检测机器人与周围环境之间的一些状态变量，如距离、接近程度和接触情况等，用于引导机器人，便于其识别物体并作出相应处理。外部传感器可使机器人以灵活的方式对它所处的环境作出反应，赋予机器人一定的智能。该部分的作用相当于人的五官。

机器人系统实际上是一个典型的机电一体化系统，其工作原理为：控制系统发出动作指令，控制驱动器动作，驱动器带动机械系统运动，使末端操作器到达空间某一位置和实现某一姿态，实施一定的作业任务。末端操作器在空间的实时位姿由感知系统反馈给控制系统，控制系统把实际位姿与目标位姿相比较，发出下一个动作指令，如此循环，直到完成作业任务为止。

图 6-5 所示为 MOTOMAN SV3 机器人的组成。

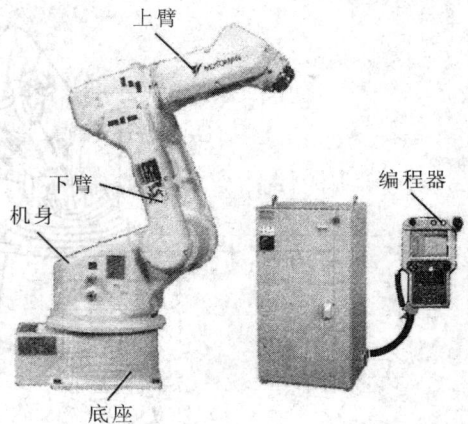

图 6-5　MOTOMAN SV3 机器人的组成

三、任务设计

3 自由度圆柱坐标型工业机器人设计案例设计要求：

自动线上有 A、B 两条输送带，它们之间的距离为 1.5 m，工业机器人将一零件从 A 带送到 B 带。

零件尺寸如下：

内孔：$\phi100$ mm；

壁厚：10 mm；

高：100 mm；

零件材料：45 钢；

零件仿真图如图 6-6 所示。

设计要求如下：

(1) 设计抓取该工件的机器人所需具备的检测功能。

(2) 设计机器人的坐标形式。

(3) 设计机器人的关节形式及组成。

图 6-6　零件仿真图

四、任务实施

任务实施步骤如下：

(1) 画出机器人的控制框图。

(2) 画出机器人的外形结构图。

(3) 画出机器人的机构简图。

五、反馈评价

1. 画出机器人的控制框图。

2. 根据图 6-7 所示机器人的外形结构图说出机器人的坐标形式。

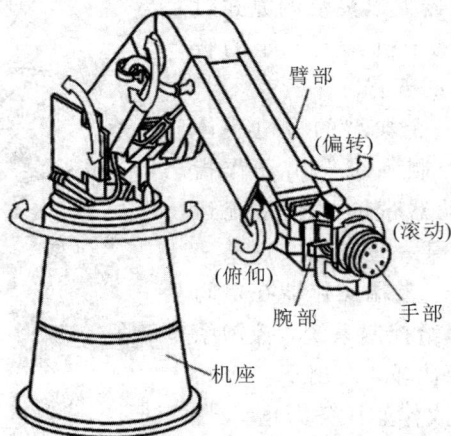

图 6-7　机器人的外形结构图

3. 根据图 6-8 所示的机器人的机构简图计算机器人的自由度。

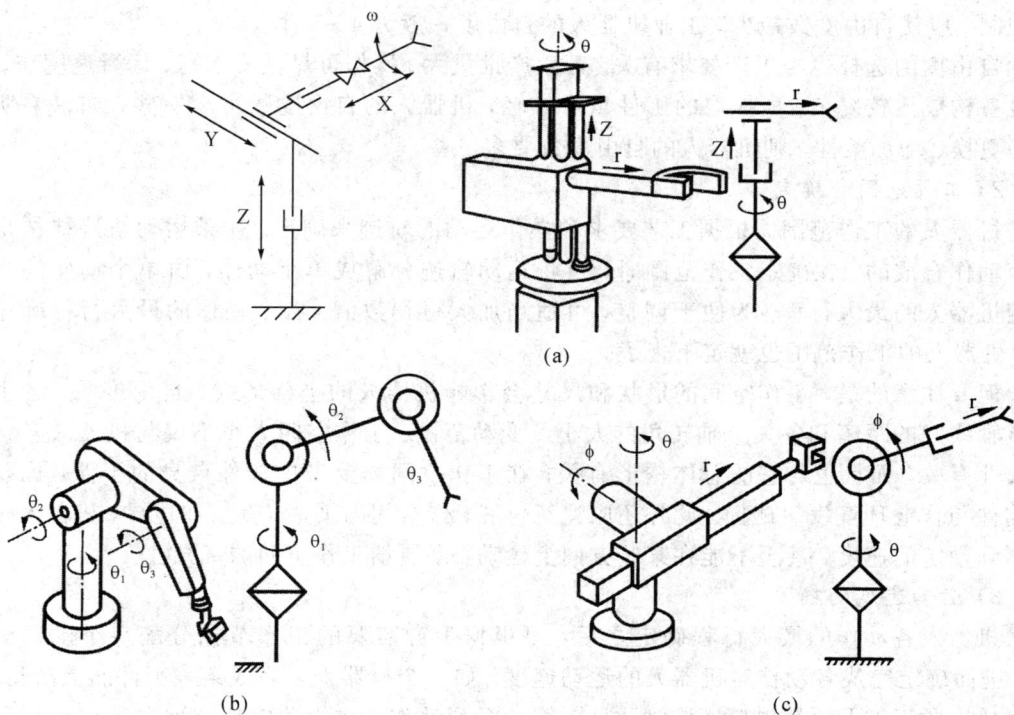

图 6-8　机器人的机构简图

项目 6.2　机器人的功能设计

一、提出任务

图 6-6 所示为 MOTOMAN SV3 机器人的外形图,请在项目 6.1 的设计基础上进行详细的运动方案设计。

二、相关知识点

1．机器人基本参数的确定

在系统分析的基础上,具体确定机器人的自由度数目、工作范围、承载能力、运动速度及定位精度等基本参数。

1）自由度数目的确定

自由度是机器人的一个重要技术参数,由机器人的机械结构形式决定。在三维空间中描述一个物体的位置和姿态(简称位姿)需要 6 个自由度。但是,机器人的自由度是根据其用途而设计的,可能少于 6 个自由度,也可能多于 6 个自由度。例如:A4020 型装配机器人具有 4 个自由度,可以在印刷电路板上接插电子器件;三菱重工的 PA-10 型机器人具有 7 个自由度,可以全方位打磨工件。在满足机器人工作要求的前提下,为简化机器人的结构和控制，应使自由度数最少。工业机器人的自由度一般为 4～6 个。

自由度的选择也与生产要求有关。若生产批量大、操作可靠性要求高、运行速度快、周围设备构成比较复杂、所抓取的工件重量较轻，机器人的自由度数可少一些；如果要便于产品更换、增加柔性，则机器人的自由度数要多一些。

2）工作范围的确定

机器人的工作范围需根据工艺要求和操作运动的轨迹来确定。一条运动轨迹往往是由几个动作合成的。在确定工作范围时，可将运动轨迹分解成单个动作，由单个动作的行程确定机器人的最大行程。为便于调整，可适当加大行程数值。各个动作的最大行程确定之后，机器人的工作范围也就定下来了。

但要注意的是，工作空间的形状和尺寸会影响机器人的坐标形式、自由度数、各手臂关节轴线间的距离和各关节轴转角的大小及变动范围。工作空间大小不仅与机器人各杆件的尺寸有关，而且也与它的总体构形有关；在工作空间内要考虑杆件自身的干涉，也要防止构件与作业环境发生碰撞。此外还应注意：在工作空间内某些位置，如边界，机器人可能达不到预定的速度，甚至不能在某些方向上运动，即所谓工作空间的奇异性。

3）运动速度的确定

机器人各动作的最大行程确定之后，可根据生产需要的工作节拍分配每个动作的时间，进而确定完成各动作时机器人的运动速度。如一个机器人要完成某一工件的上料过程，需完成夹紧工件及手臂升降、伸缩、回转等一系列动作，这些动作都应该在工作节拍所规定的时间内完成。至于各动作的时间究竟应如何分配，则取决于很多因素，不是通过一般的计算就能确定的。要根据各种因素反复考虑，并试制订各动作的分配方案，比较动作时间的平衡后才能确定。节拍较短时，更需仔细考虑。

机器人的总动作时间应小于或等于工作节拍。如果两个动作同时进行，要按时间较长的计算。一旦确定了最大行程的动作时间，其运动速度也就确定下来了。

4）承载能力的确定

承载能力代表着机器人搬运物体时所能达到的最大臂力。目前使用的机器人的臂力范围较大。对专用机械手来说，其承载能力主要根据被抓取物体的质量来定，其安全系数一般可在 1.5～3.0 范围内选取。对工业机器人来说，臂力要根据被抓取、搬运物体的质量变化范围来确定。

5）定位精度的确定

机器人的定位精度是根据使用要求确定的，而机器人本身所能达到的定位精度，则取决于机器人的定位方式、运动速度、控制方式、臂部刚度、驱动方式、所采取的缓冲方式等因素。

2. 机器人运动形式的选择

根据主要的运动参数选择运动形式是机械结构设计的基础。常见机器人的运动形式有五种：直角坐标型、圆柱坐标型、球（极）坐标型、关节坐标型和 SCARA 型。

为适应不同生产工艺的需要，同一种运动形式的机器人可采用不同的结构。具体选用哪种形式，必须根据工艺要求、工作现场、位置以及搬运前后工件中心线方向的变化等情况分析比较，择优选取。

为了满足特定的工艺要求，专用的机械手一般只要求有 2~3 个自由度，而通用机器人必须具有 4~6 个自由度，以满足不同产品的不同工艺要求。所选择的运动形式，在满足需要的情况下，应以自由度最少、结构最简单为宜。

3. 驱动机构的设计

1）驱动方式的选择

机器人常用的驱动方式主要有液压驱动、气压驱动和电气驱动三种基本类型。

工业机器人出现的初期，由于其大多采用曲柄机构和连杆机构等，所以较多使用液压与气压驱动方式。但随着对机器人作业速度要求越来越高，以及机器人的功能日益复杂化，目前采用电气驱动的机器人所占比例越来越大。但在需要功率很大的应用场合，或运动精度不高、有防爆要求的场合，液压、气压驱动仍应用较多。

（1）液压驱动的特点是功率大、结构简单，可省去减速装置，能直接与被驱动的杆件相连，响应快，伺服驱动具有较高的精度；但需要增设液压源，而且易产生液体泄漏，故液压驱动目前多用于特大功率的机器人系统。

（2）气压驱动动作迅速，反应快，维护简单，工作介质清洁时，不存在介质变质和更换等问题；工作环境适应性好，在易燃、易爆、多尘埃、辐射、强磁、振动、冲击等恶劣的环境中，气压传动系统工作安全可靠。

（3）电气驱动是利用电动机直接或通过机械传动装置来驱动执行机构，其所用能源简单，机构速度变化范围大，效率高，速度和位置精度都很高，且具有使用方便、噪声低和控制灵活的特点，在机器人中得到了广泛应用。

2）直线驱动机构

机器人采用的直线驱动方式包括直角坐标结构的 X、Y、Z 三个方向的驱动，圆柱坐标结构的径向驱动和垂直升降驱动，以及极坐标结构的径向伸缩驱动。直线运动可以直接由气缸或液压缸和活塞产生，也可以采用齿轮齿条、丝杠、螺母等传动元件把旋转运动转换为直线运动。

（1）齿轮齿条装置：通常齿条是固定不动的。当齿轮转动时，齿轮轴连同拖板沿齿条方向做直线运动。这样，齿轮的旋转运动就转换成为拖板做直线运动，如图 6 - 9 所示。拖板是由导杆或导轨支撑的，该装置的回差较大。

（2）普通丝杠：普通丝杠驱动采用一个旋转的精密丝杠驱动一个螺母沿丝杠轴向移动，从而将丝杆的旋转运动转换成螺母的直线运动。由于普通丝杠的摩擦力较大、效率低、惯性大，在低速时容易产生爬行现象，精度低，回差大，所以在机器人中很少采用。

（3）滚珠丝杠：在机器人中经常采用滚珠丝杠，这是因为滚珠丝杠的摩擦力很小且运动响应速度快。由于滚珠丝杠螺母的螺旋槽里放置了许多滚珠，丝杠在传动过程中所受的是滚动摩擦力，摩擦力较小，因此传动效率高，同时可消除低速运动时的爬行现象；在装配时施加一定的预紧力，可消除回差。

如图 6 - 10 所示，滚珠丝杠里的滚珠从钢套管中出来，进入经过研磨的导槽，转动 2~3 圈以后，返回钢套管。滚珠丝杠的传动效率可以达到 90%，所以只需要使用极小的驱动力，并采用较小的驱动连接件，就能够传递运动。

图6-9　齿轮齿条装置

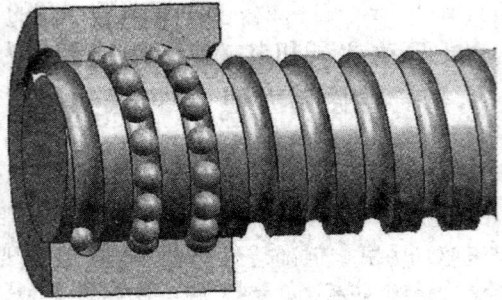

图6-10　滚珠丝杠传动装置

　　通常人们还使用两个背靠背的双螺母对滚珠丝杠进行预加载，以消除丝杠和螺母之间的间隙，提高运动精度。

　　（4）液压（气压）缸：液压（气压）缸是将液压泵（空气压缩机）输出的压力能转换为机械能，并实现直线往复运动的执行元件，使用液压（气压）缸可以很容易地实现直线运动。液压（气压）缸主要由缸筒、缸盖、活塞、活塞杆和密封装置等部件构成，活塞和缸筒采用精密滑动配合，压力油（压缩空气）从液压（气压）缸的一端进入，把活塞推向液压（气压）缸的另一端，从而实现直线运动。通过调节进入液压（气压）缸的液压油（压缩空气）的流动方向和流量可以控制液压（气压）缸的运动方向和速度。

　　3）旋转驱动机构

　　多数普通电动机和伺服电动机都能够直接产生旋转运动，但其输出力矩比所要求的力矩小，转速比所要求的转速高，因此需要采用齿轮链、皮带传动装置或其他运动传动机构，把较高的转速转换成较低的转速，并获得较大的力矩。有时也采用液压缸或气缸作为动力源，这就需要把直线运动转换成旋转运动。运动的传递和转换必须高效率地完成，并且不能有损于机器人系统所需要的特性，特别是定位精度、重复定位精度和可靠性。通过下列设备可以实现运动的传递和转换。

　　（1）齿轮链：齿轮链是由两个或两个以上的齿轮组成的传动机构，它不但可以传递运动角位移和角速度，而且可以传递力和力矩，如图6-11所示。

　　使用齿轮链机构应注意以下两点：

　　① 齿轮链的引入会减小系统的等效转动惯量，从而使驱动电动机的响应时间缩短，这样伺服系统就更加容易控制。

　　② 齿轮间隙误差将导致机器人手臂的定位误差增加，而且，假如不采取补偿措施，齿隙误差还会引起伺服系统的不稳定。

　　（2）同步皮带：同步皮带传动用来传递平行轴间的运动或将回转运动转换成直线运动，在机器人中的作用主要

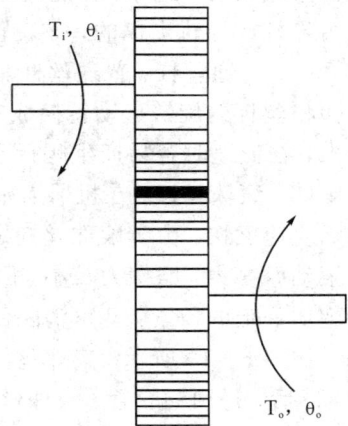

图6-11　齿轮链机构

为前者。同步传动带和带轮的接触面都制成相应的齿形,靠啮合传递功率,其传动原理如图 6-12 所示。齿形带的主要材料是氯丁橡胶,中间用钢、玻璃纤维等拉伸刚度大的材料做加强层,齿面覆盖有耐磨性能好的尼龙布。用来传递轻载荷的齿形带可用聚氯基甲酸酯制造。齿的节距用包络带轮时的圆节距 t 表示。

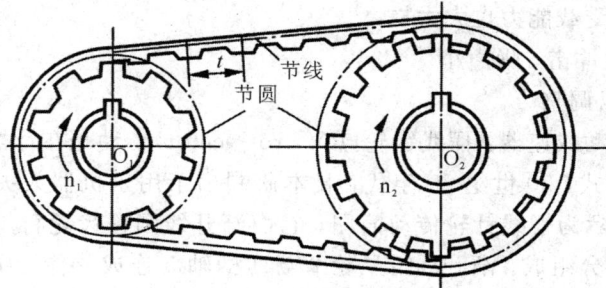

图 6-12　同步皮带传动原理

同步皮带传动的优点是:传动时无滑动,传动比准确,传动平稳;速比范围大;初始拉力小,轴及轴承不易过载。但是,这种传动机构的制造及安装要求严格,对带的材料要求也较高,因而成本较高。同步皮带传动是低惯性传动,适合于电动机和高减速比减速器之间的传动。

(3) 谐波齿轮:虽然谐波齿轮已问世多年,但直到最近人们才开始广泛地使用它。目前,机器人的旋转关节有 60%~70% 都使用了谐波齿轮传动。

谐波齿轮传动机构由刚性齿轮、谐波发生器和柔性齿轮三个主要零件组成,如图 6-13 所示。工作时,刚性齿轮 1 固定安装,各齿均布于圆周上,具有外齿圈 7 的柔性齿轮 6 沿刚性齿轮 1 的内齿圈 2 转动。柔性齿轮比刚性齿轮少两个齿,所以柔性齿轮沿刚性齿轮每转一圈就反方向转过两个齿的相应转角。谐波发生器 4 具有椭圆形轮廓,装在其上的滚珠用于支承柔性齿轮 6,谐波发生器驱动柔性齿轮旋转并使之发生塑性变形。转动时,柔性齿轮的椭圆形端部只有少数齿与刚性齿轮啮合,只有这样,柔性齿轮才能相对于刚性齿轮自由地转过一定的角度。通常刚性齿轮固定,谐波发生器作为输入端,柔性齿轮与输出轴相连。

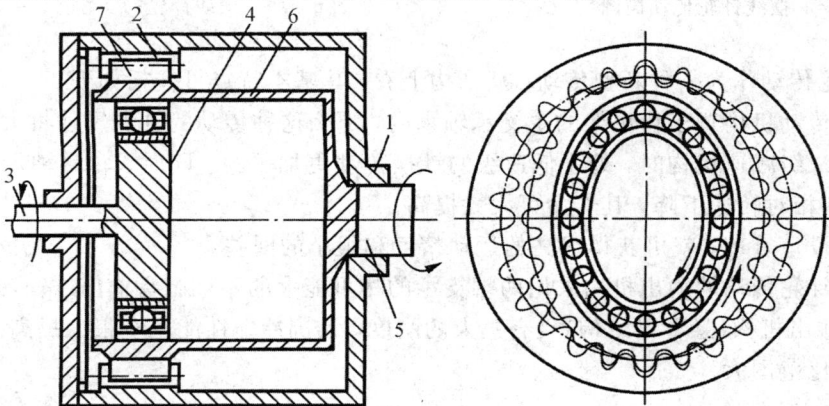

1—刚性齿轮;2—刚轮内齿圈输入轴;3—柔轮输入轴;4—谐波发生器;5—输出轴;
6—柔性齿轮;7—柔轮外齿圈
图 6-13　谐波齿轮传动

谐波齿轮传动的特点如下：

① 结构简单，体积小，质量小。

② 传动比范围大，单级谐波减速器传动比可在 50～300 之间，优选在 75～250 之间。

③ 运动精度高，承载能力大。由于多齿啮合，与相同精度的普通齿轮相比，其运动精度能提高 4 倍左右，受载能力也大大提高。

④ 运动平稳，无冲击，噪声小。

⑤ 齿侧间隙可以调整。

（4）摆线针轮传动减速器：摆线针轮（RV，rot-vector）传动是在针摆传动基础上发展起来的一种新型传动方式，20 世纪 80 年代，日本研制出了用于机器人关节的摆线针轮传动减速器。图 6-14 所示为摆线针轮传动简图，它由渐开线圆柱齿轮行星减速机构和摆线针轮行星减速机构两部分组成。渐开线行星轮 2 与曲柄轴 3 连成一体，作为摆线针轮传动部分的输入。如果渐开线中心轮 1 顺时针方向旋转，那么渐开线行星齿轮在公转的同时还逆时针方向自转，并通过曲柄轴带动摆线轮做平面运动。此时，摆线轮因受与之啮合的针轮的约束，在其轴线绕针轮轴线公转的同时，还将反方向自转，即顺时针转动。同时，它通过曲柄轴推动行星架输出机构顺时针方向转动。

摆线针轮的实物如图 6-15 所示。

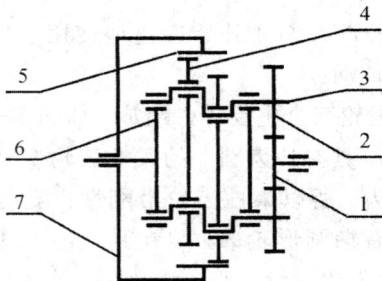

1—中心轮；2—行星轮；3—曲柄轴；
4—摆线轮；5—针齿；6—输出轴；7—针齿壳

图 6-14　摆线针轮传动简图

图 6-15　摆线针轮的实物图

摆线针轮传动作为一种新型传动，从结构上看，其基本特点可概括如下：

① 如果传动机构置于行星架的主支承轴承内，那么这种传动的轴向尺寸将大大缩小。

② 采用二级减速机构时，处于低速级的针摆传动更加平稳。同时，转臂轴承因个数增多且内、外环相对转速下降，其寿命可大大提高。

③ 只要设计合理，就可获得很高的运动精度和很小的回差。

④ 摆线针轮传动的输出机构采用两端支承的尽可能大的刚性圆盘输出结构，比一般摆线减速器的输出机构（悬臂梁结构）具有更大的刚度，且抗冲击性能也有很大提高。

⑤ 传动比范围大。

⑥ 传动效率高。

4. 机身设计

机身是支承臂部的部件，往往与机座做成一体。机身和臂部相连，并支承臂部，臂部又支承腕部和手部。机身一般用于实现升降、回转和仰俯等运动，常有 1~3 个自由度。

1）机身的典型结构

机身结构一般由机器人总体设计确定。圆柱坐标型机器人的回转与升降这两个自由度归属于机身；球（极）坐标型机器人的回转与俯仰这两个自由度归属于机身；关节坐标型机器人的回转自由度归属于机身；直角坐标型机器人的升降或水平移动自由度有时归属于机身。下面介绍回转与升降机身和回转与俯仰机身。

（1）回转与升降机身：回转与升降机身可采用以下几种驱动方案来实现回转。

① 采用摆动油缸驱动，升降油缸在下，回转油缸在上。因摆动油缸安置在升降活塞杆的上方，故活塞杆的尺寸要加大。

② 采用摆动油缸驱动，回转油缸在下，升降油缸在上，相比之下，回转油缸的驱动力矩要设计得大一些。

③ 采用链条链轮传动机构。链条链轮传动可将链条的直线运动变为链轮的回转运动，它的回转角度可大于 360°。图 6-16(a)所示为采用单杆活塞气缸驱动链条链轮传动机构实现机身回转运动的原理图。此外，也有用双杆活塞气缸驱动链条链轮回转的，如图 6-16(b)所示。

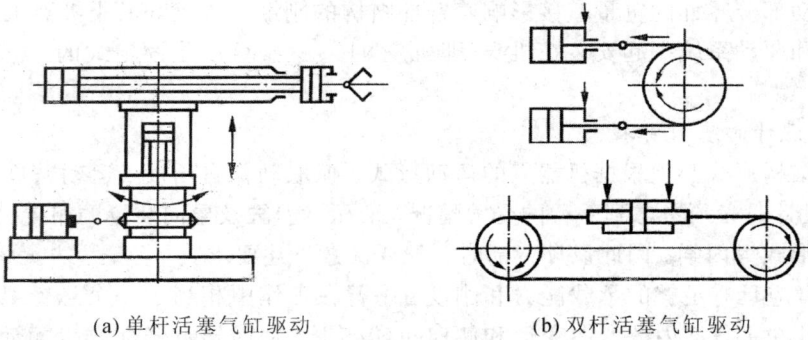

(a) 单杆活塞气缸驱动　　　　　(b) 双杆活塞气缸驱动

图 6-16　利用链条链轮传动机构实现机身回转

回转与升降机身的升降运动通常采用油缸来实现。

（2）回转与俯仰机身：机器人手臂的俯仰运动一般采用液压（气）缸与连杆机构来实现。手臂俯仰运动用的液压缸位于手臂的下方，其活塞杆和手臂用铰链连接，缸体采用尾部耳环或中部销轴等方式与立柱连接，如图 6-17 所示。此外，有时也采用无杆活塞缸驱动齿条齿轮或四连杆机构实现手臂的俯仰运动。

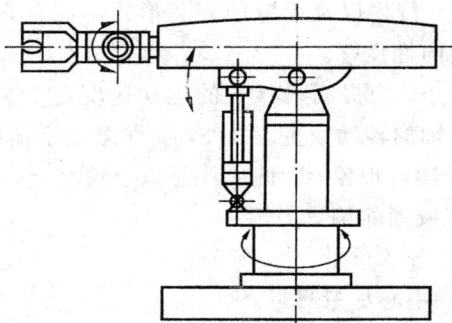

图 6-17　回转与俯仰机身

2）设计机身时应注意的问题

工业机器人要完成特定的任务，如抓、放工件等，就需要有一定的灵活性和准确性。机身需支承机器人的臂部、手部及所拿持物体的重量，设计机身时应注意以下几个方面的问题：

（1）机身要有足够的刚度、强度和稳定性。

（2）运动要灵活，用于实现升降运动的导向套长度不宜过短，以避免发生卡死现象。

（3）驱动方式要适宜。

（4）结构布置要合理。

5. 臂部的设计

工业机器人的臂部由大臂和小臂（或多臂）组成，一般具有 2 个自由度，即伸缩、回转、俯仰或升降。臂部总重量较大，受力一般较复杂。在运动时，直接承受腕部、手部和工件（或工具）的静、动载荷，尤其高速运动时，将产生较大的惯性力（或惯性力矩），引起冲击，影响定位的准确性。臂部是工业机器人的主要执行部件，其作用是支撑手部和腕部，并改变手部的空间位置。

臂部运动部分零件的重量直接影响着臂部结构的刚度和强度，工业机器人的臂部一般与控制系统和驱动系统一起安装在机身（即机座）上，机身可以是固定式的，也可以是移动式的。

1）臂部设计的基本要求

臂部的结构形式必须根据机器人的运动形式、抓取动作自由度、运动精度等因素来确定。同时，设计时必须考虑到手臂的受力情况，液压（气）缸及导向装置的布置、内部管路与手腕的连接形式等因素。因此设计臂部时一般要注意下述要求。

（1）手臂应具有足够的承载能力和刚度。手臂在工作中相当于一个悬臂梁，如果刚度差，会引起其在垂直面内的弯曲变形和侧向扭转变形，从而导致臂部产生颤动，影响手臂在工作中允许承受的载荷大小、运动的平稳性、运动速度和定位精度等，以致无法工作。为防止臂部在运动过程中产生过大的变形，手臂的截面形状要合理选择。由材料力学知识可知，工字形截面构件的弯曲刚度一般比圆截面构件的大，空心轴的弯曲刚度和扭转刚度都比实心轴的大得多，所以常用工字钢和槽钢做支承板，用钢管做臂杆及导向杆。

（2）导向性要好。为了使手臂在直线移动过程中不致发生相对转动，以保证手部的方向正确，应设置导向装置或设计方形、花键等形式的臂杆。导向装置的具体结构形式一般应根据载荷大小、手臂长度、行程以及手臂的安装形式等因素来决定。导轨的长度不宜小于其间距的两倍，以保证导向性良好。

（3）重量和转动惯量要小。为提高机器人的运动速度，要尽量减轻臂部运动部分的重量，以减小整个手臂对回转轴的转动惯量。另外，应注意减小偏重力矩，偏重力矩过大，易使臂部在升降时发生卡死或爬行现象，因此应注意减小偏重力矩。

通过以下方法可以减小或消除偏重力矩：

① 尽量减轻臂部运动部分的重量。

② 使臂部的重心与立柱中心尽量靠近。

③ 采取配重的方法。

④ 运动要平稳，定位精度要高。运动平稳性和重复定位精度是衡量机器人性能的重要指标，影响这些指标的主要因素有：惯性冲击、定位方法、结构刚度、控制及驱动系统等。

臂部运动速度越高，由惯性力引起的定位前的冲击就越大，这不仅会使运动不平稳，而且会使定位精度不高。因此，除了要力求臂部结构紧凑、重量轻外，还要采取一定的缓冲措施。

工业机器人常用的缓冲装置有弹性缓冲元件、液压(气)缸端部缓冲装置、缓冲回路和液压缓冲器等。按照它们在机器人或在机械手结构中设置位置的不同，可以分为内部缓冲装置和外部缓冲装置两类。在驱动系统内设置的缓冲部件属于内部缓冲装置，液压(气)缸端部节流缓冲环节与缓冲回路均属于此类。弹性缓冲部件和液压缓冲器一般设置在驱动系统之外，故属于外部缓冲装置。内部缓冲装置具有结构简单、紧凑等优点，但其安装位置受到限制；外部缓冲装置具有安装简便、灵活、容易调整等优点，但其体积较大。

2) 手臂的常用结构

(1) 手臂直线运动机构。机器人手臂的伸缩、横向移动均属于直线运动。实现手臂往复直线运动的机构形式比较多，常用的有液压(气压)缸、齿轮齿条机构、丝杠螺母机构及连杆机构等。由于液压(气压)缸的体积小，重量轻，因而在机器人的手臂结构中应用比较多。

在手臂的伸缩运动中，为了使手臂移动的距离和速度有定值地增加，可以采用齿轮齿条传动的增倍机构。图 6-18 所示为采用气压传动的齿轮齿条式增倍机构的手臂结构。活塞杆 3 左移时，与活塞杆 3 相连接的齿轮 2 也左移，并使运动齿条 1 一起左移，由于齿轮 2 与固定齿条 4 相啮合，因而齿轮 2 在移动的同时，又在固定齿条上滚动，并将此运动传给运动齿条 1，从而使运动齿条 1 又向左移动一段距离。因手臂固连于齿条 1 上，所以手臂的行程和速度均为活塞杆 3 的两倍。

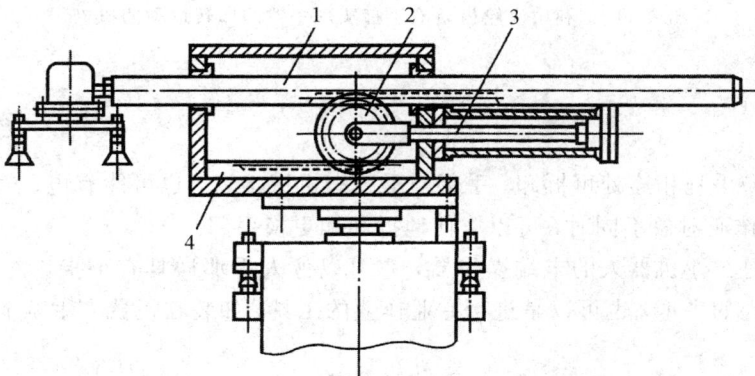

1—运动齿条；2—齿轮；3—活塞；4—固定齿条

图 6-18　齿轮齿条式增倍机构的手臂结构

(2) 手臂回转运动机构。实现机器人手臂回转运动的机构形式多种多样，常用的有叶片式回转缸、齿轮传动机构、链轮传动机构、活塞缸和连杆机构等。

图 6-19 所示为利用齿轮齿条液压缸实现手臂回转运动的机构。压力油分别进入液压缸两腔，推动齿条活塞做往复移动，与齿条啮合的齿轮即做往复回转运动。齿轮与手臂固连，从而实现手臂的回转运动。

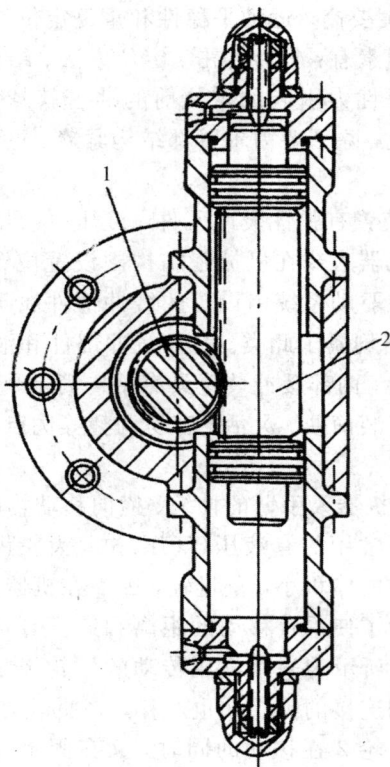

1—齿轮；2—运动齿条；

图 6-19　利用齿轮齿条液压缸实现手臂的回转运动的机构

6. 手部设计

1）手部特点

（1）手部与手腕相连处可拆卸。手部与手腕有机械接口，也可能有电、气、液接头，当工业机器人的作业对象不同时，可以方便地拆卸和更换手部。

（2）手部是工业机器人的末端操作器，它可以像人手那样具有手指，也可以不具备手指；可以是类人的手爪，也可以是进行专业作业的工具，如装在机器人手腕上的喷漆枪、焊接工具等。

（3）手部的通用性比较差。工业机器人的手部通常是专用的装置，一种手爪往往只能抓握一种工件或几种在形状、尺寸、质量等方面相近似的工件，只能执行一种作业任务。

（4）手部是一个独立的部件，假如把手腕归属于臂部，那么工业机器人机械系统的三大件就是机身、臂部和手部。手部是决定整个工业机器人作业完成好坏、作业柔性好坏的关键部件之一。

2）手部分类

由于手部要完成的作业任务繁多，手部的类型也多种多样。根据其用途，手部可分为手爪和工具两大类。手爪具有一定的通用性，它的主要功能是抓住工件、握持工件、释放工件。工具是进行某种作业的专用工具，如喷漆枪、焊具等。

根据其夹持原理，手部又可分为机械钳爪式和吸附式两大类。其中吸附式还可分为磁力吸附式和真空吸附式两类。吸附式手部机构的功能超出了人手的功能范围。在实际应用中，也有少数特殊形式的手部。

（1）机械钳爪式手部结构：机械钳爪式手部按夹取的方式，可分为内撑式和外夹式两种，分别如图 6-20、图 6-21 与图 6-22 所示。两者的区别在于夹持工件的部位不同，手爪动作的方向相反。

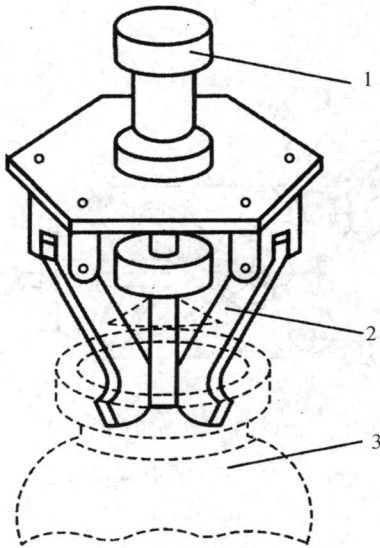

1—手指驱动电磁铁；2—钳爪；3—工件

图 6-20　内撑钳爪式手部的夹取方式 1　　　　图 6-21　内撑钳爪式手部的夹取方式 2

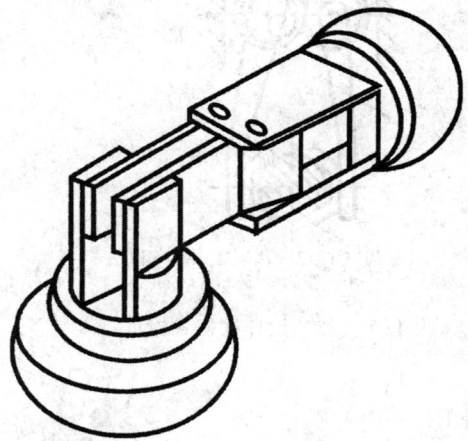

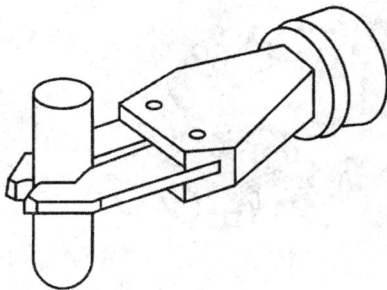

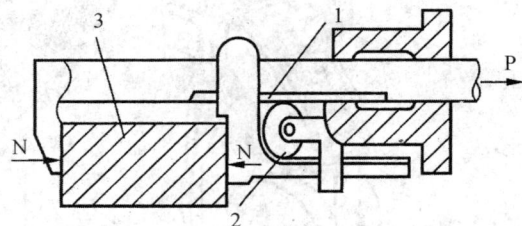

（a）结构简图　　　　　　　　　1—齿条；2—齿轮；3—工件

　　　　　　　　　　　　　　　（b）平面结构图

图 6-22　外夹钳爪式手部的夹取方式

（2）拨杆杠杆式钳爪：如图 6-23 所示。

（3）自动调整式钳爪：如图 6-24 所示。自动调整式钳爪的调整范围在 0～10 mm 之内，适用于抓取多种规格的工件，当更换产品时可更换 V 形钳口。

（4）特殊形式手指：机器人手爪和手腕中形式最完美的是模仿人手的多指灵巧手，如图 6-25 所示。多指灵巧手有多个手指，每个手指有 3 个回转关节，每一个关节的自由度都是独立控制的，因此，几乎人手指能完成的复杂动作，如拧螺钉、弹钢琴、做礼仪手势等，它都能完成。在手部配置有触觉、力觉、视觉、温度传感器，可使多指灵巧手更趋于完美。多指灵巧手的应用前景十分广泛，可在各种极限环境下完成人无法实现的操作，如在核工业领域内，在宇宙空间，在高温、高压、高真空环境下作业等。

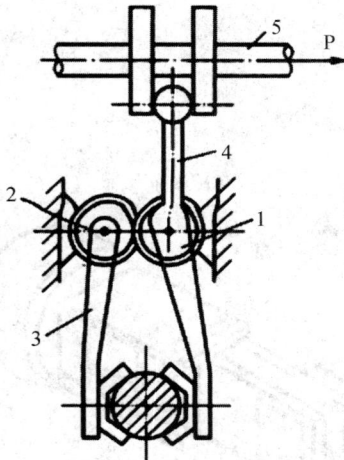

1—齿轮1；2—齿轮2；3—钳爪；
4—拨杆；5—驱动杆

图 6-23 拨杆杠杆式钳爪

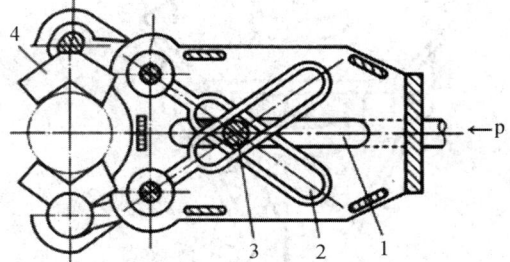

1—推杆；2—滑槽；3—铀销；4—V形钳爪

图 6-24 自动调整式钳爪

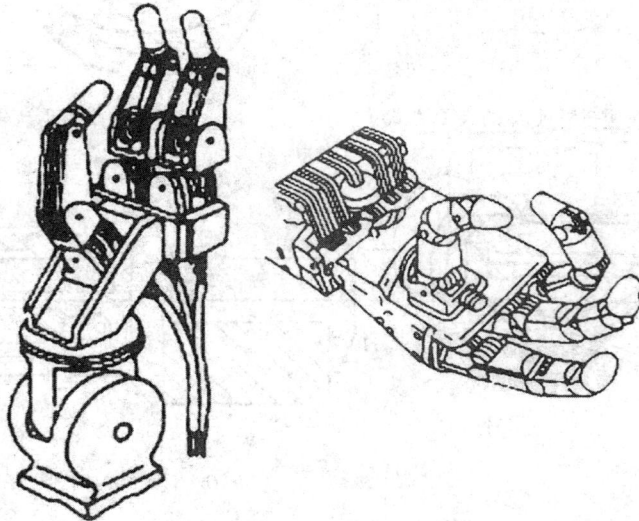

图 6-25 多指灵巧手

（5）吸附式手部结构：吸附式手部即为吸盘，主要有磁力吸附式和真空吸附式两种。

① 磁力吸附式。磁力吸盘是在手部装上电磁铁，通过磁场吸力把工件吸住的吸盘，有电磁吸盘和永磁吸盘两种。

图 6 - 26 所示为电磁吸盘的工作原理图：当线圈 1 通电后，在铁芯 2 内外产生磁场，磁力线经过铁芯，空气隙和衔铁 3 被磁化并形成回路，衔铁受到电磁吸力 F 的作用被牢牢吸住。实际使用时，往往采用盘式电磁铁。衔铁是固定的，在衔铁内用隔磁材料将磁力线切断，当衔铁接触由铁磁材料制成

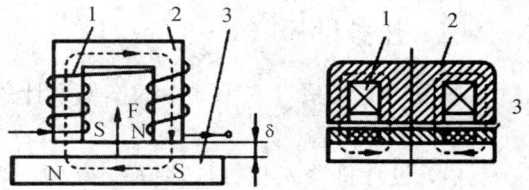

1—线圈；2—铁芯；3—衔铁
图 6 - 26　电磁吸盘的工作原理图

的工件时，工件将被磁化，形成磁力线回路并受到电磁吸力而被吸住。一旦断电，电磁吸力即消失，工件因此被松开。若采用永久磁铁作为吸盘，则必须强制性取下工件。

磁力吸盘只能吸住由铁磁材料制成的工件，吸不住采用非铁磁质金属和非金属材料制成的工件。磁力吸盘的缺点是被吸取过的工件上会有剩磁，且吸盘上常会吸附一些铁屑，致使其不能可靠地吸住工件。磁力吸盘只适用于工件对磁性要求不高或有剩磁也无妨的场合。对于不准有剩磁的工件，如钟表零件及仪表零件，不能选用磁力吸盘。所以，磁力吸盘有一定的局限性，在工业机器人中使用较少。

磁力吸盘的计算主要是电磁吸盘中电磁铁吸力的计算，其中包括铁芯截面积、线圈导线直径、线圈匝数等参数的设计。此外，还要根据实际应用环境选择工作情况系数和安全系数。

② 真空吸附式。真空吸附式手部主要用于搬运体积大、质量小（冰箱壳体、汽车壳体）、易碎（玻璃、磁盘）、体积微小（不易抓取）的物体，在工业自动化生产中得到了广泛的应用。一个典型的真空吸附式手部系统由真空源、控制阀、真空吸盘及辅件组成。下面介绍真空吸附式手部系统设计的关键问题——真空源的选择。

真空源是真空系统的"心脏"部分，可分为真空泵与真空发生器两大类。

a. 真空泵是比较常用的真空源，长期以来广泛地应用于工业和生活的各个方面。真空泵的结构和工作原理与空气压缩机相似，不同的是真空泵的进气口是负压，排气口是大气压。真空吸附系统一般对真空度要求不高，属低真空范围，主要使用各种类型的机械式真空泵。

b. 真空发生器是一种新型的真空源，它以压缩空气为动力源，利用气体在文丘里管中流动、喷射的高速气体对周围气体的卷吸作用来产生真空。

7. 行走机构的设计

行走机构是行走式机器人的重要执行部件，它由行走驱动装置、传动机构、位置检测元件、传感器、电缆及管路等组成。行走机构一方面支承机器人的机身、臂部和手部，因而必须具有足够的刚度和稳定性；另一方面还根据作业任务的要求，使机器人在更广阔的空间内运动。

行走机构按其运动轨迹可分为固定轨迹式和无固定轨迹式两类。固定轨迹式行走机构主要用于工业机器人，如横梁式机器人。无固定轨迹式行走机构根据其结构特点分为轮式行走机构、履带式行走机构和关节式行走机构等。在行走过程中，前两种行走机构与地面连续接触，其形态为运行车式，应用较多，一般用于野外、较大型作业场合，相关技术也比较成熟；后一种与地面为间断接触，为动物的腿脚式，该类机构正在发展和完善中。

行走机构根据其结构分为车轮式、步行式、履带式和其他方式。

三、任务设计

按要求完善项目 6.1.3 中的案例设计。

设计要求：

(1) 设计机器人各执行部位。

(2) 设计机器人的驱动机构。

(3) 设计机器人的机身和臂部。

(4) 设计机器人的腕部和手部。

(5) 设计机器人的行走机构。

四、任务实施

任务实施的步骤如下：

(1) 画出机器人的传动结构图。

(2) 写出机器人运动方案。

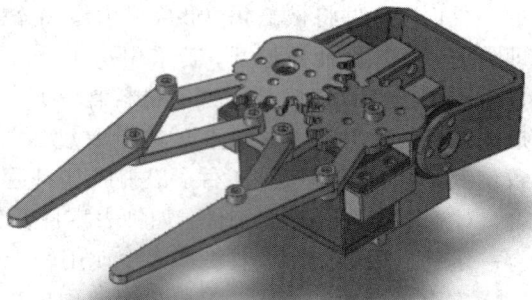

图 6-27　抓手示例

五、反馈评价

指出图 6-27 中手爪的形式。

项目 6.3　机器人的控制系统

一、提出任务

以教育机器人为载体了解并掌握机器人的控制方法。

二、相关知识点

1. 宝贝车机器人的组成及各个部件的功能

图 6-28 所示为一块宝贝车教学底板。一块微控制芯片就是一个很小的计算机。这个很小的计算机插在教学底板上。教学板与电源、下载线以及串口线很容易连接。教学底板搭建的电路以及搭建的电路与微控制器模块连接同样简单。

1) 结构

宝贝车需要连接电源以便运行，同时也需要连接到 PC 机(或笔记本电脑)以便编程和交互。以上接线完成后，可以用编辑器软件来对系统进行测试。

2) 串口的连接

宝贝车通过串口电缆(或 USB 转串口适配器)与 PC 机(或笔记本电脑)的连接来实现与

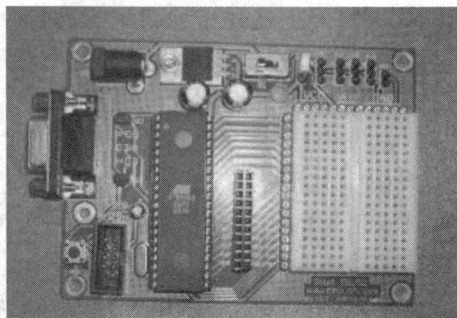

图 6-28　宝贝车教学底板

用户交互。将如图 6-29 所示的串口线连接到计算机后面的 COM 口上。

宝贝车通过 ISP 下载线连接到 PC 机的并口上来下载程序。图 6-30 所示为 ISP 下载线。

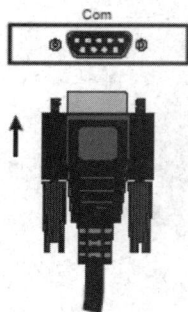

图 6-29　PC 机或笔记本电脑上的串行端口

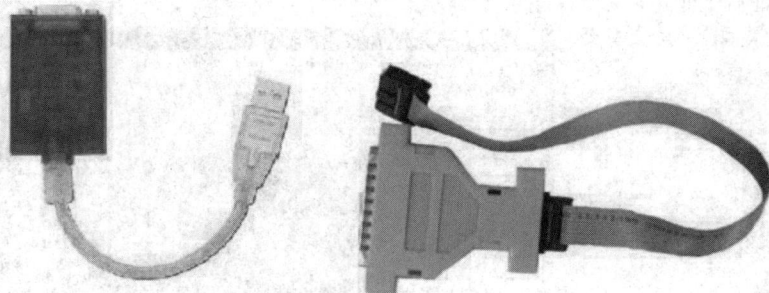

图 6-30　ISP 下载线

完成工作所需硬件的实物图如图 6-31 所示。完成的宝贝车机器人如图 6-32 所示。

图 6-31　工作所需硬件的实物图

图 6-32　宝贝车机器人

2. 使用编程软件进行 C 语言编程

1）第一个程序的编写

打开 Keil 编译器，程序界面如图 6 - 33 所示。点击"Project"，程序会出现如图 6 - 34 所示的画面。

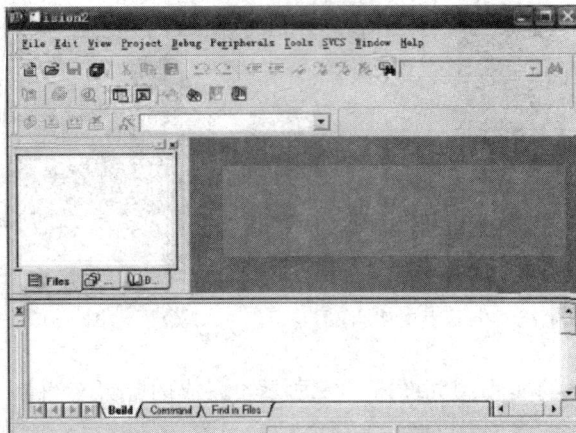

图 6 - 33   Keil 编译器界面图

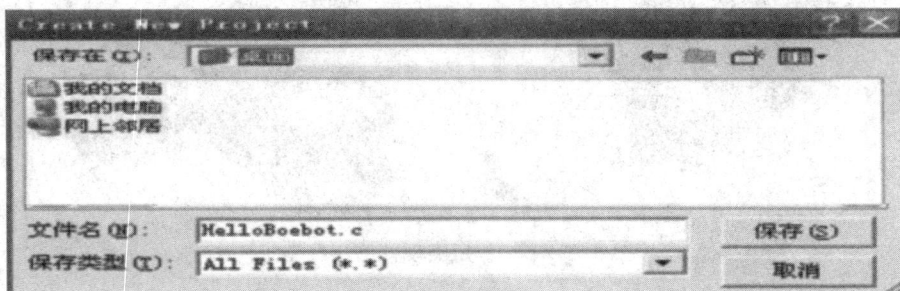

图 6 - 34   "Project"菜单

然后选择"New Project..."，将出现如图 6 - 35 所示的对话框。

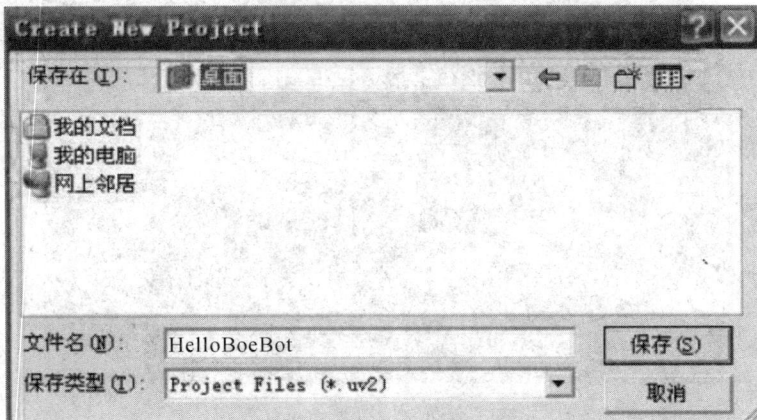

图 6 - 35   新建文件对话框

将文件命名为"HelloBoeBot"，保存在"X:\软件文件\C 语言学习\HelloBoeBot"（不加后缀名），点击"保存"后会出现如图 6-36 所示的芯片选择对话框。

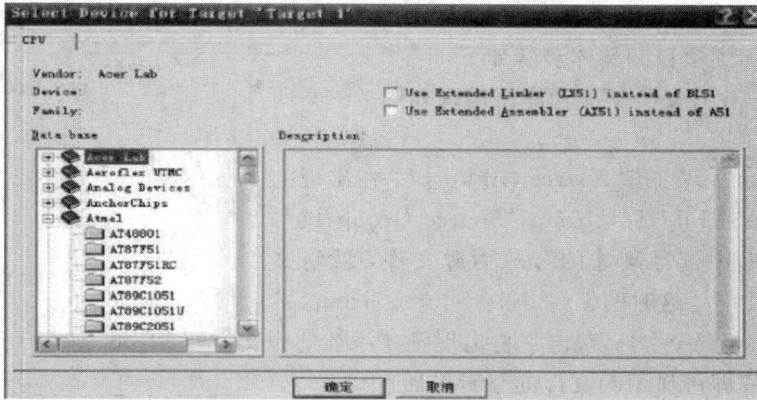

图 6-36 芯片选择对话框

可在对话框中选择芯片的类型，现在使用的是 Atmel 公司的 89S52（89S52 内部结构和89C52 一样，只是不支持在线下载 ISP 功能，但不影响编译，能编译出 HEX 文件即可）。因此选择"89C52"后点击"确定"，程序会出现如图 6-37 所示的画面。即得到目标工程，再点击按钮新建一个文件保存在"H:\软件文件\C 语言学习\HelloBoeBot"中，在文件类型中填写".asm(汇编)"或者".c(C 语言)"，如图 6-38 所示。

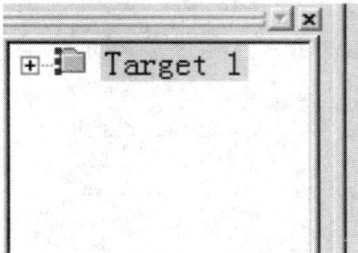

图 6-37 新建工程

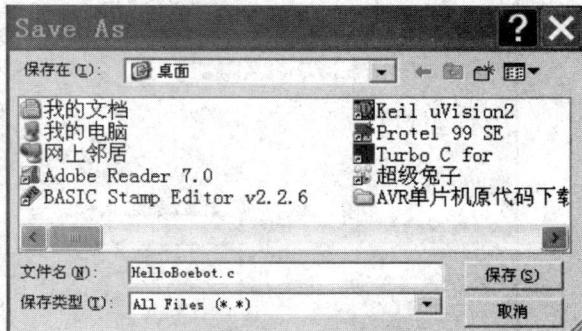

图 6-38 文件保存对话框

注意：这次一定要加后缀！

例程：HelloBoeBot. c

```
#include<BoeBot. h>
#include<uart. h>
int main(void)
{
  uart_Init();
  printf("Hello, this is a message\n");
}
```

将该例程键入 C 编辑器 Keil，并以文件名"HelloBoeBot. c"进行保存，". c"称为源文件。

2）添加文件到项目

将文件添加到项目的具体步骤如下：

双击图 6-37 中的"＋"，程序将出现如图 6-39 所示的子文件夹。

然后用鼠标右键点击"Source Group 1"，在出现的菜单中选择"Add File To Group 'Source Group 1'"，在出现的对话框中选择刚才的". c"为源文件，就将文件添加到工程中了，这时图 6-39 中"Source Group 1"的前面将出现一个"＋"号，双击它将出现刚才添加的源文件，如图 6-40 所示。

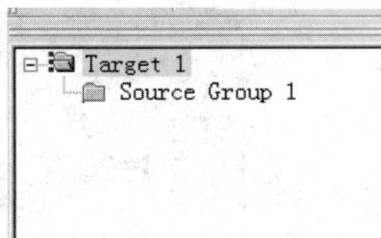

图 6-39　子文件夹

单击源文件即可显示源文件的编辑界面。

3）产生可执行文件

要产生可执行 . Hex 文件，需要对 Target 进行设置，右键点击"Target 1"，选择"Option for Target 'Target 1'"，程序将出现如图 6-41 所示的界面。

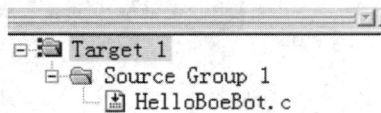

图 6-40　添加的源文件

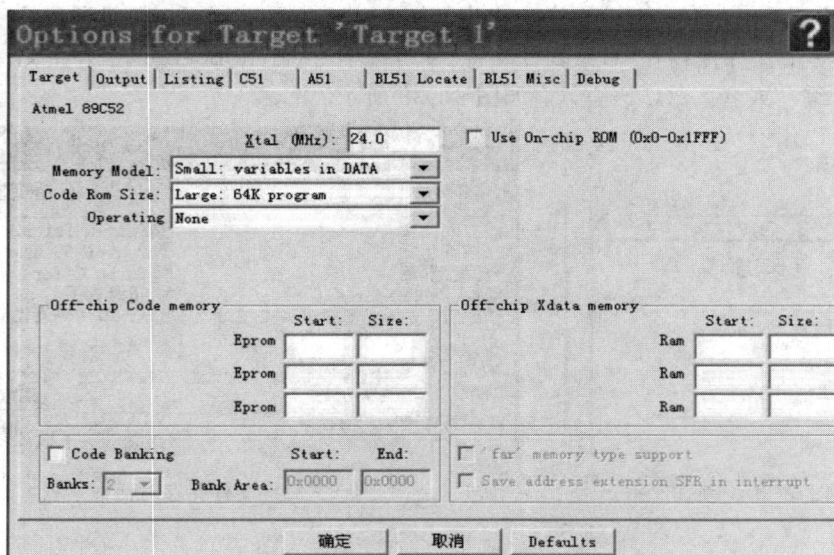

图 6-41　源文件编辑界面 1

点击"Output"，选择其中的"Create HEX Fi："，如图 6-42 所示，再点击"确定"即可。

然后点击工具栏中的"Build"，可观察源文件中是否有错误产生，如果没有错误产生，出现如图 6-43 所示的内容时，表明已成功生成了可执行文件。

3. 将单片机教学板 ISP 接口与计算机相连

下载程序到单片机，打开 ISP 烧录软件，通信参数的设置如图 6-44 所示。

其中第一个选项为并行口选择，第二个选项为烧录方式选择，第三个选项是单片机类型选择。右键点击"Flash"，选择要烧录的软件，选择后点击"编程"。如果下载成功，则下

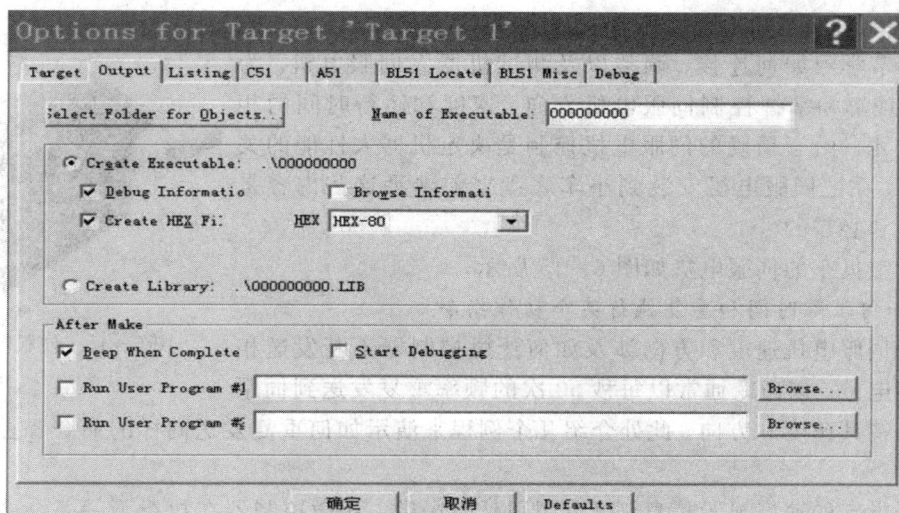

图 6-42 源文件编辑界面 2

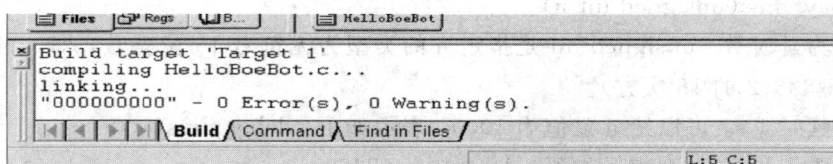

图 6-43 生成可执行文件时的源文件

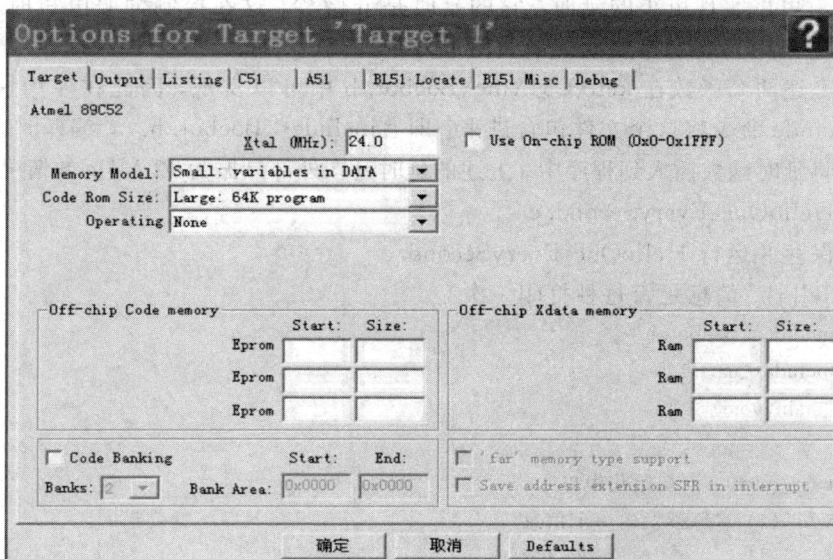

图 6-44 设置通信参数

面显示"完成次数：x"，否则的话显示"失败次数：x"。

如果芯片是第二次烧录程序，请选择"擦除"复选框。

4. 控制伺服电机

本小节学习如何连接、调整以及测试机器人伺服电机。为此，需要理解和掌握控制伺服电机方向、速度和运行时间的相关编程技术。由于精确的伺服电机控制是决定机器人性能的关键，所以，在把伺服电机安装到小车底盘之前熟悉这些内容是非常重要和必需的。

用于宝贝车的伺服电机如图 6-45 所示。

图 6-45　伺服电机

1) 如何跟踪时间和重复执行某个动作指令

控制伺服电机速度和方向涉及如何让微控制器不断发送相同命令给电机。该命令通常以每秒 50 次的频率重复发送到伺服电机以维持其速度和方向。此处介绍几个例程来演示如何重复发送同样的命令和控制命令的时序。

根据设定的速度显示信息：可以调用延时函数，让微控制器在执行下一条命令之前先等待一段时间。

(1) delay_nms(unsigned int n)。

参数 n 为延时数。unsigned int 是指定 n 的类型为无符号 16 位整数，即 n 的取值范围是 0≤n≤65 536(2 的 16 次方)。

假如想延时 1 s，可以给 n 赋值为 1000，表示如下：delay_nms(1000);

如果想要等待 2 s，则表示如下：delay_nms(2000);

(2) delay_nus(unsigned int i)。

这个函数可以实现更小的延时，它的延时是 n 微秒，这在控制伺服电机时非常有用。如当 i=1 时，延时 1 μs。参数 n 的最大值也为 65 536。

注意：上述两个函数在 keil\C51\inc\Boebot.h 中可以实现，因此在使用这两个函数时，需用 include 命令将这个文件包含进来。即 #include<Boebot.h>，编译时系统将根据头文件自动将延时函数插入到程序中。上述的延时是在外部晶振为 12 MHz 的情况下确定的。

例程：HelloOnceEverySecond.c

输入、保存并运行 HelloOnceEverySecond.c

验证"Hello！"信息是否每秒打印一次

```
#include<BoeBot.h>
#include<uart.h>
int main(void)
{
    uart_Init(); //初始化串口
    while(1) //每秒发送一个信息
    {
        printf("Hello! \n");
        delay_nms(1000);
    }
}
```

2) 伺服电机的连接

此时需要搭建一个小电路,连接伺服电机到电源和控制器的 I/O口。先前搭建的 LED 电路将被用来监视控制器模块发送到伺服电机的运动控制信号。

伺服电机连接所需部件包括连续旋转伺服电机和先前搭建并测试过的 LED 电路。

把三位开关拨至 0 位切断教学底板的电源(见图 6 - 46),然后按照图 6 - 47 连接伺服电机。

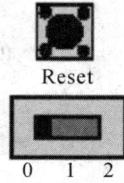

图 6 - 46 关闭电源

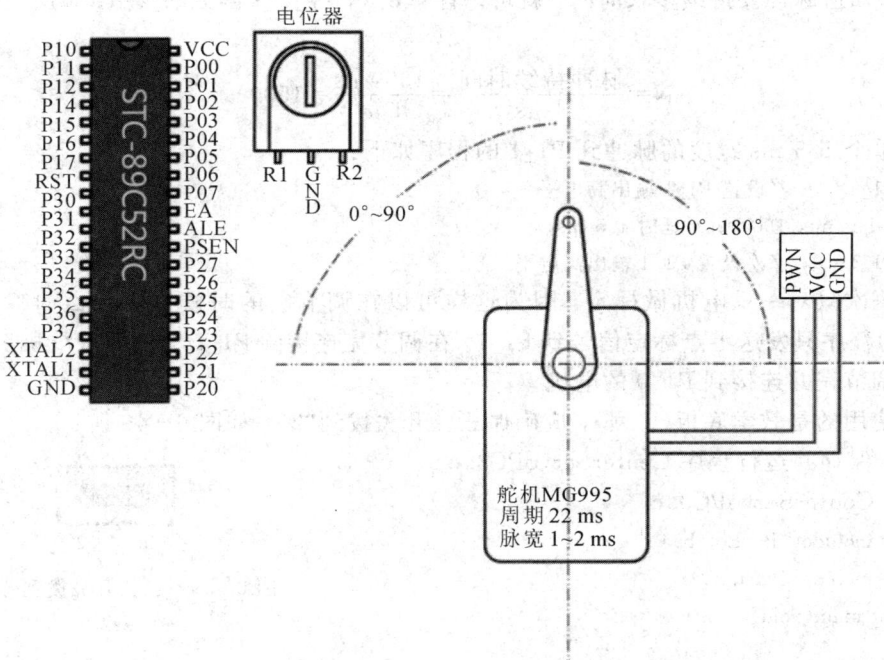

图 6 - 47 伺服电机系统与教学底板的连线示意图

3) 伺服电机的调零

伺服电机的调零需要运行一个程序,发送一个脉冲信号到伺服电机,让电机保持静止。由于伺服电机在工厂没有预先调整,因此它们在接收到该信号时将转动。此时要用螺丝刀调节伺服电机让它们保持静止。这就是伺服电机的调零。调节之后,应测试伺服电机,验证其功能是否正常。测试程序将发送信号让伺服电机顺时针和逆时针以不同的速度旋转。

图 6 - 48 显示的信号是发送到与 P1_1 连接的伺服电机的校准信号,称为零点标定信号。伺服电机调节好之后,这个信号就可以指示电机保持静止。该信号是由时间间隔为 20 ms、脉宽为 1.5 ms 的一系列脉冲组成的。

在循环语句中使用延时函数控制高低电平的持续时间即可产生该信号。

下面计算脉宽为 1.5 ms 时,delay_nus 函数的参数 n 的取值,1.5 ms 即 1500 μs。前面说过,无论 delay_nus 函数的参数 n 的取值是多少,都要乘以 1 μs,这样就可以计算出总的

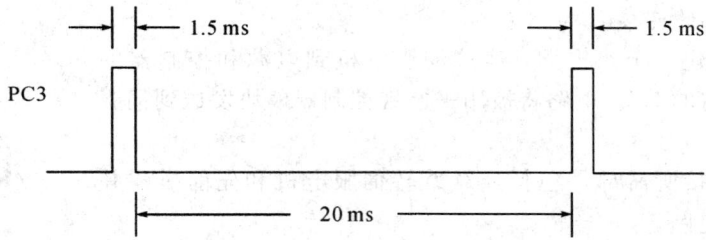

图 6-48　1.5 ms 脉冲宽度的时间矢量图

延时。如果知道脉冲要持续多长时间，就可以计算出 delay_nus 函数的参数 n 的取值。计算公式为

$$N=\frac{脉冲持续时间}{1\ \mu s}=\frac{1500\ \mu s}{1\ \mu s}=1500$$

发送单个 1.5 ms 宽度的脉冲到 P1_1 的程序如下：

```
P1_1=1；//设置 P1_1 输出高电平
delay_nus(1500)；//延时 1.5 ms
P1_1=0；//设置 P1_1 输出高电平
```

最好每次只对一只电机做标定，因为这样可以在调节它的时候知道什么时候电机停止。下面的程序只发送零点标定信号到 P1_1。在调节完连接到 P1_1 上的伺服电机后，用同样的方法调节完并连接到 P1_0 的电机。

如果使用的是教学底板（C 型），应确保三位开关拨到"2"，如图 6-49 所示。

输入、保存并运行程序 CenterServoPC3.c。

例程： CenterServoPC3.c

图 6-49　三位开关拨到位置 2

```
# include<BoeBot.h>
# include<uart.h>
int main(void)
{
  uart_Init()；//初始化串口
  printf("Program Running! \n")；
  while(1)
  {
    P1_1=1；
    delay_nus(1500)；
    P1_1=0；
    delay_nms(20)；
  }
}
```

如果电机没有进行零点标定，它的四角形部件则会转动，也会听到里面马达的响声。用螺丝刀轻轻调节马达上的电位器，直到马达停止转动，如图 6-50 所示，电机零点标定完成。

图 6-50　轻轻地旋转螺丝刀调节电位器

利用下面程序对连接到 P1_0 的伺服电机重复上述过程。

例程：CenterServoPC2.c

```
#include<Boebot.h>
#include<uart.h>
int main(void)
{
  uart_Init();
  printf("Program Running!");
  while(1)
  {
    P1_0=1;
    delay_nus(1500);
    P1_0=0;
    delay_nms(20);
  }
}
```

4）计数并控制循环次数

最方便地控制一段代码执行次数的方法是利用 for 循环，语法如下：

for(表达式 1；表达式 2；表达式 3) 语句

它的执行过程如下：

（1）先求解表达式 1。

（2）求解表达式 2，若其值为真（非 0），则执行 for 语句中指定的内嵌语句，然后执行第（3）步，若其值为假（0），则结束循环，转到第（5）步。

（3）求解表达式 3。

（4）转回第（2）步继续执行。

（5）循环结束，执行 for 语句下面的一个语句。

可以修改表达式 3 来使 myCounter 以不同步长计数，而不是按 9，10，11，…来计数，可以让它每次增加 2(9，11，13，…)或增加 5(10，15，20，…)或任何需要的步进，递增或递减都可以。下面的例子是每次减 3。

例程：

```
for(myCounter=21; myCounter>=9; myCounter=myCounter-3)
{
  printf("%d\n", myCounter);
  delay_nms(500);
}
```

运行更改后的程序，验证是否以 3 为步长递减。

5）测试电机

测试电机时需要运行程序，使电机以不同的速度和不同的方向旋转。通过这些测试，观察电机工作是否正常。

子系统测试是开发系统的好习惯，因为它不仅仅提供了拆卸的乐趣，而且在组装之前修补了可能出现的一些问题。

回忆电机零点标定，脉宽为 1.5 ms 的信号使电机保持不动。如果信号的脉宽不是 1.5 ms，结果会是怎样呢？

图 6-51 所示是当给连续旋转电机 1.3 ms 的脉冲时，它如何以全速顺时针旋转。全速的范围是 50～60 r/min。

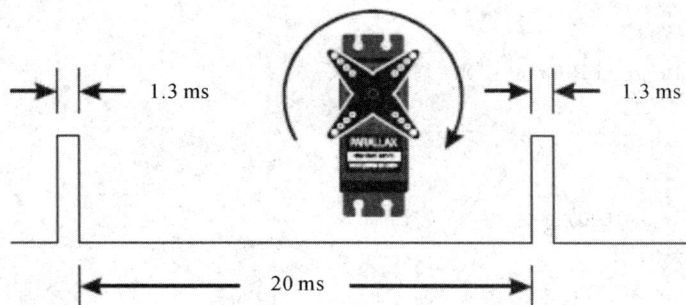

图 6-51 1.3 ms 的连续脉冲使电机顺时针全速旋转

用程序 ServoP1_1Clockwise.c 将这些脉冲发给端口 P1_1。

例程：ServoPC3Clockwise.c

输入、保存并运行程序 ServoPC3Clockwise.c。

验证电机的四角形部件是否顺时针旋转，并且速度在 50～60 r/min 之间。

```
#include<Boebot.h>
#include<uart.h>
int main(void)
{
  uart_Init();
  printf("Program Running! \n");
  while(1)
  {
    P1_1=1;
    delay_nus(1300);
    P1_1=0;
    delay_nms(20);
  }
}
```

例程：ServoPC3Counterclockwise.c

n 的值为 1700，表示可以发出 1.7 ms 的脉冲，如图 6-52 所示，这将使电机全速逆时针旋转。

将程序 ServoPC3Clockwise.c 另存为 ServoPC3Counterclockwise.c。把 delay_nus 的参数 n 改为 1700。运行程序，验证连接 P1_1 的电机是否逆时针旋转，并且速度在 50～60 r/min 之间。

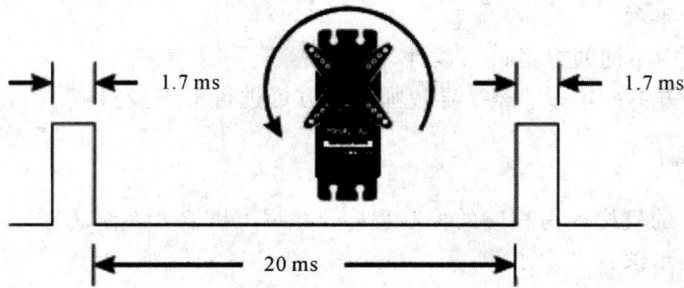

图 6 - 52　1.7 ms 的脉冲

例程：

```
#include<Boebot.h>
#include<uart.h>
int main(void)
{
  uart_Init();
  printf("Program Running!");
  while(1)
  {
    P1_1=1;
    delay_nus(1700);
    P1_1=0;
    delay_nms(20);
  }
}
```

想一想：当电机安装在底盘的任一侧时，一个顺时针旋转而另一个逆时针旋转才能使宝贝车机器人沿直线运动，听起来是否有些古怪？如果你无法理解，试试这样：把两个电机背靠背放在一起重新运行程序。

三、任务设计

任务设计要求如下：

（1）组装巡航机器人。

（2）编写巡航机器人的控制程序。

（3）调试机器人使其正确完成巡航动作。

学员应注意的事项：

（1）根据机器人的使用场合，明确机器人的目的和任务。

（2）分析机器人所在系统的工作环境，包括机器人与已有设备的兼容性。

（3）认真分析系统的工作要求，确定机器人的基本控制方案，如机器人控制电机数目、信息的存储容量、计算机功能、动作速度等。

（4）编写控制程序。

教师应注意的事项：

（1）鼓励学员用不同的方案进行设计。

（2）进行学员方案的审核，经指导教师批准方可进行下一步实施。

四、任务实施

根据各自设计的机构编写相应的控制程序，并写入机器人控制芯片，进行调试。

学员应注意的事项：

（1）按照任务进行实施，设计机器人各部分详细机构的运动方案。

（2）在任务实施过程中按设计要求规范画图。

教师应注意的事项：

（1）每3～4人一组，学员以小组合作方式进行学习。

（2）指导学员进行任务实施，保证学员设计及图纸绘制正确。

（3）提供图形绘制参考。

五、反馈评价

根据动作要求，编制程序并调试。

1. 基本的机器人动作

图6-53显示了机器人的前后左右四个方向。当机器人向前走时，它将走向本页纸的右边，当向后走时，会走向纸的左边，向左转会使其向纸的顶端移动，向右转则会朝着本页纸的底端移动。

图6-53　宝贝车机器人及其驱动方向指示

1）向前走

这是一件有趣的事：当机器人向前走时，它的左轮会逆时针旋转，而右轮则顺时针旋转。如果还没有领会这一点，观察一下图6-54，可以帮助你更好的理解。

脉冲的宽度控制了伺服电机旋转的速度和方向。for循环控制传递给电机的脉冲数量。由于每个脉冲的时间是相同的，因而它也控制伺服电机运行的时间。下面是使机器人向前走3 s的程序实例。

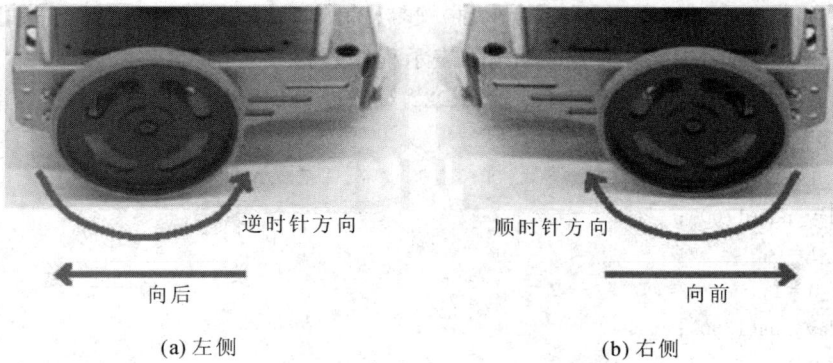

图 6 - 54　向前运动时两个轮子的旋转

例程：BoeBotForwardThreeSeconds. c

确保控制器和伺服电机都已接通电源。

输入、保存并运行程序 BoeBotForwardThreeSeconds. c。

```
#include<BoeBot. h>
#include<uart. h>
int main(void)
{
    uart_Init();
    int counter;
    printf("Program Running\n");
    for(counter=1; counter<=1000; counter++) //开始/复位信号
    {
        P1_4=1;
        delay_nus(1000);
        P1_4=0;
        delay_nus(1000);
    }
    for(counter=0; counter<130; counter++) //运行 3 秒
    {
        P1_1=1;
        delay_nus(1700);
        P1_1=0;
        P1_0=1;
        delay_nus(1300);
        P1_0=0;
        delay_nms(20);
    }
}
```

运行程序 BoeBotForwardThreeSeconds. c，要用到 for 循环中的 int 型变量。

```
    int counter;
```

然后设置 P1_4、P1_0、P1_1 为输出口。此后的 for 循环实现在 P1_4 口输出一个频率为 3000 Hz、持续时间为 2 s 的音频信号，表示程序开始或复位。

最后的 for 循环通过 P1_0、P1_1 发出 122 对脉冲给伺服电机，每对脉冲后暂停20 ms，然后程序返回到 for 循环的顶部。

```
P1_1＝1;
delay_nus(1700);
P1_1＝0;
P1_0＝1;
delay_nus(1300);
P1_0＝0;
delay_nms(20);
```

前三行语句使左侧电机逆时针旋转，接着的三行语句使右侧电机顺时针旋转。因此两个轮子转向机器人的前端，使机器人向前运动。整个 for 循环执行 130 次大约需要 3 s，从而机器人也向前运动 3 s。

2）向后走、原地转弯和绕轴旋转

将 delay_nus 函数的参数 n 以不同的值组合就可以使宝贝车以其他方式运行。例如，下面的程序可以使其向后走。

例程：

```
P1_1＝1;
delay_nus(1300);
P1_1＝0;
P1_0＝1;
delay_nus(1700);
P1_0＝0;
delay_nms(20);
```

下面的程序可以使宝贝车原地左转。

例程：

```
P1_1＝1;
delay_nus(1300);
P1_1＝0;
P1_0＝1;
delay_nus(1300);
P1_0＝0;
delay_nms(20);
```

下面的程序可以使宝贝车原地右转。

例程：

```
P1_1＝1;
delay_nus(1700);
P1_1＝0;
P1_0＝1;
```

```
    delay_nus(1700);
    P1_0=0;
    delay_nms(20);
```

可以把上述命令组合到一个程序中让机器人向前走、左转、右转以及向后走。

例程：ForwardLeftRightBackward. c

输入、保存并运行程序 ForwardLeftRightBackward. c。

```
＃include＜BoeBot. h＞
＃include＜uart. h＞
int main(void)
{
    int counter;
    printf("Program Running! \n");
    for(counter=1; counter<=1000; counter++) //开始/复位信号
    {
        P1_4=1;
        delay_nus(1000);
        P1_4=0;
        delay_nus(1000);
    }
    for(counter=1; counter<=65; counter++) //向前
    {
        P1_1=1;
        delay_nus(1700);
        P1_1=0;
        P1_0=1;
        delay_nus(1300);
        P1_0=0;
        delay_nms(20);
    }
    for(counter=1; counter<=26; counter++) //向左转 1/4 圈
    {
        P1_1=1;
        delay_nus(1300);
        P1_1=0;
        P1_0=1;
        delay_nus(1300);
        P1_0=0;
        delay_nms(20);
    }
    for(counter=1; counter<=26; counter++) //向右转 1/4 圈
    {
        P1_1=1;
```

```
        delay_nus(1700);
        P1_1=0;
        P1_0=1;
        delay_nus(1700);
        P1_0=0;
        delay_nms(20);
    }
    for(counter=1;counter<=65;counter++) //向后退
    {
        P1_1=1;
        delay_nus(1300);
        P1_1=0;
        P1_0=1;
        delay_nus(1700);
        P1_0=0;
        delay_nms(20);
    }
}
```

编写程序使机器人绕一个轮子旋转。诀窍是使一个轮子不动而另一个旋转。例如，保持左轮不动而右轮从前面顺时针旋转，机器人将以左轮为轴旋转。

例程：

```
    P1_1=1;
    delay_nus(1500);
    P1_1=0;
    P1_0=1;
    delay_nus(1300);
    P1_0=0;
    delay_nms(20);
```

如果想使它从前面向右旋转也很简单，停止右轮，使左轮从前面逆时针旋转。

例程：

```
    P1_1=1;
    delay_nus(1700);
    P1_1=0;
    P1_0=1;
    delay_nus(1500);
    P1_0=0;
    delay_nms(20);
```

如下的命令可以使机器人从后面向右旋转。

例程：

```
    P1_1=1;
    delay_nus(1300);
```

```
P1_1=0;
P1_0=1;
delay_nus(1500);
P1_0=0;
delay_nms(20);
```

如下的命令可以使机器人从后面向左旋转。

例程：

```
P1_1=1;
delay_nus(1500);
P1_1=0;
P1_0=1;
delay_nus(1700);
P1_0=0;
delay_nms(20);
```

将 ForwardLeftRightBackward. c 另存为 PivotTests. c，替代刚讨论过的向前、后、左、右运行的语句。

通过更改每个 for 循环的循环次数来调整每个动作的运行时间。

更改每个 for 旁边的注释来反应每个新的旋转动作。

运行更改后的程序，验证上述旋转运动是否不同。

2. 调整基本运动

设想正写一个程序使机器人全速向前运动 15 s。如果当机器人应该向前做直线运动时有轻微地向左或向右偏移怎么办呢？不需要拆开机器人的后半部分并用螺丝刀重新调整电机。可以简单地修改程序使宝贝车的两个轮子以相同的速度运行。螺丝起子调节称为"硬件调节"，程序调节称为"软件调节"。

1）校正宝贝车的直线运动

当宝贝车应该向前走时，以足够长的距离来检查它是否偏向左或偏向右。向前运行 10 s 就足够了。通过对上面的 BoeBotForwardThreeSeconds. c 程序简单地更改就可以实现。

例程： BoeBotForwardTenSeconds. c

序 BoeBotForwardThreeSeconds. c。

另存为 BoeBotForwardTenSeconds. c。

将 for 循环的循环次数改为 434。

例程：

```
#include<BoeBot. h>
#include<uart. h>
int main(void)
{
  int counter;
  printf("Program Running! \n");
  for(counter=1; counter<=1000; counter++) //开始/复位信号
  {
```

```
        P1_4＝1；
        delay_nus(1000)；
        P1_4＝0；
        delay_nus(1000)；
        }
    for(counter＝1；counter＜＝434；counter＋＋) //向前
        {
        P1_1＝1；
        delay_nus(1700)；
        P1_1＝0；
        P1_0＝1；
        delay_nus(1300)；
        P1_0＝0；
        delay_nms(20)；
        }
    }
```

运行程序，仔细观察在向前行走的 10 s 中，宝贝车是否有向右或向左的偏移。

调整电机的速度使宝贝车的运动轨迹是一条直线。如果宝贝车轻微向左偏移，可以从两个角度思考这个问题：要么左轮速度太慢，要么右轮速度太快。因为宝贝车是以全速行驶，所以左轮加速不太实际，因此减小右轮的速度就可以帮助解决这个问题。

记住电机的速度是由脉冲的宽度即程序中延时函数 delay_nus 的参数 n 决定的。n 越接近 1500，电机旋转越慢。这就意味着需要把控制 P1_0 上脉冲宽度的 delay_nus 函数中的 1300 更改为一个更接近 1500 的数。如果宝贝车只是偏移轨迹一点，也许改为 1320 可以成功。如果电机严重不匹配，可以改为 1380。

可能要经过几次尝试才能得到正确的值。比如说第一个推测为 1320，但是宝贝车还是稍微向左偏，然后可以试试 1340，也许矫正过多，最后发现 1330 是正确的，这叫重复过程，意思是说这是一个用重复试验得到正确结果的过程。

更改程序 BoeBotForwardTenSeconds.c，使宝贝车机器人沿直线向前运动，将最准确的值分别用标签贴在每个电机上。

如果宝贝车已经是按直线向前运动的，试着按刚才讨论的作些修改并观察效果，这时宝贝车应该是走曲线而不是直线了。

编写程序使宝贝车向后走时，可能会观察到一个完全不同的现象。

(1) 更改程序 BoeBotForwardTenSeconds.c，使宝贝车向后走 10 s。

(2) 重复直线运动的测试。

(3) 重复上面得到 n 参数正确值的过程，使宝贝车沿直线向后走。

2) 调整转动

软件调节可以使宝贝车以期望的角度旋转，例如旋转 90°。宝贝车旋转的时间决定了它旋转多少角度。因为 for 循环控制了运行时间，可以调整 for 循环的循环次数来得到非常接近的旋转角度。

以下是程序 ForwardLeftRightBackward.c 中向左旋转的子程序。

例程：

```
for(counter＝1；counter＜＝26；counter＋＋) //向左转 1/4 圈
{
    P1_1＝1；
    delay_nus(1300)；
    P1_1＝0；
    P1_0＝1；
    delay_nus(1300)；
    P1_0＝0；
    delay_nms(20)；
}
```

对于宝贝车转动 90°多一点的情况，可以利用程序 for(counter＝1；counter＜＝25；counter＋＋)，如果旋转的角度不够，可以增加 for 循环的循环次数来增加旋转四分之一周所需的时间。

如果发现一个值使旋转超过 90°，而另一个使旋转小于 90°，尝试选择一个使其旋转更多的值，然后稍微减小电机速度。在向左旋转的情况下，两个 delay_nus 函数的参数值 n 都要从 1300 改到接近 1500。正如直线运动中一样，这也是一个重复测试过程。

(1) 更改程序 ForwardLeftRightBackward.c，使其做精确的 90°旋转。

(2) 用已确定好的沿直线向前和向后的参数值更新程序 ForwardLeftRightBackward.c 中相应的值。

(3) 用表示旋转 90°的循环次数值的符号来更新每个电机的标签。

3. 计算运动距离

在许多机器人比赛中，越精确的机器人运动可以取得更好的成绩。一个流行的入门级机器人比赛被称为"死记"。比赛的整个目标是让机器人去一个或更多的地方并能够精确地返回出发点。

4. 匀变速运动

匀变速是渐渐增加或减小电机速度的一种方式，而不是骤起或骤停，这种方法可以增加宝贝车机器人的电池和电机的寿命。

匀变速运动的程序如下所示。

例程：

```
for(pulseCount＝10；pulseCount＜＝200；pulseCount＝pulseCount＋10)
{
    P1_1＝1；
    delay_nus(1500＋pulseCount)；
    P1_1＝0；
    P1_0＝1；
    delay_nus(1500－pulseCount)；
    P1_0＝0；
    delay_nms(20)；
}
```

上述语句是一个 for 循环，它能使宝贝车机器人的速度由停止增加到全速。循环每重复执行一次，pulseCount 变量就增加 10。第一次循环时，pulseCount 变量的值是 10，此时发给 P1_1、P1_0 的脉冲宽度分别为 1.51 ms 和 1.49 ms。第二次循环时，pulseCount 变量的值是 20，此时发给 P1_1、P1_0 的脉冲宽度分别为 1.52 ms 和 1.48 ms。随着 pulseCount 变量值的增加，电机的速度也在逐渐增加。到执行第 20 次循环时，pulseCount 变量的值是 200，此时发给 P1_1、P1_0 的脉冲宽度分别为 1.7 ms 和 1.3 ms，电机全速运转。

for 循环也可以由高向低记数。可以通过使用 for(pulseCount＝200；pulseCount＞＝0；pulseCount＝pulseCount－10)来实现速度的逐渐减小。下面是一个使用 for 循环来实现电机速度逐渐增加到全速然后逐步减小的例子。

例程：StartAndStopWithRamping. c

```
#include<BoeBot. h>
#include<uart. h>
int main(void)
{
  uart_Init();
  int counter;
  int pulseCount;
  printf("Program Running! \n");
  for(counter＝1；counter＜＝1000；counter＋＋)  //开始/复位信号
  {
    P1_4＝1;
    delay_nus(1000);
    P1_4＝0;
    delay_nus(1000);
  }
  for(pulseCount＝10；pulseCount＜＝200；pulseCount＝pulseCount＋10)
  {
    P1_1＝1;
    delay_nus(1500＋pulseCount);
    P1_1＝0;
    P1_0＝1;
    delay_nus(1500－pulseCount);
    P1_0＝0;
    delay_nms(20);
  }
  for(pulseCount＝1；pulseCount＜＝75；pulseCount＋＋)
  {
    P1_1＝1;
    delay_nus(1700);
    P1_1＝0;
    P1_0＝1;
```

```
        delay_nus(1300);
        P1_0=0;
        delay_nms(20);
    }
    for(pulseCount=200; pulseCount>=0; pulseCount=pulseCount-10)
    {
        P1_1=1;
        delay_nus(1500+pulseCount);
        P1_1=0;
        P1_0=1;
        delay_nus(1500-pulseCount);
        P1_0=0;
        delay_nms(20);
    }
}
```

输入、保存并运行程序 StartAndStopWithRamping. c。

验证宝贝车是否逐渐加速到全速,保持一段时间,然后逐渐减速到停止。

通过创建一个程序,将加速或减速与其他的运动结合起来。下面是一个逐渐增加速度向后走而不是向前走的例子。加速向后走与向前走的唯一不同之处在于发给 P1_1 的脉冲宽度由 1.5 ms 逐渐减小,而向前走是逐渐增加的,相应的,发给 P1_0 的脉冲宽度由 1.5 ms 逐渐减小变为逐步增加。

例程:

```
    for(pulseCount=10; pulseCount<=200; pulseCount=pulseCount+10)
    {
        P1_1=1;
        delay_nus(1500-pulseCount);
        P1_1=0;
        P1_0=1;
        delay_nus(1500+pulseCount);
        P1_0=0;
        delay_nms(20);
    }
```

还可以通过增加程序中两个 pulseCount 的值到 1500 来创建一个在旋转中匀变速的程序。通过逐渐减小程序中两个 pulseCount 的值,可以沿另一个方向匀变速旋转。这是一个匀变速旋转四分之一周的例子。

例程:

```
    for(pulseCount=1; pulseCount<=65; pulseCount++)  //匀加速向右转
    {
        P1_1=1;
        delay_nus(1500+pulseCount);
        P1_1=0;
```

```
    P1_0=1;
    delay_nus(1500+pulseCount);
    P1_0=0;
    delay_nms(20);
}
for(pulseCount=65; pulseCount>=0; pulseCount-) //匀减速向右转
{
    P1_1=1;
    delay_nus(1500+pulseCount);
    P1_1=0;
    P1_0=1;
    delay_nus(1500+pulseCount);
    P1_0=0;
    delay_nms(20);
}
for(pulseCount=65; pulseCount>=0; pulseCount-) //匀减速向右转
{
    P1_1=1;
    delay_nus(1500+pulseCount);
    P1_1=0;
    P1_0=1;
    delay_nus(1500+pulseCount);
    P1_0=0;
    delay_nms(20);
}
```

从任务 1 中打开程序 ForwardLeftRightBackward. c，存为 ForwardLeftRightBackward－Ramping. c。

更改新的程序，使宝贝车机器人的每一个动作能够匀加速和匀减速进行。

提示：可以使用上面的代码片段和 StartAndStopWithRamping. c 程序中相似的片段。

附录 A　工量具清单及项目相关评价表

1. 工、量、刃具清单

工、量、刃具清单见表1。

表 1　工、量、刃具清单

工、量、刃具清单				图号		
种类	序号	名称	规格	精度/mm	单位	数量
工具	1	平口钳	QH135	0.1	个	1
	2	扳手	300×45	0.3	把	1
	3	平行垫铁	30×40×200	0.03	副	1
	4	木锤子			个	1
量具	1	游标卡尺	0～500 mm	0.02	把	1
	2	深度游标卡尺	0～200 mm	0.02	把	1
	3	百分表及表座	0～10 mm	0.01	个	1
	4	表面粗糙度样板	N0～N1	12级	副	1
刃具	1	盘铣刀	φ80 mm	0.02	个	1

2. 项目评分标准

项目评分标准见表2。

表 2　项目评分标准

姓名				单位名称		
课题			平面内轮廓加工	零件名称		
基本检查	编程	序号	检测内容	配分	学生自评	教师评分
		1	切削加工工艺制定正确	10		
		2	切削用量选择合理	5		
		3	程序正确、简单、规范	5		
	操作	4	设备操作、维护保养正确	5		
		5	安全、文明生产	5		
		6	刀具选择、安装正确、规范	5		
		7	工件找正、安装正确、规范	5		
工作态度		8	行为规范、纪律表现	10		

	序 号	检测内容	配分	学生自评	教师评分
尺寸检测	9	IT 超差 0.01，扣 3 分	40		
	10	Ra 降一级，扣 3 分			
	11	IT 超差 0.01，扣 3 分			
	12	Ra 降一级，扣 3 分			
团队协作	13	团队合作意识	10		
综合得分			100		

3. 小组评价表

小组评价表见表 3。

表 3　小组评价表

零件名称			小组编号		
学员姓名	主要工作	质量分析	排名		备注

4. 个人项目总结

个人项目总结见表 4。

表 4　个人项目总结

姓名		零件名称		成绩	
本项目实施过程中存在的问题及解决的方法，零件加工质量分析。					

附录 B 数控机床安全操作规程

数控机床的安全操作规程如下：

（1）数控系统的编程、操作和维护人员必须经过专门的技术培训，熟悉所用数控机床的使用环境、条件和工作参数等，严格按照机床和系统的使用说明书要求正确、合理地操作机床。

（2）数控机床的使用环境要避免光的直接照射和其他热辐射，避免太潮湿或粉尘过多的场所，特别要避免有腐蚀气体的场所。

（3）为避免电源不稳定给电子元器件造成损坏，数控机床应采用专线供电或增设稳压装置。

（4）数控机床的开机、关机顺序一定要按照机床说明书的规定操作。

（5）主轴启动开始切削之前一定要关好防护罩门，程序正常运行中严禁开启防护罩门。

（6）在每次电源接通后，必须先完成各轴的返回参考点操作，然后再进入其他运行方式，以确保各轴坐标的正确性。

（7）机床在正常运行时不允许打开电器柜的门。

（8）加工程序必须经过严格的检查后方可进行操作运行，启动运行程序后，手不能离开进给保持按钮，如有紧急情况立即按下进给保持按钮。

（9）手动对刀时，应注意选择合适的进给速度；手动换刀时，刀具和工件之间要有足够的距离，以免发生碰撞。

（10）加工过程中，如出现异常危机情况，可按下"急停"按钮，以确保人身和设备的安全。

（11）机床发生事故后，操作者要注意保留现场，并向维修人员如实说明事故发生前后的情况，以利于分析问题、查找事故原因。

（12）数控机床的使用一定要有专人负责，严禁其他人员随意动用数控设备；学生必须在老师的指导下进行数控机床操作，严禁多个人同时操作机床，必须是一个人操作。

（13）要认真填写数控机床的工作日志，做好交接工作，消除事故隐患。

（14）不得随意更改数控系统内部制造厂家设定的参数，并及时做好备份。

（15）要经常润滑机床导轨，防止导轨生锈，并做好机床的清洁保养工作。

附录 C 数控机床的保养说明

对数控机床进行日常维护、保养的目的是延长元器件的使用寿命；延长机械部件的磨损周期，防止发生意外的恶性事故；使机床始终保持良好的状态，并保持长时间的稳定工作。不同型号的机床日常保养的内容和要求不完全一样，机床说明书中已有明确的规定，但总的来说主要包括以下几个方面。

（1）保持良好的润滑状态，定期检查、清洗自动润滑系统，添加或更换油脂和油液，使丝杠导轨等各运动部位始终保持良好的润滑状态，以降低机械的磨损速度。

（2）进行机械精度的检查调整，以减少各运动部件之间的形状和位置偏差，包括换刀系统、工作台交换系统、丝杠、反向间隙等的检查调整。

（3）经常清扫卫生。机床周围环境太脏、粉尘太多，均会影响机床的正常运行；电路板上太脏，可能发生短路现象；油水过滤器、完全过滤网等太脏，会导致压力不够、散热不好，从而造成故障，所以必须定期进行卫生清扫。数控机床日常保养一览表见表5。

表 5 数控机床日常保养一览表

序号	检查周期	检查部位	检查要求
1	每天	导轨润滑油箱	检查油标、油量，润滑泵能定时启动打油及停止
2	每天	X、Y、Z轴向导轨面	清除切屑及脏物，检查润滑油是否充分
3	每天	压缩空气气源压力	检查气动控制系统的压力，使其在正常范围
4	每天	气源自动分水滤气器	及时清理分水器中滤出的水分，保证工作正常
5	每天	气液转换器和增压器油面	发现油面不够时及时补足油
6	每天	主轴润滑恒温油箱	工作正常，油量充足并调节温度范围
7	每天	机床液压系统	油箱、液压泵无异常噪声，压力指示正常，管路及各接头无泄漏，工作油面高度正常
8	每天	液压平衡系统	平衡压力指示正常，快速移动时平衡阀工作正常
9	每天	CNC的输入/输出单元	RS-232接口连线正常
10	每天	各种电器柜散热通风装置	各电柜冷却风扇工作正常，风道过滤网无堵塞
11	每天	各种防护装置	导轨、机床防护罩等应无松动、无泄漏
12	每半年	滚珠丝杠	清洗丝杠上旧的润滑脂，涂上新油脂
13	每半年	液压油路	清洗溢流阀、减压阀、滤油器，清洗油箱底，更换或过滤液压油
14	每半年	主轴润滑恒温油箱	清洗过滤器，更换润滑脂
15	每年	检查并更换直流伺服电动机电刷	检查换向器表面，吹净粉尘，去除毛刺，更换长度过短的电刷，并应跑合后才能使用

序号	检查周期	检查部位	检查要求
16	每年	润滑液压泵，清洗滤油器	清理润滑油池底，更换滤油器
17	不定期	检查各轴导轨上镶条、压滚轮松紧状态	按机床说明书调整
18	不定期	冷却水箱	检查液面高度，冷却液太脏时需要更换并清理水箱底部，经常清洗过滤器
19	不定期	排屑器	经常清理切屑，检查有无卡住等
20	不定期	清理废油池	及时取走滤油池中的废油，以免外溢
21	不定期	调整主轴驱动带的松紧	按机床说明书调整

参 考 文 献

[1]　梁洪洁. 液压与气压传动案例教程[M]. 西安：西安电子科技大学出版社，2014.

[2]　张群生. 液压与气压传动[M]. 北京：机械工业出版社，2011.

[3]　韩桂华. 液压系统设计技巧与禁忌. 北京：化学工业出版社，2014.

[4]　手嶋力. 液压机构[M]. 北京：机械工业出版社，2015.

[5]　杨丰. 数控加工工艺与编程[M]. 北京：国防工业出版社，2009.

[6]　邓志博. 数控机床加工培训教程[M]. 西安：陕西科学技术出版社，2009.

[7]　武汉华中数控股份有限公司. 华中世纪星车床数控系统 HNC—21/22T 编程说明书，2012.

[8]　武汉华中数控股份有限公司. 华中世纪星 HNC-21M 铣削数控装置编程说明书，2012.

[9]　西门子(中国)有限公司. S7-200 可编程序控制器系统手册，2004.

[10]　李宁. 电气控制与 PLC 应用技术[M]. 北京：北京理工大学出版社，2011.

[11]　秦志强. C51 单片机应用与 C 语言程序设计[M]. 北京：电子工业出版社，2009.

[12]　秦志强. 基础机器人制作与编程[M]. 北京：电子工业出版社，2011.

[13]　李卫国. 工程创新与机器人技术[M]. 北京：北京理工大学出版社，2013.

[14]　蔡自兴，谢斌. 机器人学[M]. 北京：清华大学出版社，2015.

[15]　赵小川. 工程创新与机器人技术[M]. 北京：北京航空航天大学出版社，2013.

[16]　严龙伟. 通用设备机电维修[M]. 上海：上海科学技术出版社，2007.

[17]　赵春江. 机械设备维修技术教程[M]. 北京：人民邮电出版社，2011.

[18]　李志江. 机电设备维修技术[M]. 北京：科学出版社，2009.